KB234399

지방자치
구역개편의
정치경제학

지방자치 구역개편의 정치경제학

김석태 지음

한국학술정보(주)

머리말

　지방행정체제개편추진위원회를 중심으로 지방정부의 구역, 계층, 기능을 재편하는 작업이 한창이다. 하지만 작업이 순조롭지만은 않다. 바람직한 지방행정체제에 대한 의견의 차이가 심하기 때문이다.

　우리나라는 1949년 지방자치법이 제정된 이래 수많은 구역과 계층, 그리고 기능의 개편이 있었다. 단체장이 민선된 1995년을 시점으로 그 이전의 개편은 중앙정부 특히, 당시 내무부(현재 행정안전부)의 뜻대로 하향적으로 이루어졌다. 하지만 그 이후의 개편은 보다 복잡한 정치과정이 되었고 실제로 개편이 이루어진 예도 많지 않다.

　이를 두고 상당수의 논자들은 지역이기주의 때문에 개편이 어렵다고 한다. 하지만 이런 주장은 개편론자의 생각에 불과하다. 개편이 어려운 것은 우리나라만의 문제가 아니다. 유럽의 여러 나라들이나 미국의 지방정부 통합은 우리나라보다 훨씬 더 어렵게 성사되고 있다.

　자치구역개편을 놓고 논리적으로 대립되는 견해가 있다. 구역을 통합하여 큰 구역으로 만드는 것이 행정의 효율성뿐만 아니라 지역 내에 형평성을 기할 수 있다는 입장과 기존의 작은 구역을 그대로 두는 것이 지역의 정체성을 지킬 뿐만 아니라 주민통제를 용이하게 하여 민주성을 제고할 수 있다는 입장이다. 구역에 대한 이런 다른 견해는 개인의 이해관계 및 정치적 이데올로기와 결부되어 많은 논란을 불러오고 있다.

불행히도 우리나라의 경우 오랜 관치시대를 거치면서 별다른 이론적인 근거 없이 자치 계층 전환이 이루어지고 시·군 통합이 일사천리로 단행되어 기초지방자치단체 규모가 세계에서 가장 큰 단위가 되었다. 이것은 효율이라는 측면에서는 합리화될지 몰라도 주민자치의 측면에서는 결코 바람직스러운 것이 아니다.

경제발전보다 정치발전이 훨씬 더 더디고 어려운 문제이다. 우리의 지방자치도 글로벌 스탠다드(global standard)에 가까운 것이 되기 위해서는 주민자치를 발전시켜야 한다. 이를 위해서는 우리의 기초지방자치단체 단위의 규모가 아웃-라이어(out-lier)가 되어서는 안 된다. 더구나 현재 추진하는 구역 통합으로 극단적인 아웃-라이어가 되어서는 더욱 곤란하다.

우리의 구역과 계층의 개편 논의에서 아쉬운 것은 구역 문제에 대한 해결책이 물리적인 통합이 아니면 다른 방법이 없는 것같이 간주되고 있는 것이다. 사실 구역통합은 구역 관련 문제의 가장 극단적인 해결방법이다. 비용이 많이 들고 심각한 갈등을 유발하는 통합보다 문제를 보다 쉽게 해결하는 방법을 찾는 것이 바람직하다.

현재 진행되고 있는 지방행정체제개편은 지방자치의 근본 틀을 흔들 수가 있다. 2012년 6월의 '자치구 폐지나 강제적인 구역 통합' 안은 이것이 그대로 입법화되는 경우 1990년대에 부활한 우리나라 지방자치에 심각한 폐해를 끼칠 것이다. 구역이나 계층의 통합이 무조건 좋다는 통합 마니아(merger mania)식의 결정은 우리가 발전시켜야 할 주민자치에 족쇄를 채우는 것이다.

지금 우리에게 필요한 것은 지방정부 개편에 대한 보다 폭 넓은 시야이다. 지방정부 규모와 기능의 부정합성(mismatch)을 완화하기 위하여 대부분의 나라에서 지방정부 규모의 확대를 추진해 왔고 또 추진하고 있다. 이런 과정에서 개편의 논리와 반대 논리, 그리고 그 대안의 경제적·정치적인 논리가 개발되어 있다.

자치구역의 광역화가 세계적인 추세이고 많은 성공과 실패의 사례가 보고되고 있음에도 불구하고 구역개편의 정치경제적 현상에 대한 포괄적 연구서가 없는 실정이다. 구역개편에 대한 상충되는 이론과 다양한 방법을 체계적으로 정리하고 선진 외국과 우리나라의 구역개편에 대한 연구서가 절실히 요구된다.

이 책은 구역개편을 효율성과 민주성의 문제가 얽혀 있는 복잡한 현상으로 인식하고 경제성과 정치성의 문제를 동시에 고찰한다. 교통·통신의 발전에 부응하고 지역경쟁력을 강화하기 위한 구역의 광역화의 요구와 역사적 전통과 공동사회를 유지 발전시키고 지방 민주주의를 발전시키기 위한 문제가 어떻게 얽혀 있는지를 살펴본다. 그리고 구역문제 해결이 통합 외에도 많은 다른 방법이 있다는 것을 제시함으로써 보다 손쉬운 방법으로 구역문제가 해결되었으면 하는 바람을 가져본다.

지방행정체제개편은 그 이름만큼 숭고하지 않다. 특별법은 '지방자치 흔들기' 법으로 변모하고 있으며 추진위원회는 '지방자치 훼손'에 앞장서고 있다. 현재 진행되고 있는 개편에 맞서 우리의 지방자치를 지키기 위한 논리와 대안이 필요하다.

이 책은 1995년의 시·군 통합 이래 우리나라에서 이슈가 되어온 구역개편의 문제를 보다 넓은 시각에서 정리하고자 하는 바람을 가지고 출발하였다. 이 책 내용의 상당 부분은 필자의 기존의 논문을 정리하고 보완한 것이다. 그 부분은 별도로 표시해 두었다.

조그만 책이지만 그동안 여러 사람들의 도움이 있었다. 경북대학교 행정학부의 동료 교수들과 학생들, 학계의 여러 동료들, 그리고 집필을 지원해 준 경북대학교와 출판사의 도움에 감사드리고 싶다. 원고를 처음부터 끝까지 읽고 다듬어준 친우 권상봉과 교정을 본 대학원생 윤지영의 수고를 기억하며, 이 책의 출판에 기뻐할 희주, 나연, 경림이를 생각한다.

2012년 6월
복현곡에서 필자가

이 저서는 2009년도 경북대학교 학술연구비에 의하여 연구되었음.

목 차

PART 01

구역개편의 동향과 이론

대부분의 선진국에서 구역개편은 보편적 현상이기 때문에 개편에 대한 이론적 연구나 경험적 연구가 상당하다. 제1편에서는 주요 국가의 구역개편의 동향과 구역개편의 기준과 지방정부 규모 및 분리와 통합에 대한 경제학적 논리와 정치적 측면을 살펴본다.

제1장 구역과 구역개편

구역이란 국토 공간의 단순한 물리적 경계가 아니다. 이 장에서는 구역의 의의와 유형, 구역과 계층 및 기능과의 관계를 살펴본다. 그리고 구역개편의 유형과 자치구역을 중심으로 구역개편의 성격을 규명한다.

Ⅰ. 구역의 의의

지방행정에서 구역이란 '일정한 목적을 달성하기 위하여 일정한 기준에 따라 국토공간을 구분하여 놓은 일정한 지리상의 한계를 말하며, 법적으로는 일정한 공공의 기관 또는 단체의 관할권이 미치는 지역적 범위를 말한다'(최창호 1981: 13). 이런 국가 영토의 지리적 구획의 목적은 국가의 통치나 지역적 지배를 용이하게 하기 위한 것부터 지방자치를 위한 지방자치단체의 구역, 공공서비스의 효율적 공급을 위한 일선기관의 구역 등으로 구분된다.

　구역은 지리적 경계나 주민생활 공동체를 중심으로 나누어지게 되는데 일단 설정된 구역은 세월이 경과함에 따라 주민의 애착의 대상이 되어 점차 고정화되는 경향이 있다. 이런 고정화는 지역 간의 경쟁을 통하여 더욱 심화된다. 또 우리나라의 전통적인 구역은 시·도나 시·군·자치구 구역이 국회의원 선거구와[1] 기업의 영업구역이나 사회단체 등의 지역별 구역의 기준이 되기도 한다. 따라서 구역은 정치·행정적인 면에서 통치의 단위로서 뿐만 아니라 사회·문화적으로도 중요한 의의를 지니게 된다.

Ⅱ. 구역의 유형

　지방행정 구역은 여러 가지 기준에 따라 나누어진다. 첫째, 구역은 법적 성격에 따라 자치구역과 행정구역으로 나눌 수 있다. 자치구역은 자치권을 가진 지방자치단체의 관할 구역이고, 행정구역은 모든 행정기관의 관할 구역을 의미한다. 하지만 이런 구분은 절대적인 것은 아니다. 자치단위가 행정단위가 되면 자치구역이 행정구역으로 되고 그 반대의 경우도 마찬가지이다.[2] 또, 지방자치단체도 행정기관 중의 하나이므로 행정구역의 개념에는 자치구역도 포함된다.

　둘째, 지방행정 구역은 행정기관이 수행하는 기능의 복합성 여부에 따라 일반목적구역(general purpose district)과 특별목적구역(special purpose

---

1) 국회의원 지역선거구는 시·도의 관할 구역 안에서 인구·행정구역·교통 등의 조건을 고려하여 구·시·군을 단위로 획정하는데 이 경우 하나의 구·시·군의 일부를 분할하여 다른 국회의원 선거구에 속하게 할 수 없게 하고 있다.

2) 그 예로 우리나라에서 지방자치단위였던 읍·면이 1961년 행정단위로 되면서 그 구역이 행정구역으로 변화된 것이나, 종래 행정단위였던 구가 1988년 자치구제가 도입되면서 그 구역이 자치구역으로 된 것을 들 수 있다.

district)으로 구분된다. 전자는 하나의 행정기관에서 여러 가지 기능을 복합적으로 수행하는 구역을 의미하고, 후자는 특정한 기능을 전문적으로 수행하는 구역을 의미한다.

이상의 두 가지 구분 기준과 두 개의 유형을 조합화하면 다음 <표 1-1>과 같은 네 가지 구역으로 유형화할 수 있다.

〈표 1-1〉 지방행정 구역의 유형화

		기능의 복합성	
		복합 기능	단일 기능
법적 성격	자치 단위	일반목적 자치구역 예: 보통지방자치단체 (시·도, 시·군·자치구)	특별목적 자치구역 예: 특별지방자치단체 (지방자치단체 조합)
	행정 단위	일반목적 행정구역 예: 하부 행정단위 구역 (읍·면·동 등)	특수목적 행정구역 예: 일선기관 (지방환경청 등)

자료: 필자가 정리.

복합적 기능의 자치구역은 일반목적 자치구역이라고도 하는데 그 예로서 우리나라의 보통지방자치단체인 시·도나, 시·군·자치구에서 그 예를 찾아볼 수 있다. 단일 기능의 자치구역은 특별목적 자치구역이라고도 하는데 특별지방자치단체인 지방자치단체 조합에서 예를 찾을 수 있다. 복합적 기능의 행정단위는 일반목적 행정구역이라고도 하는데 그 예는 행정부의 행정단위인 읍·면·동 등에서 찾을 수 있다. 마지막으로 단일 기능의 행정단위는 특수목적 행정구역이라고도 하는데 그 예는 일선기관인 지방환경청이나 지방노동청 등에서 찾을 수 있다.

이상의 네 가지 구역의 존재 형태 중 지방행정 체제의 근간을 이루는 것은 일반목적 자치구역 즉 우리나라의 보통지방자치단체인 시·도나, 시·군·자치구 구역이다. 일반목적 자치구역에서 이루어지는 행정기능이 많고 중요할 뿐만 아니라 이것이 지방자치구역이라는 점에서 구역개편에서 고려할 사항이 많다. 따라서 구역개편 논의는 통상 이들을 중심으로 이루어지고 있다.

Ⅲ. 지방행정 구역과 계층 및 기능

지방행정 구역은 계층 및 기능과 매우 밀접한 관련이 있다. 지방행정체제를 새로이 설계하거나 전면적인 개편을 하는 경우 위 세 가지를 동시에 고려하는 것이 이론적으로나 실제로 요구된다.

우선 지방행정 구역 자체가 행정기관이 그 기능을 수행하기 위한 공간적 범위이기 때문에 기능과 분리해서 구역을 생각할 수 없다. 따라서 구역은 그 기능을 수행하는 데 가장 적절한 규모가 되어야 한다. 기능의 성격이나 내용에 따라 그것이 수행되는 지역적 범위가 매우 좁은 것부터 매우 넓은 것까지 다양하다.

기능에 맞춘 다양한 규모의 구역을 수직적으로 배열하는 것이 계층화의 문제이다. 어떤 기능의 적정 구역 규모가 전국적인 것이면 국가기관에서 그 기능을 담당하여야 하고(예: 국방, 외교 등), 광역적인 것이면 광역적 기관에서(예: 광역경제발전), 협소한 것이면 기초적 기관에서(예: 쓰레기 처리, 도시교통), 매우 협소한 것이면 근린 조직에서 담당하게 하는 것(예: 거리청소)이 합리적이다. 이들의 관계를 그림으로 나타내면 <그림 1-1>과 같다.

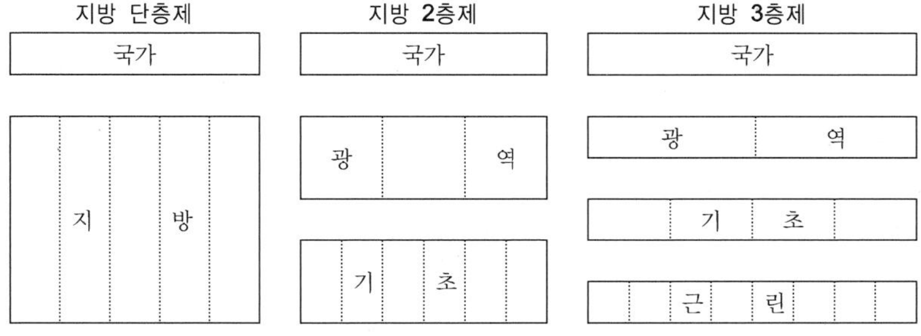

자료: 필자가 정리.

〈그림 1-1〉 구역과 계층

지방 단층제는 지방의 일을 하나의 단위에서 모두 담당하게 하는 것으로 그 구역은 중층제의 광역구역보다 더 세분화될 필요가 있다. 지방2층제는 지방의 일을 광역-기초의 2개 기관으로 분담시키는 것으로 1차로 광역구역으로 나누고, 2차로 기초구역으로 세분한다. 지방3층제는 2층제의 기초를 다시 근린구역으로 나누어 기능을 분담시킨 것이다.

지방의 구역의 규모를 어느 정도로 하느냐와 계층을 몇 개로 하느냐 하는 문제는 많은 논란을 불러오고 있는 문제이다. 소규모 구역과 대규모 구역의 장단점이 각기 있고, 계층도 단층제, 2층제, 3층제가 각기 장단점이 있기 때문이다. 따라서 이들을 개편하는 문제는 단순한 기술적인 문제가 아니다.

Ⅳ. 구역개편의 유형

구역개편에는 통합과 분리, 편입을 통한 경계의 변경 등 다양한 형태가 있다. 통합은 2개 이상의 지방정부가 하나의 지방정부로 합쳐지는 것으로 기존의 지방정부는 폐지된다. 그 반대로 구역의 분리는 기존의 정부가 2개 이상으로 나누어지는 것으로 이를 통해 새로운 지방정부가 탄생된다.

경계의 변경은 기존의 지방정부의 존폐와 무관하게 일부 지역이 다른 지방정부에 편입되는 것으로 지엽적인 생활권의 변화로 기존의 경계가 불합리한 경우 이를 부분적으로 조정하는 것이다. 반면 통합과 분리는 더 큰 사회경제적 변화에 대응하기 위한 것으로 작은 구역을 통합하여 규모를 확대하거나 기존의 큰 구역을 분리하여 규모를 축소하는 것이다.

근래 많이 사용되는 지방행정체제개편은 단순한 부분적인 구역개편의 범위를 넘어서 전국적인 규모의 개편을 지칭하는 말로 사용된다. 전국적인 구역개편에는 계층이나 기능의 개편을 수반할 수밖에 없기 때문에 지방행정체제개편이라 하는 경우 구역, 계층, 기능의 동시적 개편의 의미로 사용된다.

V. 자치 구역개편의 성격

구역이란 형식적 의미에서 보면 국토 공간에서 행정기관의 관할권이 미치는 지역적 범위지만 구역개편은 단순한 '공간적 경계'의 변경이라는 의미를 넘어 선다. 구역개편은 정도에 차이가 있지만 국가와 지방 간 및 지방과 지방 간의 권한 배분, 공공서비스 제공의 효율성, 주민참여, 지역공동체 형성에 큰 영향을 미친다.

국가 영토의 경우 국민들의 정착(settlement)이나 전쟁 등의 역사적 사건의 결과 외부적으로 주어진 것이다. 따라서 이것을 국가가 정책적으로 바꾸는 것은 불가능하다. 하지만 국가 내의 구역은 국가가 정책적 목적으로 개편할 수 있다. 따라서 구역의 경우 어떤 기준에 따라 어떤 크기로 나누는 것이 바람직할 것인가가 중요한 문제이다.

농경시대에 형성된 구역은 교통·통신이나 사회·경제적 여건이 바뀜에 따라 개편의 필요성이 제기된다. 하지만 구역개편은 지역의 정치나 행정·경제·사회·문화에 큰 영향을 미치는 매우 복잡한 현상이어서 다양한 각도에서의 고찰이 요구된다. 아래에서는 자치구역을 중심으로 구역과 구역개편의 다양한 성격을 살펴본다.

첫째, 자치구역은 자치권이 행사되는 물리적 공간으로 이를 단위로 주민들이 자치단체 일에 참여하고, 지방정부가 구성되어 지방의 살림살이가 이루어지는 단위이다. 구역개편으로 자치구역의 크기가 달라짐에 따라 이들 기관의 위상이 달라지며 주민의 정치참여 정도도 달라질 수 있다.

둘째, 자치구역은 자치사무를 처리하는 공간적 범위로서 구역개편으로 크기가 달라짐에 따라 처리하는 사무가 달라지는 것이 보통이다. 기초단위의 규모가 커짐에 따라 종래 광역단위에서 처리하는 사무를 이양 받아 처리하는 것에서 그 예를 볼 수 있다.

셋째, 자치구역의 크기는 사무 처리의 양과 직결되며 이것은 공공서비스 제공의 효율성과 연결된다. 구역의 크기가 작아 사무의 양이 작은 경우 단위당 생산비용이 과다하므로 구역 통합을 통해 규모의 경제를 기하여야 한다는 주장이 제기된다.

넷째, 자치구역의 크기는 지방정부의 재정적 능력과도 직결되는 경우가 많다. 구역이 좁고 세원(tax base)이 크지 않은 경우 그 지방정부는 재정적 궁핍에 시달릴 가능성이 크다. 구역 통합을 통해 지방정부의 재정적 능력을 향상시켜야 한다는 주장이 제기되기도 한다.

다섯째, 자치구역의 크기는 주민들의 정치참여에 큰 영향을 미친다. 구역이 작은 경우 주민참여가 용이해 풀뿌리 민주주의(grass-root democracy)의 가능성이 커지는 반면 구역이 커질수록 주민 참여는 어려워진다. 구역이 큰 경우 참여보다는 대표에 의한 지방정부 운영이 될 수밖에 없다.

마지막으로, 자치구역은 일단 정해지면 이것을 기초로 많은 공적인 활동이 이루어지고 시간이 흐름에 따라 주민생활과 밀접한 관계를 가지게 된다. 주민들은 지역에 대한 애착을 가지게 되고 지역과 자기를 일체화 시키게 되어 지역공동체가 형성된다. 지역 간 모임이나 경쟁을 통해 일체감과 동료의식이 생기게 되고 이것이 지역의 전통으로 형성된다. 이런 지역의 전통성과 고착성은 구역개편을 어렵게 하는 요인으로 작용하고 있다.

이와 같이 구역에는 정치적, 행정적, 경제적, 사회적, 역사적 문제가 내재되어 있다. 구역개편은 단순한 경계의 변경이 아니라 구역과 관련한 정치적, 행정적, 경제적, 사회적, 역사적 문제의 변화를 추구하는 것으로 이해되어야 한다.

〈주요 참고문헌〉

최창호(1981). 『지방행정구역론』 서울: 법문사.

제2장 구역개편의 동향

구역개편은 선진국에서 볼 수 있는 보편적인 현상이다. 이 장에서는 유럽 국가들의 구역개편 동향을 살펴본 후 영국, 프랑스, 미국, 일본에서의 구역개편의 흐름을 개관하고 우리나라의 구역개편의 추진 상황을 알아본다.

Ⅰ. 유럽에서의 구역개편 동향

지방정부 구역의 전통적 규모는 농경시대에 형성된 지역공동체(community)로서 상호 대면이 가능한 좁은 지역이다. 산업화로 도시화됨과 동시에 교통·통신이 발전하고, 사회적 인프라나 복지 등의 행정수요가 급격하게 늘어남에 따라 종래 좁은 구역을 기반으로 하는 자치단위는 상당한 비효율성을 노정하게 되었다. 따라서 대부분의 선진국에서 종래의 좁은 구역을 광역화하는 개편을 추진하게 되었다. 하지만 지방정부의 경우 그 나라의 역사적 산물인 만큼 구역개편의 성공 정도도 매우 다르다.

유럽에서 구역 통합이 가장 많이 이루어진 나라는 덴마크, 그리스, 독일이다. 영국, 스웨덴, 네덜란드 등도 상당한 통합을 이룩한 나라들이다. 반면 통합이 좌절된 나라는 프랑스나 스페인 등 남유럽의 나라이다. 유럽의 구역개편의 성공과 실패의 예는 <표 2-1>에 정리되어 있다.

〈표 2-1〉 유럽의 구역개편의 성공과 실패

개편 시도 결여	실패	부분적 성공	광범한 성공
	<--->		
프랑스, 체코	이탈리아(2006), 노르웨이, 영국(2004), 네덜란드(2차)	스웨덴, 네덜란드(1차), 영국(1990대) 핀란드, 이탈리아(2001)	덴마크, 그리스, 독일

자료: Baldersheim and Rose(2010), 241쪽에서 정리.

이들 나라 간의 차이를 보다 보면 다음과 같다. 영국은 1972년의 구역개편으로 유럽에서 예외적으로 큰 자치단위(인구 13만여 명)를 가진 나라가 되었고, 스웨덴도 1974년 개편으로 인구 3만 1천 명의 단위로 개편하였다. 반면 프랑스의 경우 작은 규모임에도 불구하고 1959년과 1971년의 개편이 있었지만 코뮌(commune) 수를 나폴레옹 시대의 것에서 거의 줄이지 못하였고, 스페인의 경우도 지자체 수가 거의 변화하지 않았다(Hulst R. and A. van Montfort eds. 2007: 4-5).[3]

이런 차이는 지방정부의 성립 기반에 대한 관념이 다르기 때문이다. 북유럽에서는 지방정부를 주민과 근거리에서 서비스를 제공하는

---

3) 그 결과 영국의 지방정부(unitary authorities, districts and boroughs)의 주민이 평균적으로 13만 명이나 되는 반면, 프랑스 코뮌은 1,600명을 넘지 않으며 36,500여 개 중 75%가 천 명 미만이라 한다.

기관으로 보기 때문에 서비스 제공의 효율성을 위하여 통합은 당연하다고 생각한다. 반면 남유럽에서는 지방정부는 지역사회를 대표하는 기관으로 보기 때문이 전통과 지역정체성이 다른 이웃 지역과 통합에 부정적이다. Bennett(1993: 5)는 북유럽의 지방정부를 서비스 제공형(service delivery type)이라 하고 남유럽의 지방정부를 지역사회 기반형(community based type)이라 한다.[4) 유럽 국가들의 구역개편 성과는 <참고 2-1>에 정리되어 있다.

〈참고 2-1〉 유럽 국가들의 구역개편 성과

국 가	성 과
덴마크	전국적 통합으로 지방정부의 수가 2007년의 65% 수준으로 감소됨
그리스	전국적 통합으로 지방정부 80% 감소됨(1998년)
독일	옛 동독지역의 전면적 통합(1970년대의 서독과 유사한 통합임)
스웨덴	1974년에 상당한 통합이 이루어졌고, 2007년에 제안된 전면적 개편안이 논의되고 있음
네덜란드	1960년대 이후 점진적 통합
영국	1960년대 이후의 일련의 개편이 계속되고 있으며, 1972년 개편으로 광역화되었으며, 1990년대의 단층제 개편 추진이 부분적 성공적이었음
핀란드	2008년 시작된 통합이 추진 중
노르웨이	1995년 시작된 통합이 정지된 상태이며, 지방정부 간 협력으로 출구를 찾음
이탈리아	지방정부 통합이 계속적으로 저지되었으며, 광역정부나 연합 정부가 추진되고 있음
프랑스	지방정부 통합이 계속적으로 저지된 후 협력체제가 대안으로 채택되고 있으며, 1980년 이후 광역정부 창설로 문제 해결을 하고 있음
체코	공산체제 붕괴 후 지방정부 파편화 되고 있으며 지방정부간 협력체가 대안으로 제시

자료: Baldersheim and Rose(2010), 237쪽에서 정리.

---

4) 이를 뒷받침하는 것으로 정부지출 중 지방정부 지출이 차지하는 비중이 북유럽의 경우는 40% 정도인데 비하여, 남유럽의 경우는 15%를 넘지 않는다고 한다(Hulst R. and A. van Montfort eds. 2007: 7).

서유럽의 경우와 달리 동유럽의 경우 근래 통합보다 분리의 경향을 보이고 있다. 1990년대 초부터 동유럽의 나라에서는 1970년대의 통합에 대한 반작용으로 분리가 일어나기 시작하였다. 소비에트 공산주의 치하에서 효율성의 명분으로 통합된 지역을 1990년대 이후 지역공동체를 살리고 민주화를 위해 지방정부를 분리한 것이다(Swianiewicz 2002). 헝가리에서는 1992년 지방정부 수가 3,133개로 급속히 늘어났으며, 체코에서는 거의 50%, 슬로바키아는 20%, 폴란드는 5%가 늘어났다. 그 결과 동유럽의 나라는 많은 작은 지방정부가 있는 파편화된 지역이 되었다. 불가리아(3만 5천 명)와 폴란드(1만 6천 명)는 상대적으로 큰 지방정부를 가진 나라인 반면, 헝가리(3천 3백 명), 체고(1천 9백 명), 슬로바키아(1천 7백 명) 등은 파편화된 작은 지방정부를 가지고 있다.

II. 주요 선진국의 경향

지방제도는 나라마다 다르고 또 매우 복잡하여 구역개편을 명쾌하게 정리하는 것은 쉽지 않다. 아래 주요국의 자치 및 행정단위와 계층 구조를 살펴보고 개편 과정을 약술한다.

1. 영국

근래 구역통합이 가장 활발하게 이루어지고 있는 나라는 영국이다.[5] 중앙정부 주도로 자치계층 축소와 자치단체 통합을 단행하였고 근래에는 지방정부경계위원회(Local Government Boundary commission)

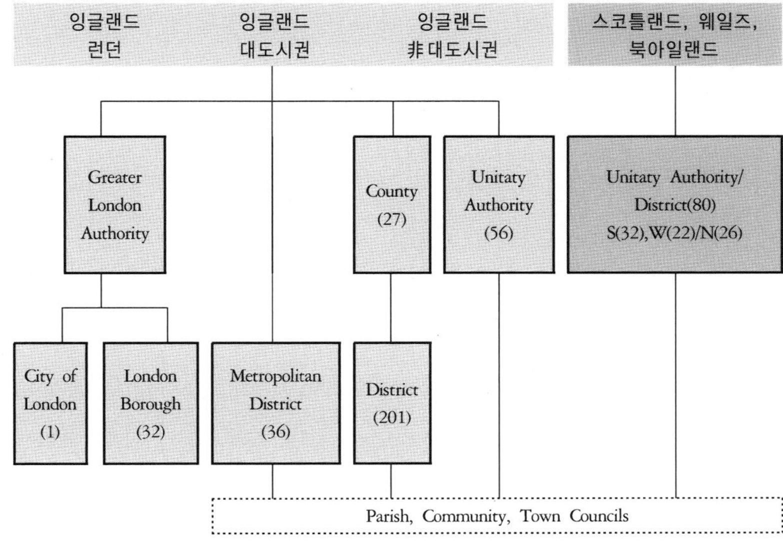

자료: 지방행정체제개편추진위원회(2012), 「선진외국의 지방행정개편사례」.

〈그림 2-1〉 영국의 지방행정체제(2007년)

중심으로 2층제 구조의 지역을 단층제로 하는 개편을 추진하고 있다.

영국은 1888년 지방정부법(Local Government Act)으로 지방정부체제를 정비한 이래 계속적인 구역 통합을 해왔다. 현재의 지방정부 모습을 갖춘 것은 1972년 개정된 지방정부법에 의한 것이다. 이 법에 근거하여 상당한 지방정부의 통합이 이루어졌는데 잉글랜드 지역의 County의 경우 58개에서 47개로, District의 경우 1,249개에서 333개로 줄였다. 또, 1994년에서 1999년 사이에는 39개 County와 296개 District를 각각 27개와 237개로 줄이고, 56개의 UA(Unitary Authority) 즉 단층제 정부를 설치하였다.

---

5) 영국(United Kingdom of Great Britain and Northern Ireland)은 잉글랜드(England), 웨일즈(Wales), 스코틀랜드(Scotland), 북아일랜드(Northern Ireland)의 4개 지역으로 구성되어 있다.

스코틀랜드, 웨일즈와 잉글랜드의 일부지역에서는 광역지방정부인 County와 기초지방정부인 District를 통합하여 통합 지방정부를 창설함으로써 2층제를 단층제로 전환하였다. 이로써 단층제 정부는 웨일스 22개 지역('94년), 스코틀랜드 32개 지역('94년), 북아일랜드 26개 지역('72년)이 되었다.

런던 시는 종래 광역정부 없이 기초 정부만 있던 것이 1963년 런던 광역정부(Greater London Council: GLC)가 출범하면서 2층제 구조가 되었다. 하지만 대처(Margaret Thatcher) 수상이 이끄는 보수당 정부가 출범하면서 GLC가 폐지되었다. 하지만 노동당 정부 출범 이후 런던광역정부(Great London Authority)로 부활하였지만 그 기능은 대폭 축소되었다.

그리고 광역지방정부인 County의 폐지 이후 광역행정의 필요성이 다시 부각되면서 1994년에 국가지방광역청(Government Office of the Regions), 1999년에 광역개발위원회(Regional Development Agencies: RDA)가 조직되었다.[6] 하지만 RDA는 2010년 도시권(city region)을 중심으로 한 지방정부 연합체(LEP: Local Enterprise Partnership) 체제로 전환하였다.

영국은 의회가 전권을 가지고 필요에 따라 지방 단위의 구역과 계층을 바꿀 수 있을 뿐만 아니라 폐지할 수 있는 나라이다. 영국 지방정부는 의회에 종속된 것으로서 그 존재 자체가 위협을 받고 있다고 한다(Copus 2010: 95-96). 영국은 다른 유럽 나라에 비해 월등히 큰 자치단위를 가졌지만 통합이 계속 추진되고 있다. 이것은 작은 규모의 자치단위를 가진 유럽의 다른 나라들의 통합과는 매우 다르다.

---

6) 이것은 중앙정부에 의해 조직된 국가의 지방행정조직이며 주민에 의해 구성된 민주적 광역지방정부가 아니다.

2. 프랑스

 프랑스는 매우 작은 자치단위를 가진 나라이지만 구역개편과는 거리가 먼 나라이다. 프랑스의 코뮌은 1789년 대혁명 후 4만 개 이상이 만들어졌다. 교통·통신이 발달하고 정부 기능이 확대됨에 따라 기존의 작은 정부로서는 공공서비스를 효율적으로 공급하기 어렵다는 판단에 따라 1959년과 1971년에 코뮌의 통합을 추진하였지만 엄청난 반대에 부딪쳐 실패로 돌아갔다.[7]

 이후 프랑스는 작은 지방정부 문제를 해결하기 위한 협력제도를 발전시키고 있다. 협력은 지방정부 사이뿐만 아니라 국가와 지방 간의 지역발전 협약(contract)도 있다.

 코뮌의 자유(municipal liberty)를 존중하는 프랑스는 19세기 말 이래 관련 법률에 다양한 협력제도들이 규정되어 있다. 임명된 자들로 구

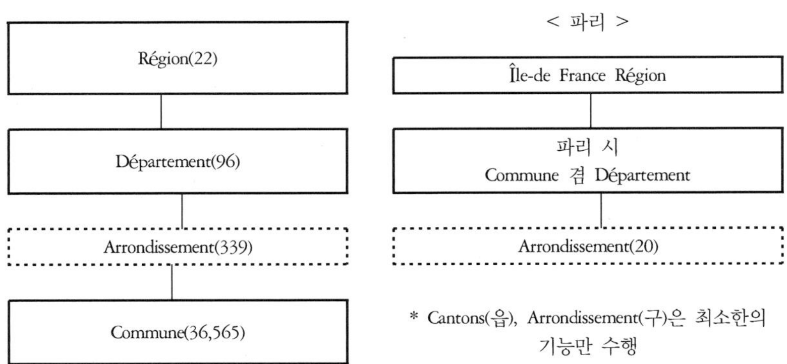

자료: 지방행정체제개편추진위원회(2012), 선진외국의 지방행정개편사례.

〈그림 2-2〉 프랑스의 지방행정체제(2009년)

---

7) 그 숫자를 38,500개에서 36,500로 줄이는 정도에 그쳤다.

성된 협력기구들은 지방정부에서 대리인의 역할을 수행하는 것에 한
정되어 지방정부의 권한을 침해하는 일이 없다.

협약 제도의 대표적인 것이 1999년 Chevneenement법에 의해 만들어
진 국가-지방정부협의체 간의 협약이다.[8] 이 협약은 도시권의 경제,
문화, 사회 개발, 지역계획, 공공주택 등의 분야에 적용된다. 이런 협
약에는 국가의 재정지원과 여러 도시들이 공동으로 추진하는 지방의
경제적 경쟁력 제고나 사회통합에 대한 지역계획이 들어있다(Lefevre
2002). 2009년 3월 프랑스 지방자치개혁위원회는 22개 레종(광역도)을
15개로 통합하는 내용을 담은 개혁안을 대통령에게 보고하였다.

3. 미국

미국은 지방정부의 숫자가 매우 많은 나라이다. 주의 산하 기관인
카운티 지역 안에 일반 및 특별 목적 정부가 있는데 숫자를 합치면
8만 7천여 개로 추산되며 그 숫자의 변화도 상당하다.

미국에서도 커진 정부기능과 작은 구역 간의 부정합의 문제 때문
에 통합이나 편입이 추진되어 왔다. 19세기 말에는 뉴욕, 보스턴, 필
라델피아 등의 대도시 지역에서 주(state)의 주도로 통합이 이루어졌
고, 많은 지역에서 주변의 중심도시 편입이 이루어 졌다. 하지만 미국
대부분의 대도시권에 아직도 단일 광역정부가 없는 실정이다.

---

8) 인구 50만 이상의 대도시권 공동체(communautes urbaines), 5만 이상의 도시권 공동체(communautes
   d'agglomeration), 5만 미만의 코뮌 공동체(communautes d'commue) 단위가 있다.

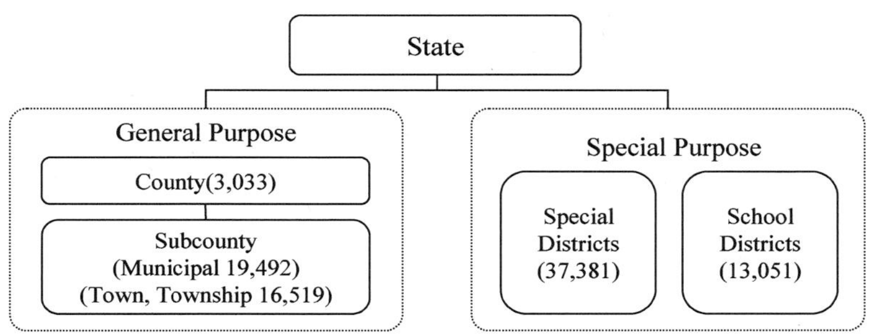

자료: 지방행정체제개편추진위원회(2012), 선진외국의 지방행정개편사례.

〈그림 2-3〉 미국의 지방정부 체제

대도시 내의 파편화된 지방정부를 능률의 관점에서 재편성하려는 개혁운동(Reform Movement)이 20세기 초반 이래 계속되었지만 그 성과는 높지 않았다. 미국의 경우 1805년부터 1990년대 중반까지 25개 카운티와 시가 통합(이 중 18개는 2차 대전 이후임)되었는데 통합이 제기된 회수는 84회로 이 중 29%만 성공하여, 카운티 3,043개 중 0.8% 정도가 통합되었다고 한다(Duvall 1999; 260).[9]

〈표 2-2〉 미국의 지방정부 수의 변화

구분	1957	1967	1977	1987	1997	2007
County	3,050	3,049	3,042	3,042	3,043	3,033
Municipal	17,215	18,048	18,862	19,200	19,372	19,492
Town 등	17,198	17,105	16,822	16,691	16,629	16,519
계	34,413	35,153	35,684	35,891	36,001	36,011
소계	37,463	38,202	38,726	38,933	39,044	39,044

자료: 지방행정체제개편추진위원회(2012), 선진외국의 지방행정개편사례.

---

9) Leland and Thurmaier(2010)는 통합이 추진된 지역 중 80%는 주민투표에서 실패하여, 현재 3,043개의 카운티 중에서 1%가 약간 넘는 정도가, 그리고 19,731개의 시 중에서 1.5% 정도가 시–카운티 통합정부로 되어 있다고 한다.

미국의 지방정부는 한마디로 파편화되어 있다. 주의 기관인 카운티의 숫자는 변화가 없지만 자치시(municipality)의 경우 숫자가 늘어나고 있다. 비자치지역에 새로운 법인화된 시가 만들어지기 때문이다. 이 같은 현실은 주민의 선호를 반영한 것이라 할 수 있는데, 주민들은 자기들의 선호에 맞는 공공서비스 충족, 지역 공동체의 정체성 보존, 독자적인 지역경제발전 추진, 그리고 쉽게 참여하고 통제할 수 있는 지방정부를 원하기 때문이다. 이렇게 통합이 용이하지 않고 새로운 정부가 탄생하는 상황에서 미국의 지방정부들은 다양한 대도시권 거버넌스(governance)의 방법으로 지역문제를 해결하고 있다.

4. 일본

일본의 지방정부 체제는 광역단위로서 도·도·부·현(都道府縣)과 기초단위로서 시·정·촌(市町村)의 2층제이다. 동경도와 홋카이도, 오사카부와 교토부, 그리고 43개의 현이 광역단위이고, 1,795개 시·정·촌이 기초단위이다.

일본의 지방자치단체의 역사는 기초자치단체인 시·정·촌 통합의 역사라 한다(Mabuchi 2001). 1883년 71,497개이던 자연부락 중심의 자치단체가 1898년까지의 통합으로 14,289개로 16년 동안 57,208개가 줄었다. 1900년대 전반에도 통합은 계속되었지만 보다 획기적인 통합은 1950년대의 일이다. 이때 통합으로 자치단체가 10,443개에서 3,526개로 줄었다. 최근 3차(헤이세이) 대합병(1999년~2008년)으로 당초 3,232개이던 시·정·촌이 1,795개로 개편되어 1,437개 기초자치단위가 줄어들었다. 하지만 모든 인근 시·정·촌이 합병된 것은 아니다.

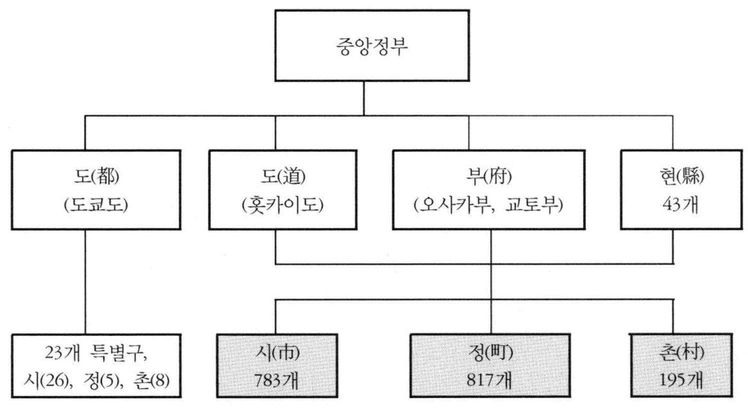

자료: 지방행정체제개편추진위원회(2012), 선진외국의 지방행정개편사례.

〈그림 2-4〉 일본의 지방정부 체제

〈표 2-3〉 일본의 구역개편의 역사

구분	목적	내용
1차(명치) 대합병 (1888년~1889년)	행정상 합병	(광역) 도·도·부·현 (기초) 71,314 정촌→15,859 시·정·촌
2차(소화) 대합병 (1953~1961년)	시·정·촌 규모 합리화, 효율적 지역개발	광역: 도·도·부·현 기초: 9,868 시·정·촌→ 472 시·정·촌
3차(평성) 대합병 이후 (1999년~2008년)	광역행정 용이, 지방분권, 재정적자 극복	동경도 기초: 23특별구, 26시, 5정, 8촌 동경 외 지역 광역: 1도, 2부, 43현 기초: 757시, 812정, 187촌

자료: 지방행정체제개편추진위원회(2012), 선진외국의 지방행정개편사례.

일본은 현재 지역경제권 형성 및 국가경쟁력 강화를 위한 수단으로 현재의 도·도·부·현제에서 도주제(道州制)로의 개편을 추진하고 있다. 도주는 인구 천만 명 정도의 초광역 지역으로서 47개 도·도·부·현이 9~13 개의 도주로 개편될 전망이다.

5. 마무리

위 국가들의 구역개편의 특징을 정리하면 다음 <표 2-4>와 같다. 구역개편의 주도권을 보면 영국은 중앙정부 주도적이고, 일본의 경우 중앙정부에 상당한 주도권이 있으며, 미국의 경우는 지방정부에 있다. 중앙정부가 주도적인 국가의 경우 하향적(top-down) 개편인데 비해 지방정부가 주도적인 국가는 상향적(bottom-up) 개편이라 할 수 있다. 개편의 범위를 보면 영국의 잉글랜드 지역은 전국적이며, 일본은 전국적인 것에 가까운데 비해, 미국은 지역적이다. 개편의 방식은 영국과 일본은 통합 중심인데 비해, 프랑스는 지방자치단체 간의 협약을 이용하고 있으며, 미국은 보다 다양한 거버넌스의 방식을 이용하고 있다.

대부분의 선진국에서 역사적으로 다수의 작은 지방정부가 존재해 왔다는 점에서 전통적인 정부 구성방식은 지방주의(localism)라 할 수 있다. 하지만 종래 다수의 작은 지방정부 체제에서 통합 등을 통하여 광역정부 구성을 위해서 노력을 하고 있다. 지방주의에서 광역주의(regionalism)로 이행하는 것이 큰 흐름이라 할 수 있다.

<표 2-4> 국가별 구역개편의 특징

	영국	일본	프랑스	미국
개편 주도권	중앙	중앙 주도	지방	지방
개편 범위	전국적	전국적	–	지역적
개편 방식	통합과 단층제	통합	협약	거버넌스

자료: 필자가 정리.

Ⅲ. 한국의 동향

우리나라는 1949년 지방자치법이 제정된 이래 크고 작은 구역개편이 연속적으로 이루어져 왔다. 제1·2 공화국의 기초지방자치단체는 시·읍·면이었다. 서구나 일본의 자치단위와 비슷하게 자치단위를 설정하여 지방자치를 시작하였다. 그러던 것이 5·16 정변 후 군사정권에 의해 지방의회가 해산된 뒤 만들어진 「지방자치에 관한 임시조치법(61년 9월 시행)」에 의해 읍·면 자치가 군(郡) 자치로 전환되었다. 이로써 85개의 읍, 1,407개의 면이었던 기초지방자치단체가 140개의 군으로 줄었다. 지방자치를 혐오했던 군사정부가 기초지방자치단체의 숫자를 10분의 1로 감소시킨 것이다.

1961년 군이 기초자치단체가 된 후에는 군 소속의 읍이 인구 5만 이상의 도시가 되면 이를 시(市)로 승격시키는 도시와 농촌 분리 정책으로 1961년 30개이던 시가 1993년에는 67개로 시의 숫자가 2배 이상 늘어났다. 그러던 것이 1994년 갑자기 시·군 통합으로 정책 방향을 선회하였다. 그 결과 1993년 204개이던 시·군의 숫자가 1996년에는 165개로 39개가 감소되었다(행정안전부 2009).[10] 이런 과정에서 우리나라의 기초자치단체의 평균 면적은 세계에서 가장 넓고 그 숫자는 가장 적게 되었다.

---

10) 그 후 2009년에는 161개로 2010년에는 159개로 감소하였다.

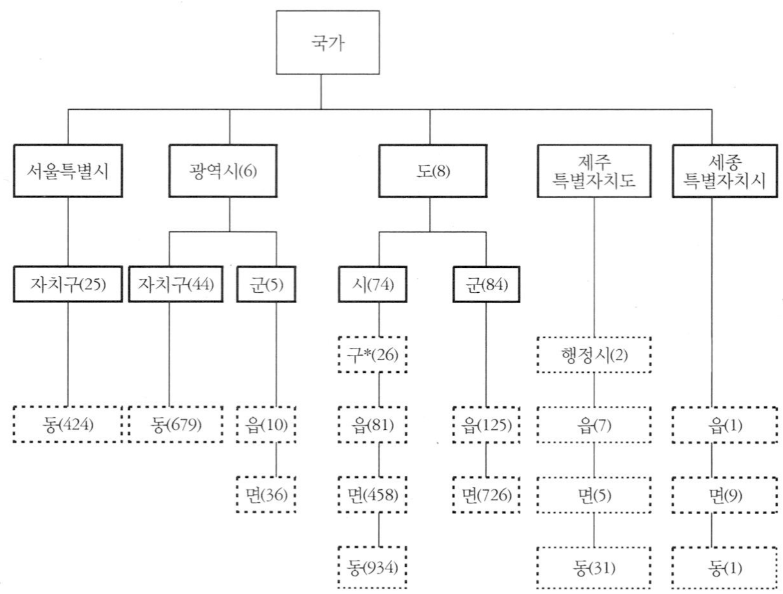

주: 굵은 실선은 자치단위, 굵은 점선은 행정단위임. * 표시는 인구 50만 이상인 시의 구임.
자료: 행정안전부 '2012년 지방자치단체 구역 및 인구현황'에서 세종특별자치시 신설 현황 반영.

〈그림 2-5〉 우리나라의 지방행정체제

광역자치단체의 개편은 도(道) 내에 있는 일반시를 인구 백만 내외에서 광역시(종래 직할시)로 승격시키는 방식으로 이루어졌다. 일반시의 광역시로의 승격은 대도시행정의 특수성을 추구하는 측면과 대도시 주민의 민심 달래기라는 정치권의 판단이 복합적으로 작용한 듯하다. 이런 승격은 1963년 부산시를 시작으로 1997년 울산시까지 6개가 이루어졌다. 지방분권의 확대를 추진하면서 2006년 7월 제주자치특별도가, 국가균형발전 정책의 일환으로 2012년 7월 세종특별자치시가 출범하였다. 현행 우리나라의 지방행정체제는 <그림 2-5>와 같다.

1995년 민선단체장 시대 출범 이래 구역개편에 대한 논의가 활발하게 이루어졌고 현재도 진행되고 있다. 이는 민선시대에 나타나는 여러 가지 지방행정의 비효율성의 문제를 전면적인 구역개편을 통해서 해결해야 한다는 명분으로 출발한 것이다. 정치권을 중심으로 다양한 구역개편의 주요 사항을 정리하면 다음 <표 2-5>와 같다.

<표 2-5> 정치권의 구역개편 주요 논의

시기	주체	주요 내용
1996.5	신한국당 정책토론회	• 도 폐지, 자치구 폐지
2001	민주당 지방자치위원회	• 기초자치단체를 130~160개 축소 • 서울특별시 25개 자치구는 5~9개 시로 개편
2002.10	노무현 대통령 후보	• 전국을 생활권에 따라 60여 개 시도로 개편
2005.10~ 2006.2	국회지방행정체제개편 특별위원회	• 행정계층 1단계 감축 • 시군구의 광역화 • 읍면동의 준자치단체화
2008.8	민주당	• 지방행정체제개편특별법 제정 추진 천명
2008.11~ 2009.10	권경석 의원 등	• 8개 지방행정체제개편특별법안 제출
2009.8.15	이명박 대통령	• 광복절 경축사에서 지방행정체제개편 필요성 천명
2009.10~ 2010.2	행정안전부	• 시군구 자율통합 추진
2009.3~ 2010.4	국회지방행정체제개편 특별위원회	• 도 폐지안 검토 • 시군구의 광역화 • 읍면동의 준자치단체화
2010. 10. 2011. 2.	국회 행정부	• 지방행정체제 개편 특별법 제정 • 지방행정체제개편추진위원회 출범
2012. 6.	지방행정체제개편추진위 원회	• 지방행정체제개편 기본 계획안 마련

자료: 박기춘(2010), 109쪽 표를 요약 및 보완.

2005년 노무현 전 대통령과 박근혜 전 한나라당 대표의 영수회담에서 지역주의를 극복하기 위한 방편으로 지방행정체제 개편을 합의했었다. 이에 따라 2005년에 국회에 「지방행정체제개편특별위원회」

가 구성되어 이듬해 2월까지 활동하였다. 이 위원회의 핵심적인 제안은 현재 230여 개의 기초자치단체를 60~70개로 축소하여 광역화한다는 것이다. 기초자치단체가 광역화되면 도의 존재가치가 감소되므로 이를 폐지하여 자치계층을 단층제로 하고자 하였다. 그러나 이것은 논의에 그쳤다.

하지만 2008년 9월 이명박 대통령과 정세균 민주당 대표가 지방행정체제개편을 또다시 합의하여 2009년에 2차 「지방행정체제개편특별위원회」가 구성되어 이듬해 4월까지 활동하였다. 2009년 특위에서 논의된 내용도 2005년 특위의 논의 사항과 별반 다르지 않았다. 하지만 개편안에 대한 합의를 이루지 못한 가운데 2010년 9월 「지방행정체제개편에 관한 특별법」을 만드는데 그쳤다.

이 법에 따라 대통령 직속의 지방행정체제개편추진위원회가 설치(2011년 2월)되었다. 동 위원회는 시·군·구 통합기준을 공표(2011년 9월)하였고 지역통합 건의 접수를 2012년 2월까지 받았다. 그리고 시·군·구 통합과 특별시와 광역시의 자치구 및 군 개편, 대도시 특례방안을 2012년 6월에 마련하였다. 도(道)의 지위·기능 재정립방안은 2013년 6월까지 마련하기로 하고 2014년 7월 이전에 통합 등 개편을 마무리한다는 계획이다.

Ⅳ. 맺음말

농경시대에 형성된 지방행정체제는 산업화와 도시화, 그리고 교통·통신의 발달에 따라 많은 문제를 노정하게 되었다. 기존의 구역은 오늘날의 다양한 공공서비스를 제공하는 단위로 부적합한 것으로 인식되어 거의 모든 선진국에서 구역개편을 추진하고 있다. 우리의 경우도 예외가 아니다.

민주주의가 발달하고 지방자치가 확대되면서 구역의 통합이 점차 어려워지고 있다. 종래 권위주의 정부 시절에는 중앙정부가 효율성만을 기준으로 독단적으로 구역을 개편하였다. 하지만 민주주의가 성숙하고 지방자치가 발전함에 따라 다수의 이해관계자의 동의가 없는 구역개편은 점차 사라지고 있다.

그 결과 구역개편은 확실한 기준에 따라 일사불란하게 모든 지역에서 이루어진 것이 아니다. 오히려 구역개편은 효율성이나 민주성의 이상적인 기준에 따라 이루어지는 것이 아니라 많은 이해관계가 상충하는 정치의 장이 되고 있다. 개편론자들은 기존의 작은 구역으로는 지역의 미래가 참담하다고 강조하며 지역발전 등 통합의 이익을 내세운다. 그리고 통합에 반대하는 자들에 대해 그들의 기득권 때문이라 비난한다. 하지만 개편론자나 반대론자의 주장의 이면에는 그들이 추구하는 정치적·경제적 계산이 내재해 있는 것이 사실이다.

다음 장에서는 복잡하게 얽혀 있는 구역개편의 기준이 무엇인지와 이런 기준에 따라 어떻게 적정규모를 정할 수 있는지를 살펴봄으로써 구역개편의 실체적인 기준이 무엇인지를 제시하고자 한다.

<주요 참고문헌>

Baldersheim, Harald and Lawrence E. Rose(2010). *Territorial Choice: The Politics of Boundaries and Borders*. Basingstoke: Palgrave Macmillan.
Hulst R. and A. van Montfort(eds.)(2007). *Inter-Municipal Cooperation in Europe*. Springer.
Swianiewicz, Pawel(2002). *Consolidation or Fragmentation? The Size of Local Governments in Central and Eastern Europe*. Budapest: Open Society Institute.

<웹 사이트>
지방행정체제개편추진위원회: www.clar.go.kr
영국의 지방정부경계위원회: www.lgbce.org.uk

제3장 구역개편의 기준과 지방정부 규모[11]

> 어떤 기준에 따라 구역을 개편하고 적정 규모가 어떤 것인지는 많은 학자들의 관심이 대상이 되어 왔다. 이 장에서는 개편 기준과 적정 규모 모형을 검토하고 지방정부 규모의 실제를 살펴본다.

I. 구역개편의 기준

구역은 사회과학이 발달하기 오래 전부터 존재해 온 것이기 때문에 학자들의 연구대상은 구역을 어떻게 설정하느냐 하는 것이기 보다 구역을 시대에 맞게 어떻게 개편하느냐의 문제였다. 구역개편의 기준으로 여러 학자들이 정리한 것을 종합해 보면 다음과 같다.

Millspaugh(1936)는 ① 공동사회, ② 행정능률, ③ 행정편의, 그리고 ④ 자주재원을 들고 있고, Fesler(1949)는 ① 자연·지리적 조건의 변화,

---

11) 이 장의 I, II, III절 내용은 김석태(2010 b)를 수정·보완한 것이다.

② 행정능률성, ③ 자주재원 조달능력, ④ 주민통제를, Lipman(1949)은 ① 인구·면적 등 양적 척도, ② 지리·산업·전통 등의 인자, ③ 경제·사회생활의 지방적 거점을 들고 있다. Leemans(1970)는 ① 사회공동체, ② 주민참여, ③ 기능별 관할 구역, ④ 재정적·인사적 능력을 제시하고 있으며, UN보고서는 ① 기초자치단체의 경우는 주민의 공동체 의식과 주민의 행정참여를, ② 중간자치단체의 경우에는 행정사무의 능률적 처리를 들고 있다.

위의 종합적인 기준과 달리 Bailey(1999)는 경제학적 관점에서 지방정부 규모와 구조에 관해 다음과 같은 원칙을 제시하고 있다. ① 지방정부 규모는 규모의 경제를 해치지 않는 범위 내에서 가장 작아야 하고, ② 구역의 크기는 가능한 한 서비스의 수혜 지역과 일치하여야 하며, ③ 수혜 지역은 비용 부담 지역과 일치하여야 하고, ④ 수혜 지역과 비용 부담 지역을 일치시키기 위해서는 광역정부를 이용할 수도 있으며, ⑤ 수혜 지역은 서비스 기술이나 교통 인프라의 변화에 맞추어 새로이 정해야 한다.

우리나라 학자들도 여러 가지 기준을 제시하고 있다. 최창호(1981)는 ① 공동사회, ② 행정량, ③ 재정적 자주성, ④ 편의성, ⑤ 주민 참여 및 통제를 들고 있고, 유재원(2002)은 다양한 기준을 종합하여 ① 인구, 면적, 재정능력 등에 있어 상호 유사 균등의 원리, ② 생활권·경제권과 행정구역의 일치, ③ 공동체적 유대감, ④ 주민참여 및 주민통제의 용이성, ⑤ 주민선호의 충족, ⑥ 규모의 경제, ⑦ 외부효과의 최소화, ⑧ 행정비용의 최소화, ⑨ 재정능력을 제시하고 있다.

이들 기준들은 상호 상충되는 것이 많다. 구역의 크기와 관련하여 공동사회, 주민의 참여나 편의의 기준은 좁은 구역이 좋다고 하는 반면, 행정비용절감이나 재정적 능력 등의 기준은 넓은 구역이 좋다고 한다. 현실의 구역개편은 이들 양자 중 어느 하나를 무시하기 어렵기 때문에 기준들 간의 절충(trade-off)이 불가피하다.[12] 따라서 실제 개편에서 사용되는 기준은 개편의 권한을 가진 자들이 생각하는 바람직한 기준에 따라 채택될 것이다. <참고 3-1>은 지방행정체제개편추진위원회에서 2010년 9월 제시한 시·군·구 통합기준이다.

〈참고 3-1〉 시·군·구 통합의 기본방향과 기준

기본방향		- 지역주민의 자율적 의사를 최대한 존중 - 특별법에 제시된 통합취지를 최대한 반영 - 지역특성을 융통성 있게 반영할 수 있는 개괄적 기준 제시
시 군 구 통 합 기 준	1차 기준	- 인구 또는 면적이 과소한 지역
	2차 기준	- 위 지역 중에서 다음 조건의 일부 또는 전부를 충족하는 지역 ① 지리·지형적 여건상 통합이 불가피한 지역 ② 생활·경제권이 분리되어 주민생활의 불편을 초래하거나 지역발전을 저해하는 지역 ③ 역사·문화적으로 동질성이 큰 지역 ④ 통합을 통하여 지역경쟁력이 강화될 수 있는 지역

자료: 지방행정체제개편추진위원회 보도자료(2011. 9).

Ⅱ. 기준의 검토

이들 기준을 보면 구역개편은 하나의 가치가 아니라 여러 가치를 종합적으로 고려하여 이루어져야 한다는 것을 보여준다. 아래에서는 위 기준을 종합하여 지리적, 역사적, 정치적, 그리고 경제적 기준의

---

12) Dahl and Tufte(1973)는 『규모와 민주주의』에서 국가의 크기를 놓고 두 가지 가치, 즉 체제 능력(system capacity)과 시민 통제(citizen effectiveness) 간의 절충 문제를 다루고 있다.

네 가지로 나누어 보다 자세하게 설명한다.

1. 지리적 기준

구역을 생활권·경제권과 합치시켜야 한다는 주장은 타당하다. 인위적인 구역이 자연적으로 형성된 권역과 유리될 경우 주민들의 불편뿐만 아니라 행정상의 어려움이 예상되기 때문이다. 자연적·지리적 조건이 사람들의 교류에 큰 장애가 되어 왔기 때문에 생활권·경제권은 산맥이나 강, 호수 등 지형적 조건에 크게 좌우되었다.

단순히 지리적 조건만으로 구역이 설정되기도 하였다. 1789년 창설된 프랑스의 데파르트망(department)에서 그 예를 볼 수 있는데, 이것의 설정 기준을 보면 도청 소재지가 데파르트망의 어떤 장소에서도 말을 타고 한나절 이상 걸리지 말 것과 동일한 면적이어야 한다는 것이다(박연호·박균성 1997: 222).[13] 미국 주(洲)의 하급기관인 카운티(county)는 주의 구역을 행정 편의상 나눈 것으로 지리적인 관점에서 획일적으로 나누어진 것이 많다. 이런 획일적 구획은 자치단위가 아닌 국가나 주의 하급 행정단위에 적용되는 것이 보통이다.

지방자치의 관점에서 본 구역의 단위는 단순한 지리적 기준이 아니라 정주(定住)생활권이 바람직하다. 정주생활권은 주민들의 일상생활의 기본적인 정치, 경제, 사회, 문화적인 기본수요가 충족되는 최소 단위의 생활권으로써 공간적으로 일상생활의 중심이 되는 중심도시와 그것을 포괄하는 배후농촌이 통합되는 생활권이기 때문이다. Christaller

---

13) 그러나 실제에 있어서는 이러한 조건이 모든 데파르트망에 충족될 수 없었다고 한다.

등에 의하여 발전된 중심지이론(central place theory)은 정주생활권을 판단하는 데 도움이 된다.

지리적 관점에서의 구역설정의 기준은 점차 희미해지고 있다. 산업화되고 토목기술이 발전함에 따라 자연적인 장벽이 무너지고 있고, 교통 통신의 발달로 정주생활권이 크게 확대되고 있기 때문이다.

2. 역사적 기준

지역마다 오랜 시간에 걸쳐 형성된 공동사회가 있기 마련이다. 공동사회는 그 지역적 범위가 지방적 특성에 따라 대체적으로 구분될 수 있는 인구 집단으로, 자연적·사회적·경제적으로 자기 완결적 일체성을 가지는 공동 생활권을 말한다.[14] 인위적으로 개편되는 자치구역은 지역의 역사적 전통을 최대한 존중하여야 한다.

서구의 기초자치단체의 구역은 대체로 매우 좁다.[15] 역사적으로 형성된 공동체를 존중하기 때문이다. 그 결과 자치단체의 인구가 수백 명밖에 되지 않는 자치단체가 많고, 자치단체의 평균 인구도 3천 명 정도라고 한다. 서구에서 전통적인 작은 정부를 남겨두는 이유는 경제적 효율성보다 공동체적 전통을 우선하기 때문이라 할 수 있다.

우리나라의 경우 통일신라시대부터 근래까지 신라의 9주제, 고려의 5도(道) 양계(兩界), 조선의 8도제, 갑오경장(甲午更張)의 13도제가

---

14) Millspaugh(1937)는 공동사회를 다음의 요소들 중 하나 이상이 존재하는 집단이라 한다(최창호 1981: 82 에서 재인용). 여기에는 ① 지리적으로 다른 지역과 한정되어 있을 것, ② 인간적으로 상호 아는 관계에 있을 것, ③ 심리적 동질성이 있을 것, ④ 공동의 이상이 있을 것, ⑤ 지적 또는 정서적 초점이 일치할 것, ⑥ 경제적 연대성이 있을 것, ⑦ 경제적 자족성이 있을 것, ⑧ 경제적 상관성이 있을 것, ⑨ 서비스의 상호 교환성이 있을 것, ⑩ 공동의 정치제도가 있을 것 등이다.

15) 영국만이 예외적인 나라라 할 수 있다.

시대의 필요성에 따라 다르게 나타났으나 그 규모와 경계에서나 매우 신기하리만큼 거의 일치하고 있고(최창호 1981: 27), 현재의 도 구역과도 크게 다르지 않다. 갑오경장 때인 1895년 8도제가 23부(府)제로 개편되었으나 1896년에는 13도제로 되돌아갔고, 이는 현재의 도 구역에 거의 그대로 반영되어 있다.

교통통신의 발달에 따라 공동사회도 변하고 있고 구역개편의 기준으로서 그 의미도 희석되고 있다. 이런 변화는 도시지역에서 특히 그러하다. 하지만 농어촌 지역의 경우 전통적인 공동사회가 그대로 남아 있는 곳도 많다. 도시와 농촌 간의 이런 다른 실정을 무시하는 획일적 구역 통합은 바람직하지 않다.

3. 정치적 기준

정치적 측면에서 볼 때 자치구역이 어떻게 정해지느냐에 따라 지방자치의 성패를 좌우한다고 하여도 과언이 아니다. 자치구역은 지방정치 즉 풀뿌리 민주주의(grass-root democracy)의 기반이기 때문이다. 지방정치를 발전시키기 위해서는 무엇보다 구역의 규모가 주민들의 참여와 통제가 용이한 크기여야 한다.

소수의 엘리트뿐만 아니라 보통 주민들이 정치에 참여할 수 있는 기회가 부여되기 위해서는 지방의 정치단위가 작아야 한다. 정치단위가 큰 경우 주민들의 참여기회가 제한될 수밖에 없기 때문이다. Lyon and Lowery(1989)는 작은 지방정부를 만듦으로써 ① 주민들은 지방정부에 관한 정보를 쉽게 얻을 수 있고, ② 더 나은 주민−정부 관계를 유지할 수 있으며, ③ 주민들이 지방정부의 일에 참여하기가 용이하며,

④ 지방정부의 서비스에 더 큰 만족을 얻는다고 한다.

지방정부와 주민들이 가까이에 있음으로써 주민들은 지방정부의 운영에 대해서 보다 많이 알 수 있어 공공심을 가진 좋은 시민을 양성하는 데 도움이 된다. 또 주민들의 지방정부 정책과 관료들에 대한 통제가 용이해짐으로써 낭비와 관료주의 폐단을 막을 수 있고, 또 지방정부 간 상호 경쟁을 통한 공공서비스의 향상을 기대할 수도 있을 것이다.

반면 구역이 크고 주민이 많은 경우 주민참여의 효율성은 급격하게 감소한다. 그 결과 주민들은 지방정부의 일에 직접 참여하기보다 다른 사람이 공공의 일을 대신해주기를 바라는 무임승차자(free riders)로 변신할 가능성이 많다. 참여비용이 참여의 이익보다 크다면 참여하지 않는 것 즉, 합리적 무시(rational ignorance)가 더 적절한 선택이기 때문이다. 이런 현상을 막기 위해서는 구역을 작게 만드는 것이 좋다. 즉 '작은 것이 아름답다(Small is beautiful).'

4. 경제적 기준

경제적 기준에서 구역의 문제는 공공서비스의 수요와 공급으로 나누어 생각해 볼 수 있다. 수요 측면에서 볼 때 구역은 공공서비스 수요의 차이를 감안하여 정해져야 한다. 그 이론적 근거는 오츠(Oates)의 분권화 정리와 티부(Tiebout) 가설에서 찾을 수 있다. 오츠의 분권화 정리는 동질적인 선호를 가진 사람들끼리 지방정부를 구성할 수 있도록 구역을 정함으로써 선호의 불일치로 인한 비효율을 줄일 수 있다고 한다. 티부 가설은 동일한 선호를 가진 사람들이 하나의 지방정부를 구성하고 있으면 지방공공재(local public goods)가 효율적으로 배분되는데 이를 위해 구역을 주민선호에 따라 세분화하는 것을 바람직한 것으로 보고 있다.

공급의 측면에서 보면 공공서비스 생산에서 규모의 경제나 재정능력이 그 기준이다. 지방정부에서 제공하는 공공서비스가 점차 늘어남에 따라 종래 작은 규모의 정부로서는 이런 공공재를 공급하는 것이 매우 비싸거나 불가능에 가까운 경우가 많았다.[16] 따라서 공공서비스를 저렴한 가격에 공급할 수 있는 규모의 지방단위를 만드는 노력이 계속되었다. 일반적으로 자본집약적 서비스인 상하수도나 가스 등의 경우 규모의 경제가 작용하고, 노동집약적인 서비스인 교육이나 경찰의 경우 일정한 규모를 넘으면 규모의 불경제가 작용한다고 한다.[17]

경제적 측면에서 볼 때 지방정부의 재정능력 또한 중요하다. 오늘날 대부분의 지방정부가 재정적 압박에 시달리고 있기 때문에 이런 재정적 문제를 해소하기 위하여 지방자치단체의 규모를 확대하려 하고 있다. 일본의 시·정·촌(市町村) 통합이나 미국의 시티-카운티 통합 등이 그 예이다. 하지만 대규모 정부가 되어야 공공서비스를 작은 비용으로 공급할 수 있다는 주장은 점차 설득력을 잃고 있다. 공공서비스의 민간위탁을 통해서도 규모의 경제를 실현할 수 있는 여지가 커지고 있기 때문이다.

---

16) 한 지역에서 공공서비스가 공급되기 위해서는 일정한 크기의 수요가 있어야만 '적당한 가격(reasonable price)'으로 그 서비스가 공급될 수 있다. 즉 공공서비스에도 각기 수요역(demand threshold)이 있다. 1966년 독일의 한 위원회가 조사한 바에 의하면, 소방차 한 대를 유지하려면 적어도 인구 1만 명이 있어야 하고, 병상 150개의 병원 하나를 유지하려면 적어도 인구 2.5만 명이 있어야 한다(최창호 1981: 88)고 한다.

17) Hirsh(1968)의 연구에 의하면 서비스별 최적규모는 일률적으로 말하기 어렵다. 경찰이나 쓰레기 수거의 경우 평균비용선이 수평으로 나타나 단위당 서비스 비용이 규모와 관련이 없음을 보이고 있는 데 비하여, 소방이나 의료의 경우 평균비용선이 U자 모양이어서 특정 규모를 전후하여 규모의 불경제가 분명히 나타난다. 전기나 하수처리, 가스의 경우는 평균비용선이 우하향하여 규모가 커짐에 따라 단위당 비용이 체감함을 보이고 있다.

Ⅲ. 최적 규모 모형

이상의 기준들은 행정구역개편의 개략적 방향을 제시하는 데는 어느 정도 의미가 있으나, 구역개편의 구체적인 지침으로서는 한계가 있다. 구역개편 기준이 갖는 문제점은 무엇보다 기준들 간에 상호 상충되는 면이 있다는 것이다. 예컨대, 지역공동체나 주민 참여나 통제 등 정치적 기준을 제고하기 위해서는 작은 구역이 요구되는데 비해 공공서비스 생산비용 절감 등 경제적 기준에 맞추기 위해서는 넓은 구역이 요구된다. 그러면 이들 기준을 종합하여 하나의 최적 규모를 정할 수 있을까?

Fisher(1996)는 효율적인 구역의 크기를 정하는데 있어 비용과 편익을 동시에 고려하는 최대 순편익 접근법(maximum net benefit approach)으로 최적 규모의 모형을 제시하고 있다. 그는 ① 지방 주민들 간의 공공수요의 차이로 인한 후생손실 크기, ② 지역 간의 외부성의 내부화에 따른 이익, ③ 지방공공재 생산의 규모의 경제, 그리고 ④ 행정비용과 순응비용이라는 4가지 요인들이 구역의 크기, 즉 인구수에 따라 달라진다고 전제하고 구역이 커짐에 따른 비용과 편익을 <그림 3-1>과 같이 제시하고 있다(Fisher 1996: 124-129).[18]

---

18) 이 모형에서는 인구 밀도가 비슷한 대도시권 내에서 구역의 문제를 다루기 때문에 인구를 중심으로 구역의 크기를 다루고 있다. 인구 밀도가 다른 중소도시나 농어촌 지역의 경우에는 면적이 별도로 고려되어야 할 것이다.

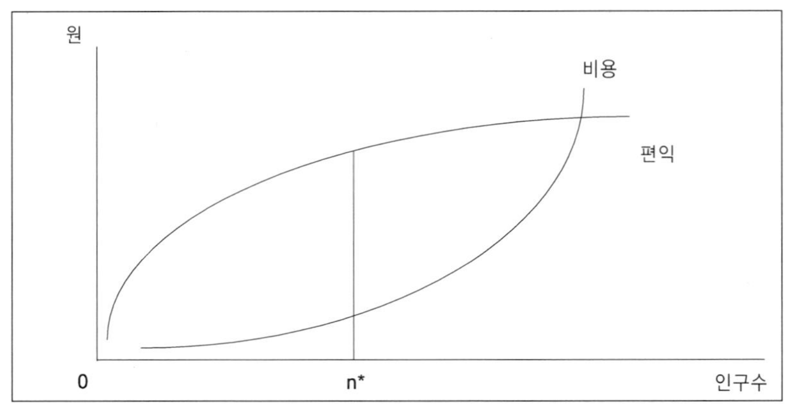

자료: Fisher(1996), 131쪽.

〈그림 3-1〉 최적 구역 규모

이 모형에서 제시하는 최적 규모는 구역이 넓어짐으로써 얻을 수 있는 편익인 한계편익과 이로 인해 발생하는 추가적인 비용인 한계비용이 같은 인구의 규모이다.[19] 이 규모가 최적 규모(optimum size)이고 최적 인구수이다. 그런데 이 모형은 개별 기능별 최적 규모에 대한 것으로서 그 규모는 교육, 경찰, 소방, 쓰레기 처리, 공원, 상수도, 하수도 등에서 각각 별도로 정해진다.

아래 <그림 3-2>에서 보듯이 정부에 의해 공급되는 8개의 각기 다른 공공서비스가 있고, 서비스별로 최적 규모의 구역이 1, 2······7, 8과 같이 나타난다고 하자. 이 경우 1에서 8까지 각각의 기능별로 다른 크기의 구역을 정하여 공공서비스를 공급할 수도 있다. 단일 기능별 구역(special purpose area)이 그 예인데, 우리나라의 특별지방행정기관의 구역이 이에 가깝다.

---

19) 비용곡선과 편익곡선의 기울기가 같은 MC=MB인 점이다.

기능별로 최적 규모로 구역을 각각 만들어 서비스를 공급하는 것
은 그 기능만으로 볼 때는 효율적이지만, 이 경우 정부 단위의 수가
너무 많아 지방정부가 난립하는 문제가 있다. 이런 문제를 해소하기
위하여 여러 개의 서비스를 묶어서 하나의 단위에서 공급할 수도 있
다. 보통지방자치단체와 같은 다기능 구역(all purpose area)이 그 예이
다. 특히 서비스 공급에서 상당한 정도의 범위의 경제(economies of
scope)가 작용하고 있다고 판단되는 경우 이들 서비스를 몇 개 단위로
묶는 것이 효율적이다.[20]

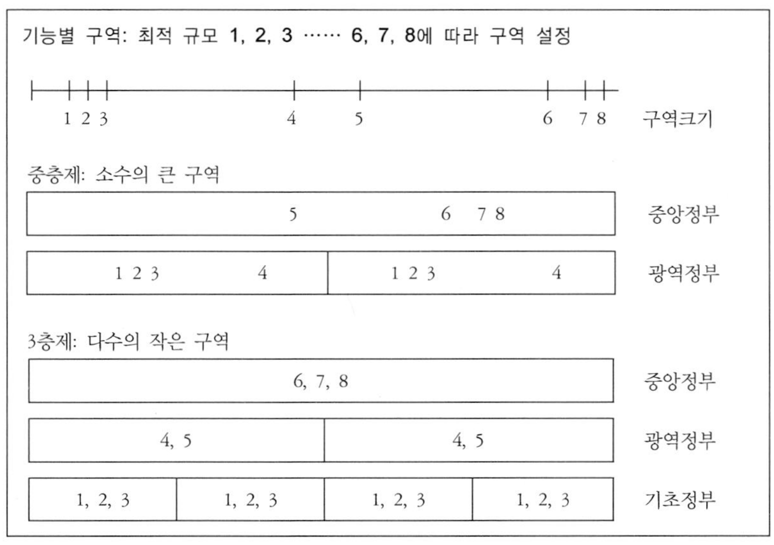

출처 및 자료: Fisher(1996), 132쪽의 3층 다수 구역 그림을 근거로 2층 모형을 추가한 것임.

〈그림 3-2〉 기능별 구역의 크기와 구역과 계층 형태

---

20) 범위의 경제는 여러 공공서비스를 한 단위의 정부에서 제공하는 경우 관리능력, 공공청사, 설비 등의 생산
요소의 공동 이용으로 인한 이익이다. Grosskoff and Yaisawarng(1990)는 미국 캘리포니아 주의 지방정
부에 대한 연구에서 지방정부의 공공서비스 제공에 있어서 범위의 경제의 존재 가능성을 주장하고 있다.

<그림 3-2>에서 정부 기능을 중층제로 묶으면 서비스 1, 2, 3, 4를 포괄하는 구역과 5, 6, 7, 8을 포괄하는 구역으로 나눌 수 있다. 이 경우 1, 2, 3, 4를 포괄하는 구역은 광역정부로 볼 수 있고, 5, 6, 7, 8을 포괄하는 구역은 중앙정부로 볼 수 있다. 한편 이것들을 3층제로 묶으면 1, 2, 3을 포괄하는 구역과 4, 5를 포괄하는 구역, 그리고 6, 7, 8을 포괄하는 구역으로 나눌 수 있다. 이 경우 서비스 1, 2, 3은 기초정부, 4, 5는 광역정부 6, 7, 8은 중앙정부로 볼 수 있다.

이 모형은 기능에 따른 구역설정과 계층 수의 결정, 그리고 기능분담이 별개가 아니라는 사실을 보여준다. 지방정부 기능별로 다양한 크기의 구역이 있다는 것이다. 보통지방자치단체의 경우 다수의 기능을 수행하므로 하나의 단위로 여러 기능 모두의 최적규모가 될 수 없다. 모든 기능에 맞는 최적 크기(one-size-fit-all)의 정부 규모를 찾는 것은 불가능하다. 기능에 따라 최적규모가 다른 현실에서 단층제로의 개혁은 서비스별 최적규모와의 괴리를 더 크게 할 뿐이다.

Ⅳ. 지방정부 규모의 실제

최적 규모를 찾는 노력은 고대 그리스 시대부터 시작되었다. 플라톤(Plato)은 공화국(Republic)에서 "이상적인 도시의 규모는 주요한 모든 기능을 수행할 수 있을 정도로 커야 하는 반면 시의 단일성(unity)을 유지할 수 있도록 작아야 한다"라고 하였다. 그리고 이상적인 시민의 숫자를 7! 즉 5,040명이라 하였다. 이 숫자는 가장(head of household)만을 의미하는 것으로, 가족 구성원을 모두 합친 주민은 2만 5천~3만 명이다.

이런 노력은 후세에도 이어졌다. 한 예로 Dahl(1967)은 미국 도시의 경우 인구 5만~20만 명 사이가 최적규모라고 한다. 인구 5만 명이 넘으면 유의미한 규모의 경제가 없으며, 있다고 해도 다른 규모의 불경제로 상쇄된다고 한다. 상한을 20만 명으로 한 것은 하나의 도시지역을 몇 개의 작은 단위로 쪼개는 것이 바람직하지 않다고 보기 때문이다.

뉴저지 주의 지방정부 조정, 재구조화, 통합 위원회(Local Unit Alignment, Reorganization, and Consolidation Commission, NJ) 의뢰로 럿거스 대학 Holzer et. al(2009)의 규모와 효율성에 대한 연구에 의하면 인구 2만 5천 명에서 25만 명 사이가 가장 효율적이라 한다. 인구 2만 5천 명까지는 효율성이 증대되고 25만 명이 넘어서면 효율성이 감소되는 인구와 비용 간에 U자 형태의 비용곡선이 나타난다고 한다.

영국 지역사회와 지방정부의 부(Department for Communities and Local Government)로부터 의뢰를 받은 카디프대학 Rhys et. al.(2006)이 700여 개의 영국 지방정부 규모와 성과에 대한 연구결과에 의하면 규모는 종합적인 성과평가(Comprehensive Performance Assessment) 점수에 영향을 미치지 못한다고 한다. 하지만 규모의 효과를 나타내는 서비스가 절반(50%) 정도이고, 이 중 선형 정의 관계(linear positive)가 30%, 선형 부의 관계(linear negative)가 14%, 선형관계(non-linear relationships)가 54%라고 한다. 그리고 인구 규모와 성과의 관계는 여러 가지 변인에 의해 좌우되지만 전반적으로 작은 정부보다 큰 정부의 성과가 더 크다고 한다.

도시지역의 경우 적정규모에 따라 구역을 나눌 수 있다. 하지만 비도시지역(농촌지역 등)의 경우 이것이 사실상 불가능하다. 구역의 규모가 자연적 조건에 의해 결정될 수밖에 없기 때문이다. 따라서 Newton(1983)은 지역의 다양한 특성 때문에 최적규모를 찾는 것은 철학자의 돌

(philosopher's stone)을 찾는 것과 같다고 하였다.

실제 지방정부의 규모는 나라별로 다양하고 또 한 나라 안에서도 큰 차이가 있다. 도시지역과 비도시지역을 포함하여 평균 주민수가 1만 명 이하인 소규모, 1만에서 5만 내외인 중규모, 5만 이상인 대규모의 나라로 나누어 살펴본다. <표 3-1>에 이들 나라들이 정리되어 있다.

1. 소규모 나라

지방정부가 소규모로 파편화된 나라의 대표적인 예는 프랑스와 미국 같은 나라이다. 프랑스의 코뮌의 평균 주민 수는 1천 6백 명을 넘지 않으며 3만 6천 7백여 개 중 75%가 천 명 미만이다.

오스트리아는 3천 5백 명 정도이고 스페인과 독일은 5천 명을 약간 넘는 수준이다. 동유럽 경우 파편화된 나라가 많은데 슬로바키아 (1,700명), 체코(1,900명), 헝가리(3,300명)가 그 예이다.

2. 중규모의 나라

중규모의 나라에는 근래 통합이 상당히 이루어진 북유럽 나라들이 많은데 노르웨이(1만 4백 명), 핀란드(1만 1천 5백 명), 스웨덴(2만 8천 4백 명) 네덜란드(2만 9천 3백 명)가 그 예이다. 남유럽의 나라에는 포르투갈(3만 2천 7백 명)이 이에 속한다. 동유럽의 경우 폴란드(1만 6천 명)와 불가리아(3만 5천 명)가 이 그룹에 속한다.

3. 대규모의 나라

대규모의 나라는 근래 통합이 대대적으로 이루어진 일본, 영국, 우리나라가 이에 속한다. 평균 주민수가 일본의 경우 7만 1천 명, 영국의 경우 13만 8천 6백 명이 된다. 우리나라의 경우 이보다 훨씬 많은 20만 6천 8백 명이다. 우리나라는 규모에 있어 아웃 라이어(out-lier), 나아가 익스트림(extreme) 아웃 라이어이다.

<표 3-1> 국가별 기초자치단체 규모 비교

(단위: 천 명, ㎢)

규모	국가	인 구	기초자치단체		
			개 수	평균인구	평균면적
소규모	프랑스	59,440	36,700	1.6	14.8
	오스트리아	8,170	2,350	3.5	35.7
	스페인	42,600	8,100	5.3	62.5
	독일	82,506	15,300	5.4	23.3
중규모	노르웨이	4,525	435	10.4	889.5
	핀란드	5,184	452	11.5	748.0
	스웨덴	8,833	310	28.4	1,451.7
	네덜란드	16,068	548	29.3	76.4
	포르투갈	10,084	308	32.7	300.0
대규모	일본	127,347	1,788	71.0	2110
	영국	60,178	434	138.6	557.0
	한국	48,386	234	206.8	426.9

자료: 필자가 정리.

<표 3-1>에서 국가별 기초자치단체 인구 규모를 그래프로 나타내면 <그림 3-3>과 같다. 이 그래프는 일본, 영국, 한국에서는 인구 규모가 기하급수적(exponential)으로 증대하는 것을 볼 수 있다.

V. 맺음말

구역개편의 기준이 제시되고 적정 규모에 대한 모형이 있지만 복잡한 구역의 문제에 대한 충분한 가이드라인이 되고 있지 못한 것이 사실이다. 그 결과 현실의 지방정부는 그 나라의 여러 사정을 반영한 매우 다양한 규모이다.

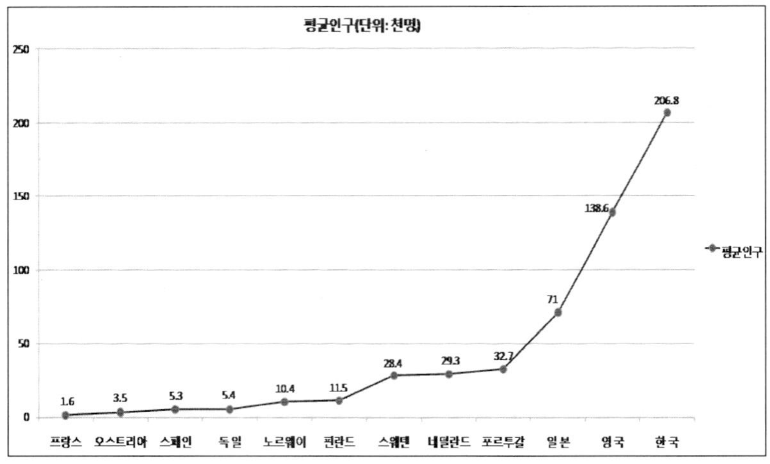

자료: 필자가 작성.

〈그림 3-3〉 국가별 기초자치단체 인구 규모

지방정부의 규모 및 기능과 관련하여 Bours(1993)는 유럽의 지방정부 유형을 다음 4가지로 구분하였는데, ① 대규모와 다기능 국가로 스칸디나비아 제국, 네덜란드, 영국, ② 중규모와 중기능 국가로 핀란드, 독일, 벨기에, ③ 소규모와 보통 기능 국가로 프랑스, 스페인, 스위스, 오스트리아, ④ 소규모와 소기능 국가로 이탈리아, 포르투갈,

스페인을 들고 있다. 지방정부 규모에 따라 기능이 달라짐을 보여주는 예이다. 하지만 이런 형태는 고착적인 것이 아니라 개선의 대상이다. 다음 장에서는 구역의 통합과 분리의 이론적 근거를 살펴본다.

〈주요 참고문헌〉

Dahl, Robert A.(1967). The City in the Future of Democracy. *The American Political Science Review* 61(4): 953-970.

Dahl, Robert A. and Edward R. Tufte(1973). *Size and Democracy*. CA: Stanford University Press.

Fisher, Ronald C.(1996). *State and Local Public Financem* 2nd ed. London: Scott, Foresman and Co.

제4장 구역 분리와 통합의 이론적 근거

구역개편의 최근 큰 흐름은 작은 지방정부의 통합이다. 하지만 구역의 분리 주장이 없는 것은 아니다. 그러면 구역의 분리나 통합의 근거는 어디에서 찾을 수 있을 것인가? 이 장에서는 분리론과 통합론의 논리적 근거를 제시한 다음, 미국의 개혁론자와 공공선택론자의 대립되는 견해를 살펴본다.

Ⅰ. 분리론과 통합론[21)]

1. 분리론의 이론적 근거

경제학적 견지에서 소규모 구역이 바람직하다는 입장은 다음 세 가지로 정리할 수 있다. 이들은 정부는 작아야 하고 구역은 좁은 것, 즉 작은 것이 아름답다(Small is beautiful)고 한다.

---

21) 이 절의 내용은 김석태(1996)를 수정·보완한 것이다.

1) 분권화의 정리(Oates' Decentralization theorem)

오츠의 분권화 정리는 지역 간에 다른 선호를 가진 경우 구역의 분리를 통하여 지역이 각자의 선호에 맞는 공공서비스 수준을 선택할 수 있게 함으로써 자원배분의 효율(allocative efficiency)을 기할 수 있다고 한다. 그 논리를 보면 다음과 같다.

한 구역 내의 주민들의 공공재에 대한 선호가 똑같다면 지방정부는 주민들의 선호에 꼭 맞는 수준의 공공재를 공급할 수 있다.[22] 그러나 공공재에 대한 선호가 다르다면 주민들이 모두 만족하는 수준의 공공재 공급은 이루어질 수 없다. 즉 주민들은 공공재의 과잉 혹은 과소 공급으로 인한 고통을 받게 된다. 이런 현상은 지방정부의 수가 적을수록, 즉 집권화되면 될수록, 구역이 넓으면 넓을수록 커질 가능성이 커진다.

예를 들어 한 지방정부 구역 내에 공공재에 대한 다른 선호를 가진 두 개의 주민집단이 있다고 하자. 이 두 개 집단이 하나의 지방정부를 구성하고 있다면 그 지방정부에서 제공할 수 있는 서비스 수준은 한 가지 수준밖에 없다. 만약 중간 정도의 공공재의 양을 공급한다면 두 개 집단 모두 불만을 가질 것이다. 그러나 각 집단마다 각기 다른 지방정부를 구성하고 있으면 각 집단은 각자의 선호에 맞는 수준의 공공서비스를 향유할 수 있다.

---

22) 하나의 정부 내에서 생산되는 순수공공재(pure public goods)는 모든 주민에게 똑같이 공급되고 소비된다. 지방공공재도 그 성질상 한번 생산되기만 하면 그 지역주민들은 좋든 싫든 그 공공재를 똑같이 소비하여야 한다. 한 지방정부 구역 내에서 공급될 수 있는 공공재의 수준은 한 가지밖에 없기 때문이다.

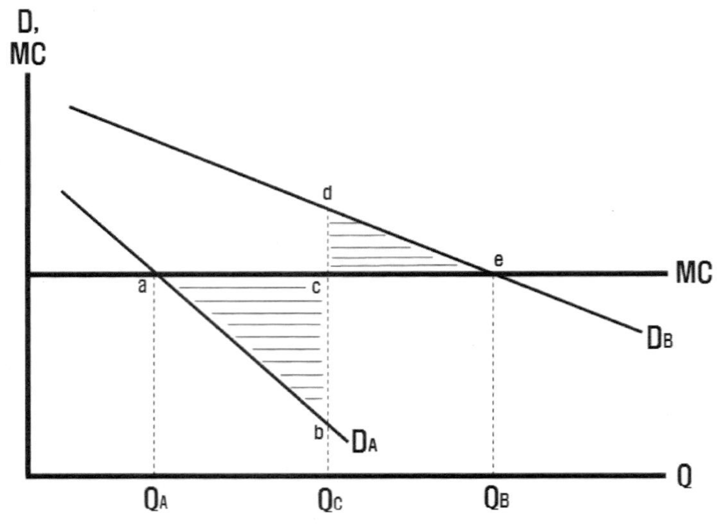

자료: Oates(1977), 10쪽.

〈그림 4-1〉 통합으로 인한 후생손실

<그림 4-1>은 이런 상황을 나타내고 있다. A, B는 공공재에 관하여 각각 다른 선호를 가진 주민집단이다. 이들이 각기 지방정부를 가지고 있으면 각자의 선호에 맞는 공공재의 양, 즉 위 그림에서 각각 Q_A, Q_B 수준을 선택함으로써 공공재의 배분이 효율적으로 이루어진다. 그러나 만약 하나의 지방정부밖에 가지지 못하다면 공공서비스 수준은 하나밖에 있을 수 없게 된다. 이 경우 통합정부가 중간 수준인 Q_C 공공재를 공급한다면 A집단은 $Q_A Q_C$ 만큼의 과잉 공급을, B집단은 $Q_C Q_B$ 만큼의 과소 공급을 받게 된다. 이런 과잉이나 과소 공급으로 인한 후생손실(welfare loss)의 크기를 그림으로 나타내면 A집단 경우 △abc이고 B집단의 경우 △cde이다. 즉 A집단이나 B집단이 각자의 지방정부를 구성하고 있는 경우에는 겪지 않아도 될 후생손실을

겪게 되는 것이다. 이런 후생손실은 지역 간의 선호의 차이가 클수록, 그리고 수요의 탄력성이 작을수록 더 커진다.

오츠의 분권화 정리는 통합된 정부의 집권화된 자원배분의 비효율을 지적하고 지방정부 분리를 통해 줄일 수 있는 낭비를 지적하고 있다.

2) 티부 가설(Tiebout Hypothesis)

티부 가설은 지방공공재의 효율적 배분에 대한 주장이다. 지방정부의 수가 많고, 지역 간의 이주(moving)가 용이한 경우 동질적인 선호를 가진 주민들로만 지방정부를 구성할 수 있게 되어, 순수공공재에서와 같은 무임승차자(free-riders)의 문제가 없어지므로, 지방공공재가 효율적으로 배분된다는 것이다. 이런 효율적인 자원배분을 위해서는 다양한 주민의 선호를 충족시킬 수 있도록 지방정부의 숫자가 많아야 한다.

Tiebout 모형의 가정을 보면,

① 주민들은 자기들의 선호를 가장 잘 만족시켜 주는 지역으로 이동한다.

② 주민들은 여러 다른 지방정부의 조세와 서비스를 완전히 알고 있다.

③ 주민들이 선택할 수 있는 지방정부가 많이 있다.

④ 지방정부 간의 이동에는 아무런 제약이 없다.

⑤ 지방정부의 조세나 서비스의 파급효과(spill-overs)가 없다.

⑥ 각 지방정부는 공공재 생산비용이 최저가 될 수 있는 규모이다.

이런 조건이 충족될 때 지방공공재에 대한 비슷한 선호를 가진 사람들로만 지방정부를 형성하게 되어 지방공공재에 대한 주민들의 선호(marginal benefit: MB)는 모두 같게 된다. 그 결과 주민 전체의 선호의 합($\sum$MBi)이 그 곱(N*MBi)과 같게 된다. 즉 $\sum$MBi = N*MBi이 된다.

지방공공재에 대한 선호가 동일한 경우 지방공공재를 공급하기 위한 비용 즉 지방세를 모든 주민들에게 똑같이 부과할 수 있다. 이 경우 순수공공재에서의 문제인 무임승차자의 문제가 사라진다. 무임승차자의 문제가 사라지면 선호의 합과 한계비용(marginal cost: MC)이 같아지는 조건 즉, $\sum$MBi = MC이 지방정부체제에서도 이루어질 수 있는 것이다. 다수의 작은 정부가 있는 경우 자원배분이 효율화된다는 것이다.

3) 공공선택론(public choice)

마지막으로 작은 정부를 지지하는 이론으로 공공선택론이 있다.[23] 이 이론은 정치인이나 관료들을 일반 소비자나 생산자와 마찬가지로 개인적인 목적을 위해 행동한다고 가정하는데, 흔히 이들의 목적을 선거에서 재선(再選)이나, 업무처리의 재량과 예산상의 여유를 극대화하는 것으로 본다. 이러한 가정 하에서 공공선택론자들은 관료들이 정보 면에서 유리한 위치를 이용하여 그들의 목적을 달성할 수 있다고 한다. 정부는 국민들이 원하는 것과는 달리 정치인이나 관료들의 이익이 우선적으로 실현되는 곳이라는 것이다.

하지만 정치인이나 관료들에 대한 효율적인 통제 방법은 존재하지 않는다고 공공선택론자는 주장한다. 시장에서는 생산자 간의 경쟁으

---

23) 구역과 관련한 공공선택론은 다음 절에서 보다 자세한 설명이 있다.

로 소비자 주권이 실현되는 메커니즘이 있지만 정부는 독점 구조이기 때문이다. 따라서 공공선택론자는 정부의 독점을 완화하는 방법으로 다수의 작은 정부를 두는 것을 지지한다. 하나의 큰 정부가 있는 경우 주민들의 통제가 어렵지만 다수의 작은 정부가 있는 경우 주민들의 접근과 통제가 용이하기 때문이다. 나아가 지방정부가 많이 있는 경우 이들 간의 경쟁으로 공공서비스의 배분이 보다 효율적으로 이루어질 수 있다고 본다.

2. 통합의 이론적 근거

통합의 이론적 근거는 공공서비스 생산 측면에서의 규모의 경제론, 지역 간 교류의 측면에서 정주체계론, 지역개발 측면에서의 통합적 개발론이 있다.

1) 규모의 경제론(economies of scale)

기존의 작은 지방정부 통합의 근거로서 가장 많이 제시되는 것이 규모의 경제이다. 정부 규모가 커짐으로써 공공서비스 생산의 평균비용이 작아져 정부의 효율성이 증대된다는 것이다.

공공서비스의 생산비용은 고정비용과 가변비용으로 나누어진다. 생산량이 적을 경우 생산물 단위당 비용에서 고정비용이 차지하는 비중이 높아 평균비용이 높다. 하지만 생산량이 증가함에 따라 총비용에서 고정비용이 차지하는 비중이 줄어들게 되어 평균비용은 감소하게 된다. 즉 규모가 커짐에 따라 단위당 평균비용이 작아진다.

지방공공재가 공급되기 위해서는 일정한 크기의 수요가 있어야 가

능하다. 지방정부의 규모가 너무 작은 경우 적당한 가격(reasonable price)
으로 공공재를 공급하기 어렵다. 상당한 수요가 있어야 지방정부에서
적당한 가격으로 서비스를 공급할 수 있다.[24]

일반적으로 규모가 커지면 지방정부의 공공재 생산비용이 낮아진
다는 믿음은 지배적이다. 정치인들이 구역 통합을 추진하는 것은 이
런 믿음에서 출발한다고 한다. 20세기 대부분 선진국의 구역통합은
이런 믿음에서 출발한 것이라 할 수 있다.

2) 정주체계론

공간상에는 중심성의 정도에 따라 대도시－중도시－소도시－마을
등으로 이어지는 체계가 형성된다. 이 체계 내에서 각각의 중심도시
는 그 권역의 배후지에 여러 가지 서비스를 제공한다. 정주생활권은
주민들에게 일상생활의 기본 수요를 충족시켜 주는 최소 단위의 생
활권이다. 공간적으로는 일상생활의 중심이 되는 중심도시와 그것을
포괄하는 배후농촌이 통합되는 생활권이다. 이런 생활권을 정치적으
로나 행정적으로 독자성을 가지는 공간으로 구체화하기 위해서는 이
를 토대로 구역을 설정하는 것이 바람직하다.

통합론자는 Christaller 등에 의하여 발전된 중심지이론(central place theory)
을 구역개편에 응용하여 지역이 발전하는 과정에서 형성되는 도시 간의
체계에 합리적 근거를 찾으려고 하고 있다. 즉 정주체계와 생활권 형성
에 따라 지방행정단위가 계층화되고 구역이 설정되어야 한다고 본다.

---

24) 지방공공재도 수요에서 최소한의 양인 수요역(demand threshold)을 넘어야 적당한 가격으로 공급될 수 있다
는 것이다.

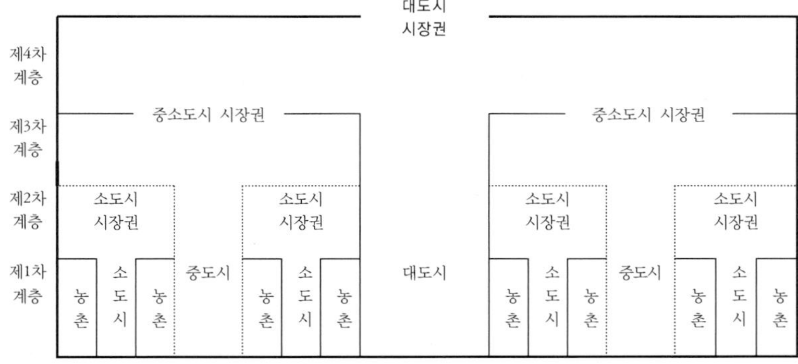

자료: 장재훈(1981), 91쪽의 것을 필자 정리.

〈그림 4-2〉 중심지이론의 도시계층 구조

3) 통합적 개발론

지역발전이론으로서 성장거점(growth center)이론은 중심 도시가 성장축이 되어 발전하면 그 주변 지역은 파급효과(spread effect)에 의하여 성장한다고 하였다. 그러나 20여 년간의 경험적 연구에 의하면 파급효과는 크지 않은 반면 주변 지역이 중심도시에 흡수되는 역류효과(backwash effect)가 더 큰 것으로 밝혀졌다. 그 결과 지역발전에 대한 대안적인 이론이 모색될 필요가 있었다.

그 대안으로 나타난 것이 아그로폴리탄 개발론(agropolitan development)이다. 이는 종래 외생적이고 하향적 발전방식을 버리는 대신 내생적이고 상향적인 발전방식을 제시하고 있다. 즉 지역주민의 기초수요 충족을 가장 중요한 목표로 하고 각 지역의 자연, 인간, 문화 등의 자원을 최대한 활용하는 방법으로 발전을 추구한다.

아그로폴리탄 개발론은 상대적으로 낙후된 소도시 및 농촌경제를 발전시키기 위해 농촌과 도시를 통합한 지역을 개발의 단위로 설정하고 있다. 아그로폴리탄은 인구 1만~2만 5천 명의 중심도시를 포함하여 인구 5만에서 15만 정도의 규모를 가지면서 한 시간 이내에 통근 가능한 영역으로 한다. 이 지역단위에 자치권과 특정 서비스를 제공하는 지방정부를 두어 지역 내의 주민들이 자치적으로 자원을 개발하여 개발이익을 분배함으로써 주민의 기초수요를 충족시키도록 한다.

아그로폴리탄 개념은 지역개발에 원용되어 일본의 「제3차 전국총합개발계획」에서 정주권 개념, 한국의 「제2차 국토종합개발계획」에서 지역생활권 개념으로 활용되었다. 우리나라의 경우 정주권 또는 지역생활권 개념은 중심지이론과 결부되어 최양부 등에 의해 도농통합적 행정구역 설정방안으로 발전하였다(최양부·윤근원 1988).

3. 분리론과 통합론 비교

분리론은 수요 측면에서 주민들이 원하는 종류와 양에 꼭 맞는 공공재를 공급하는 것이 효율적이라 보고 구역을 세분화함으로써 그 목적을 달성하고자 한다. 반면 통합론은 공급의 측면에서 규모의 경제를 달성하기 위한 구역이 바람직하다고 보며, 이런 구역은 생활권 내지 정주권, 또는 개발권과 일치되는 지역적 범위라 본다. 분리론은 주민참여나 주민통제를 중시하는 정치적 가치에 중점을 두고 있는 반면 통합론은 생산성이나 지역개발을 중시하는 경제적 가치를 중시하고 있다.

분리가 좋으냐 아니면 통합이 좋으냐에 대한 논쟁은 경험적 연구에서도 쉽게 해결되는 문제가 아니다. 적정 구역에 대한 이런 논쟁에서 간과할 수 없는 것은 주민들의 구역에 대한 선호가 분리나 통합에서 나타나는 구체적인 이해관계뿐만 아니라 주민들의 정치체제에 대한 철학이나 가치관에도 달려 있기 때문이다. 이를 정리하면 <표 4-1>과 같다.

〈표 4-1〉 구역개편의 분리주의 대 통합주의

구 분	분리론	통합론
지향하는 가치	주민참여, 주민통제 등 정치적 가치	생산성, 지역개발 등 경제적 가치
구역개편 기준	주민선호의 동질성	지역 간의 결절성 내지 상호 보완성
구역개편 방법	자유로운 지방정부 선택, 주민의 공공수요에 부합	생활권 내지 정주권, 개발권과 일치, 규모의 경제
주된 비용 개념	집단적 의사결정 비용	공공재 생산 비용
지방정부 형태	소구역, 다수의 작은 지방정부	대구역, 소수의 대규모 정부

자료: 필자가 정리.

우리나라의 경우 구역의 분리나 통합이 위와 같은 이론적 논의에 바탕을 둔 것이라 보기는 어렵다. 하지만 미국의 대도시권 내의 지방정부 통합을 두고 개혁론자와 공공선택론자의 첨예한 대립이 있다.

Ⅱ. 개혁론자 대 공공선택론자[25]

구역의 통합과 분리를 놓고 대립되는 주장은 미국의 대도시권의 지방정부 체제에 대한 개혁론자와 공공선택론자의 다른 견해에서 찾아볼 수 있다.

---

25) 이 절의 내용은 김석태(2010)를 수정·보완한 것이다.

미국의 대도시권은 한마디로 파편화(fragmented)되어 있다. 하나의 대도시권에 수백 개의 지방정부가 난립해 있는 상황이다. 생활권과 경제권이 같은 대도시권에 다수의 지방정부가 존재하는 것이 바람직한 것인가를 두고 관련 학자들 간에 뜨거운 논쟁이 지속되어 왔다. 20세기 초의 개혁론자들은 대도시권에 단일의 일원적 정부를 두는 것을 주장한 반면, 1960년대에 나타난 공공선택론자는 파편화된 다원적인 정부체제를 옹호하고 있다.[26] 여기서는 Stephens and Wikstorm(2000)의 연구를 중심으로 양자의 주장을 정리한다.

1. 개혁론자

전통적으로 생활권과 경제권이 동일한 대도시권에 단일 도시정부를 구성한다는 논리는 특정 이론에 기초를 둔 것이기 보다 상식에서 출발한 것이라 보아도 무방할 것이다. 이런 상식에 따라 19세기 말에는 뉴욕, 보스턴, 필라델피아 등의 대도시 지역에서 주(state)의 주도로 통합이 이루어졌고, 많은 지역에서 주변 지역이 중심도시에 편입(annexation)되었다.

이런 통합이 논리적 무장을 하게 된 것은 미국에서 1900년대 초부터 시작된 진보개혁운동(progressive movement) 때문이다. 19세기 후반의 Wilson과 20세기 초의 Goodnow 등의 행정 이론과 Taylor의 과학적 관리론을 기반으로 개혁론자들은 부패하고 비능률적이며 파편화된 지방정부를 통합하여 단일의 다기능 대도시권 정부를 만들 것을 주

---

26) 이런 구분은 Vincent Ostrom(1972)이 두 가지 다른 학문적 전통을 구분한 이래 Keating(1995), Stephens and Wikstorm (2000), Kubler and Heinelt(2002), 그리고 Miller(2002)에서 찾아볼 수 있다.

장하였다.[27]

개혁론자들은 대도시권의 해결하기 어려운 문제는 다수의 지방정부의 존재에서 유래한다고 보았다. 이들은 분권화되고 파편화된 구조 때문에 대도시권에 통일적으로 제공되어야 할 서비스를 다수의 지방정부가 제각기 제공함으로써 행정의 비효율을 초래할 뿐만 아니라 서비스 수준의 현저한 격차를 초래한다고 보았다. 나아가 다수의 지방정부의 존재는 대도시권의 사회경제적 비전을 제시할 통일된 리더십 발휘를 어렵게 한다고 하였다. 이들은 도시 내 일부 지역의 특수이익을 앞서는 공익이 있고 지방정부의 주요 과제가 기술적 문제 해결이기 때문에 정치는 최소화 되어야 한다고 주장하였다.

개혁론자들은 대도시권의 단일 정부가 공공서비스 생산에 있어서 규모의 경제를 기할 수 있을 뿐만 아니라 사회적 통합과 형평을 기할 수 있다고 보았다. 대규모 정부는 소수자의 전횡을 방지할 수 있는 장치를 갖추기 쉬울 뿐만 아니라 큰 권한을 가지기 때문에 정치적 참여 열기도 높아진다고 하였다.

저명한 정치행정학자 Gulick이나 Merriam을 대표로 하는 개혁론자의 주장은 1930년대에서 1970년대 사이에 널리 수용되었다. 미국 정부 간 관계에 대한 연방기관인 ACIR은 개혁론자의 입장을 지지하였고, 뉴욕 시 소재 200여 명의 사회 지도급 인사로 구성된 저명한 싱크탱크인 CED(Committee for Economic Development)는 1966년에 8만 여 개에 달하는 지방자치단위의 80%를 감축해야 한다고 주장하였다.

하지만 개혁론자의 주장이 널리 수용된 것은 아니다. 특히 구역개편

---

27) 이들은 또, 선출직을 주요한 정책결정을 하는 자리로만 제한하고, 통일된 정부 조직 및 조직 내의 권한 분산 방지, 지방정부의 악을 제거하기 위한 정치와 행정의 분리를 주장하였다.

의 전형적인 형태인 시티-카운티 통합안에 대한 주민들의 반대가 심하였다. 그 결과 통합이 추진된 지역 중 80%는 주민투표에서 지지를 얻는 데 실패하여, 현재 3,043개의 카운티 중에서 1%가 약간 넘는 정도가 통합되었고, 그리고 1만 9천 731개의 시 중에서 1.5% 정도가 시티-카운티 통합정부로 되어 있다고 한다(Leland and Thurmaier 2010).

이렇게 개혁론자들이 주장하는 구역 통합이 부진한 가운데 이론적인 측면에서 통합만이 대도시 문제의 해결 방법인가에 대한 의문이 제기되었다. 또 통합에 과연 능률과 절약이 있는가에 대한 의문도 제기되었다. 하지만 통합성과에 대한 만족할만한 경험적 증거는 제시되지 못하였다. 반면, 통합된 지역의 경우 도심과 교외지역 간의 소외감을 증대시키는 결과를 가져왔다는 주장이 제기되었다.

신공공관리론(New public management)의 등장과 함께 1980년대에는 개혁론자들의 주장이 빛을 잃게 되었다. 그러나 1990년대에 들어와서는 신광역주의(New regionalism)의 이름으로 개혁론자의 주장이 계승되고 있다.[28] Savitch and Vogel(2000)은 신광역주의가 세계적 경쟁 속에서 도시 경제발전, 환경보호와 사회 기반시설 등의 서비스 제공, 분배 문제 특히 지역 간 재정적 격차해소, 그리고 도시의 무분별한 확장 방지를 위해 대두되었다고 한다.

2. 공공선택론자

개혁론자의 주장이 반대에 부딪쳐 현실화되지 못하는 상황에서 대

---

28) 1980년대에는 2개 지역에서 시티-카운티 통합이 이루어졌던 것이 1990년대에 5개 지역, 2000년대에 7개 지역으로 늘어났다(Leland and Thurmaier 2010).

도시권의 파편화된 지방정부체제를 옹호하는 이론이 등장하였다. Ostrom, Tiebout and Warren(1961)은 대도시권에 다수 정부의 존재가 병리적이라 진단하는 것은 잘못이라 지적하고 다중심적(poly-centric) 정치체제의 효율성을 주장하였다. 이들은 권위와 계층을 대표하는 단일 대도시정부(Gargantua)보다 다수의 작은 정부가 보다 효율적이고 민주적이라 주장하면서 지방정부 간 협력과 협상, 조정 등으로 대도시권 문제를 해결하는 LA(Los Angeles) 지역을 그 예로 설명하고 있다.[29]

공공선택론자는 주민들이 자기의 선호에 가장 적합한 공공재와 조세구조를 가진 지방정부로 이주함으로써 지방공공재 배분의 효율성이 증대된다(Tiebout 1956)는 Tiebout가설을 이론적 지주로 삼고 있다. 이 가설이 타당하기 위해서는 대도시권에 주민들의 다양한 선호를 충족시켜 줄 수 있는 다수의 지방정부가 있어야 한다.

통치구조에 대해 공공선택론자의 견해를 대표하는 E. Ostrom은 대도시권 문제에서 다중심이론은 다음과 같은 가정을 전제로 한다고 한다(Ostrom 2005).[30] ① 공공서비스의 생산함수나 규모의 효과는 그 종류에 따라 실제 큰 차이가 있다. ② 공공서비스에 대해 같은 선호를 가진 사람들이 소지역 이웃을 형성하게 된다. 소지역 주민들의 선호가 대도시 전체 주민들보다 동질적이다. ③ 주민들은 여러 지역을 번갈아 가면서 살게 되고 이런 과정에서 지역 간의 공공서비스에 대해 비교·평가하게 된다. ④ 규모나 서비스가 다른 여러 지방정부의 존재는 주민들의 선호에 맞는 지방정부 선택을 가능하게 하고 또 그

---

29) Bish(2001)에 의하면 Ostrom, Tiebout and Warren(1961)이 생각하던 이상적인 대도시권 정부구조가 만들진 것이 British Columbia 지역의 Greater Vancouver Regional District이다.

30) E. Ostrom은 2009년 노벨상 수상 강연에서도 이런 전제하에서 다중심적 체제의 효율성을 주장하고 있다.

들의 선호에 맞게 지방정부를 변화시킬 수 있다. ⑤ 대도시권에 공공
서비스를 생산할 수 있는 기업 등의 존재는 지방정부 공공서비스의
선택 기회를 넓혀 준다. ⑥ 지방정부 서비스 공급을 두고 경쟁하는
기업은 새로운 기술을 개발하고 공생산(co-production)등 보다 효율적
인 공공서비스 제공 방법을 모색한다.

공공선택론자는 작은 정부 간의 수평적 협력을 중시하고 자발적
협력을 통한 문제 해결을 선호한다. 또 다기능적인 단일 정부에 의한
문제 해결보다 기능별 구역을 통한 문제 해결을 처방으로 제시한다.
이들은 많은 수의 작은 지방정부 체제가 주민들의 선호와 요구에 더
부응할 뿐만 아니라 주민들에게 그들의 선호에 맞는 공공서비스를
제공하는 지역으로 이동할 기회를 부여한다고 한다.

공공선택론자는 공공서비스는 여러 수준의 정부와 민간조직 등에
서 규모의 경제를 살리면서 공급될 수 있으며, 이런 다양한 주체의
공공서비스 공급은 경쟁의 이점을 살릴 수 있다고 한다. 또 많은 수
의 정부는 주민참여의 기회와 공공서비스 공생산의 기회를 확대하고,
정부 간의 교류와 협력은 대도시권 문제를 보다 쉽게 해결하는 메커
니즘이 된다고 한다.

공공선택론자는 개인의 선택권, 접근성과 정치적 책임성 확보, 지
역 간의 경쟁을 중시한다. 이들은 대도시권의 하나의 큰 정부는 경쟁
을 제한할 뿐만 아니라 주민의 선택도 제한하는 독점적 정부라고 한
다. 이들은 큰 정부의 경우 주민들은 무임승차자가 되려는 경향이 강
함을 지적하고 부담과 혜택의 관계가 분명한 작은 정부가 바람직하
다고 본다.

대도시권 거버닝(governing) 문제와 관련하여 공공선택론의 기여는

다음 몇 가지로 정리할 수 있다(Stephens and Wikstorm 2000). 첫째, 공공서비스 제공과 관련하여 대도시 정부의 현실을 보다 세밀하게 분석하였다. 이들은 공공서비스 공급에 있어서 공공, 비영리기관, 민간의 역할과 관계를 공식적-비공식적 측면에서 분석함으로써 공공서비스 제공의 효율성이 공식적 구조만의 문제가 아님을 분명하게 하였다. 즉 정부구조만 바꾸면 대도시의 문제가 해결된다는 환상을 버리게 하였다는 것이다.

둘째, 대도시권의 다원적 체제의 장점을 분명히 하였다. 이들은 공공서비스의 생산과 제공이 반드시 일치해야 하는 것이 아님을 분명히 하고 다양한 시스템을 이용할 것을 제안하고 있다. 또 다중심체제는 다수 시민의 참여와 공생산의 기회를 확대하고 독점의 비효율과 횡포에 대한 경각심을 높인다는 것이다.

셋째, 규모의 경제에 따른 효율성을 높이기 위해서는 다양한 크기의 정부가 존재해야 함을 분명히 하고 있다. 하나의 정부로서는 모든 공공서비스를 효율적으로 공급하지 못하므로 상하수도, 쓰레기처리, 대중교통 등 자본집약적인 서비스는 넓은 구역의 큰 정부에서, 초등교육이나 청소 등은 좁은 구역의 작은 정부에서 담당하는 것이 효율적이라는 것이다.

마지막으로 많은 사람들에게 대도시권의 단일 정부에 대한 환상을 버리게 하였다. ACIR에서는 25년 간(1960~1985) 지지하였던 개혁론자의 입장을 버리고 공공선택론자의 입장을 반영한 보고서를 제출하였으며,[31] CED도 시티-카운티 통합 주장 입장에서 대도시권의 연합

---

31) The possibility of metropolitan governance without metropolitan government를 인정한 것이다(ACIR 1987; 1988).

체 정부구조로 입장 변화를 보였다. 저명한 개혁주의자 중 한 사람인 도시정치학자 Jones는 1979년 그의 저서 「대도시권 통치에서 대도시권 협치로의 변화(From metropolitan government to metropolitan governance)」 라는 논문에서 자신의 종래 주장의 잘못을 인정하고 있다.

하지만 공공선택론이 모두의 지지를 받고 있는 것은 아니다. Lyon and Lowery(1989)는 파편화된 지역과 통합된 지역을 비교하는 경험적 연구에서 ① 주민들은 지방정부에 관한 정보를 쉽게 얻을 수 있고, ② 더 나은 주민－정부 관계를 유지할 수 있으며, ③ 주민들이 지방정부의 일에 참여하기가 용이하며, ④ 지방정부의 서비스에 더 큰 만족을 얻고, ⑤ 이런 만족이 지방 간에 공유된다는 공공선택론자의 주장은 신화(myths)에 불과하다고 한다.

하지만 공공선택론자가 주장하는 여러 수준의 지방정부, 비영리기관, 민간기업 간의 협력을 통한 공공서비스 제공은 여러 주체 간의 협력의 논리를 제공한다는 점에서 21세기의 행정 패러다임인 신거버넌스(new governance)와 연결된다. Kubler and Heinelt(2002)은 대도시권 신거버넌스 라는 이름으로 공공선택론과 뉴거버넌스를 접목시키고 있다.

3. 논의의 함의

미국 대도시권의 바람직한 지방정부 체제에 대한 논쟁은 해결될 기미가 보이지 않는다. 이런 견해의 차이는 대도시권을 어떤 존재로 보는가와 관련성이 있다. Miller(2002)는 대도시권을 하나의 유기체 (organic whole)로 보는 견해와 다중심적 지역(polycentric region)으로 보는 견해의 차이라고 한다. 전자는 집합주의적 접근(collectivist approach)

으로서 1900년대 초의 도시계획론자, 1960~70년대의 정부역할 확대론자, 1990년대의 세계화론자가 이에 속하고, 후자는 개인주의적 접근(individualist approach)으로 공공선택론자가 이에 속한다고 한다. 이런 대립되는 논의가 종래 미국에 한정되었지만 근래에는 유럽 등 다른 나라에도 확산되고 있다.

Ⅲ. 맺음말

Keating(1995)은 지방정부의 크기의 문제가 정치성향과 이해관계에 따라 다르게 나타난다고 한다. 정부가 시혜자라 보는 자는 통합된 큰 정부를 지지하는 반면, 정부가 필요악(necessary evil)이라 보는 자는 작은 다수의 정부를 원한다고 본다. 그리고 통합의 결과로 나타나는 지역사회 권력구조의 변화로 인한 이해관계에 따라 개편에 대한 찬반이 갈라진다고 한다. 그 결과 민주화된 사회에서는 지방정부의 통합이 매우 어렵다고 하고 있다.

권위주의 체제하에서 하향적 개편이 이루어지는 경우에는 통합이 쉽게 이루어질 수도 있었다. 그러나 민주화된 사회에서 통합과 관련한 이해관계의 조정이 용이하지 않다. 통합의 찬성과 반대를 두고 지역사회가 소용돌이에 휘말릴 가능성이 있으며, 통합되는 지역의 명칭이나 통합청사의 소재지 등에서도 지역 간의 이해관계가 엇갈릴 가능성이 많다. 다음 장에서는 구역개편과 관련한 정치성의 문제를 살펴본다.

<주요 참고문헌>

최양부 · 윤원근(1988). 『행정구역의 합리적 조정방안: 정주체계에 따른 도 · 농 통합적 행정구역의 모색』 한국농촌경제연구원 연구보고서 167.

Oates, Wallace E.(1977). *The Political Economy of Fiscal Federalism.* Lexington: Lexington Books.

Ostrom, Vincent, Charles Tiebout, and Robert Warren(1961). The Organization of Government in Metropolitan Areas: A Theoretical Inquiry. *American Political Science Review* 55: 831-842.

Stephens, G. Ross and Nelson Wikstrom(2000). *Metropolitan Government and Governance.* Oxford University Press.

Tiebout, Charles(1956). A Pure Theory of Local Expenditure. *Journal of Political Economy* 64: 416-435.

제5장 구역개편과 정치

모든 정책결정에는 경제적 측면과 정치적 측면이 있기 마련이다. 어떤 정책이 경제적인 측면에서 정당성이 있어 추진되는 경우에도 결정을 좌우하는 것은 정치적 요인인 경우가 허다하다. 이 과정에서 어떤 지역에 경제적 이득이 있다고 할지라도 참여자의 다수가 정치적으로 손해를 본다면 그런 개편은 성사되기 어렵다. 이 장에서는 구역개편의 정치적 측면과 그 과정에서 나타나는 정치성의 문제를 살펴본다.

Ⅰ. 구역개편의 정치성

1. 구역개편의 이해관계자

구역개편은 여러 가지 목적을 위해 추진된다. 지방행정의 효율성의 제고, 지역 발전의 촉진, 지역적 형평성의 제고 등이 흔히 제기되는 목적이다. 그 외에 우리나라에서는 지역감정의 해소 등이 추가되기도 한다.

이런 목적에서 추진되는 구역개편에서의 이해관계자는 실로 다양하다. 전국적인 구역개편의 경우 대통령부터 여야 정당의 지도자들, 국회의원, 중앙 행정 관료들, 중앙언론들, 시민단체, 국민 등이 관여한다. 광역 수준에서는 광역자치단체장과 광역의원, 자치단체 공무원, 시민단체, 주민 등이 관여하고, 기초 수준에서는 기초자치단체장과 기초의원, 공무원, 주민들이 관여한다.

참여자들은 다양한 이해관계를 가지고 있다. 한 예로 이명박 대통령이 2009년 8.15 경축사에서 지방행정체제개편을 주문하였을 때는 국가통치의 견지에서 지방행정의 전반적인 효율성과 지역감정 해소를 염두에 둔 듯하다. 여야 지도부의 입장도 비슷한 것으로 판단된다. 하지만 국회의원들은 구역개편이 자기 지역구에 미칠 영향을 고려하지 않을 수 없다.

중앙 행정 관료들은 지방 구역개편이 자기들의 업무수행이나 출세에 어떤 영향을 미칠 것인가를 계산한다. 중앙언론은 구역개편이 그들의 이익에 어떻게 부합하는지 고려해 지지 혹은 반대의 의견을 제시한다. 전국적인 시민단체들은 그들의 지향 가치에 따른 의견을 표명한다(<참고 5-1> 참조).

〈참고 5-1〉 시민단체의 구역개편에 대한 성명서

국회는 지방자치의 본질을 훼손하는 지방행정체제 개편 특별법안을 즉각 폐기하라

국회 지방행정체제개편 특별위원회는 12일, 13일 양일간 법안심사소위원회를 열어 지방행정체제 개편 법안에 대한 논의를 마무리하고 4월 16일 특별위원회전체회의를 열어 통과시킬 예정이다. 지난 9일에 있었던 한나라당 의총에서는 특위의 잠정 합의안을 두고 반대 의견이 쏟아진 것으로 보도되고 있다. 이 같은 당내 반발은 국가의 근간을 바꾸는 중대한 사안인 지방행정체제 개편을 지역사회, 학계 등의 충분한 의견 수렴과 지역주민들에 대한 공론화 작업 없이 일방적으로 강행한 것에 기인한 것이다.

　지역의 정치인들도 구역개편으로 인한 그들의 정치적 위상의 변화에 관심을 갖지 않을 수 없다. 개편이 이들에게 유리한 위치를 점할 수 있게 하지만 그 반대의 경우도 생기는 제로 섬(zero sum)의 경우가 많기 때문이다. 공무원들은 통합으로 지방정부의 위상이 높아지고, 중앙정부의 지원이 늘어나며, 과세기반이 확대되는 것은 환영하지만 통합에 수반하는 인력 감축 때문에 반대의 경우로 돌아설 가능성이 크다.

　기업가들은 개편에 따른 인프라 확대, 우호적인 규제, 조세부담 감소, 개발비용 감소 등을 기대하며 통합에 매우 적극적이다. 반면 주민들은 지방정부의 위상이 높아지는 것은 환영하지만 주변지역의 경우 그들의 위상이 낮아지고 그들이 받는 공공서비스의 혜택이 줄어드는 것을 우려한다.

2. 구역개편에 대한 지지와 반대

구역개편은 단순한 기술적인 문제가 아니다. 이에 대한 찬반은 다른 정치적 사안과 마찬가지로 개인의 직접적인 이해관계와 이데올로기 등이 작용한다. 이런 찬반은 격렬하여 때로는 심한 갈등을 유발하기도 한다.

구역개편을 주도하는 자들은 현재의 구역이 너무 협소하여 지역발전에 장애가 된다고 생각하는 사람들이다. 이들 중에는 지역개발에 관심이 많은 정치인이나 학자들이 여기에 속한다. 이들은 통합 자체가 지역발전의 기폭제가 된다고 믿는다.

지역의 경제인들이나 언론인들은 그들의 활동영역이 기존의 좁은 구역을 넘어서기 때문에 통합을 찬성한다. 이들은 통합 주도 그룹에 참여하여 통합 캠페인을 주도하기도 한다.

지역적으로 중심도시에 사는 사람들은 통합에 대한 찬성률이 높다. 변두리 지역을 통합하는 것은 중심도시의 세력을 확장하는 반면 통합으로 잃을 것이 적기 때문이다.

통합을 반대하는 자들은 지역개발보다는 지방자치에 관심이 더 많은 자들이다. 이들은 통합으로 소지역의 정체성이 상실될 뿐만 아니라 지방정부 관료제가 비대해져 주민참여와 주민통제가 어려워진다고 본다.

이런 이데올로기적인 측면과 달리 실질적인 이익과 관련해 반대하는 그룹이 있다. 이 그룹은 주로 공직자들로 통합으로 공직이 감축되는 것을 두려워한다. 공직이 전체적으로 감축되지 않더라도 상위직의 축소로 공직에서 승진 경쟁이 심화되는 것도 반대의 대열에 합류하게 하는 요인이다.

지역적으로 보면 주변 지역은 중심지역에 비해 통합에 반대하는 성향이 높다, 통합으로 변두리 지역 주민들의 정치적 위상이 약해질 수밖에 없기 때문이다. 정치적 위상 약화로 중심도시 혐오시설이 변두리 지역에 설치되거나, 예산 배분 등에서 소외될 가능성이 크기 때문이다.[32]

3. 자치권의 정도와 구역개편

구역개편의 범위나 강도는 지방자치권을 어느 정도 인정하느냐에 따라 다르다. 영국같이 지방을 중앙의 하급기관(agency) 정도로 취급하는 나라에서는 개편도 많고 정치성도 강하다(Chisholm 2002). 반면 미국에서와 같이 자치(home rule)가 넓게 인정된 곳이나 프랑스나 이탈리아같이 지방의 문제에 간섭하지 않는 나라는 개편도 적고 정치성도 약하다.

중앙정부가 지방정부 개편에 대해 큰 권한을 갖고 있는 나라의 경우 중앙 정치인들은 구역개편을 지렛대로 지방에 대한 통제를 강화할 수 있다. 특히 통합은 지방정부 존립의 근본을 흔드는 것으로서 지방권력을 매우 위축시켜 중앙에 복속시키는 수단으로 이용될 수 있다.

지방에 지방정부 창설(incorporation) 등에 대한 권한이 주어져 있는 경우 지방의 이니셔티브로 지방정부를 창설하거나 통합을 용이하게

---

32) 구역개편 관련 조사(조선일보, 2008. 9. 8)에 의하면, 통합됐을 때 거점지역이 될 가능성이 큰 시·군·구의 단체장은 통합에 찬성하는 경우가 많았다. 충남 천안·서산·보령과 개발이 한창인 당진, 도청 신도시가 조성될 예산·홍성 등이 여기에 해당한다. 강원도 강릉 원주, 충북 청주·충주, 경북 경주, 경남 창원, 전북 남원, 전남 광양 등도 비슷한 입장이다. 반면, 흡수되는 중소도시는 통합에 반대한다. 충남 천안과의 흡수를 우려하고 있는 아산과 행정도시 주변지역인 공주·계룡 등의 단체장이 반대하고 있는 것은 통합 추진 시 주변지역으로 전락할 우려를 감안한 것으로 보인다. 의정부 권역인 동두천·포천, 경기 동북부로 농촌 지역인 양평·가평의 단체장도 반대했는데, 모두 비교적 인구가 적고 땅이 넓어 흡수통합이 예견되는 곳들이다.

할 수 있다. 이 경우 지역 정치가 활성화되는데, Burns(1994)는 미국에서 지방정부의 창설은 순전히 지역 주민의 자기 이익 반영의 결과라고 한다. 한편 미국의 동북부 지방에서 보는 바와 같이 지방정부의 권한이 강하면 강할수록 지역민들이 자기 지역에 대한 통제권의 상실을 우려하여 구역개편이 어려워진다고 한다(Rusk 2006).

반면, 지방정부에 자기 조직에 대한 권한이 주어져 있지 않는 경우 지방은 중앙정부의 정책에 반응하는 수준이다. 이 경우에도 통합은 지방정치에 큰 변화를 초래한다. 지방정부 수장의 숫자가 줄어들고, 선거구가 확대되고, 주민들의 구성이 변화됨으로써 지역의 정치판도가 변화한다. 이런 현상은 상호 간 이질적인 지역이 통합하는 경우 더욱 그러하다. 이런 과정에서 지역 정치인들은 자기들에게 유리한 변화를 이끌어 내기 위해 노력할 것이다.

II. 구역개편 방식

구역개편을 하는 경우, 어젠다 설정에서부터 개편 찬반 캠페인 과정, 지방의회 의결이나 주민투표 과정, 법안 제출과 국회의 심의 의결 과정의 복잡한 과정을 거친다. 이런 개편 방식은 하향적인 것과 상향적인 것, 그리고 혼합적인 것으로 나누어 볼 수 있다.

1. 하향적 방식

구역개편에 대한 필요성이 중앙정부의 정치인이나 관료들에 의해 인식되고 추진되는 것이다. 서구에서 하향적 개편의 전형적인 예는 영국에서 찾아볼 수 있다. 1962년 이래 전국적인 구역개편은 정부 주도로 이루어졌다. 이러한 개편은 정치적 목적으로 이루어지기도 한다. 1986년 영국의 GLC(Greater London Council) 폐지는 당시 대처(Thatcher) 수상이 정치적 적수인 야당이 이끄는 런던 시장 자리를 없애기 위해 1965년에 만들어진 GLC를 폐지하여 런던을 광역정부가 없는 단층제로 개편한 것이다.[33]

캐나다의 Toronto 지역에서도 보수적인 주정부가 진보적인 종전의 작은 토론토시를 제거하기 위하여 대도시권을 통합하였는데 이는 6개 대상지역 주민의 2/3가 반대하였음에도 불구하고 주정부가 권위적으로 추진한 것이다.

우리나라는 관치시대에 내무부 주도로 많은 구역의 분리나 통합이 이루어져 왔다. 지방의 권한이 미약했기 때문에 중앙 정치인이나 관료의 마음대로 구역개편을 하였다. 1994년 이래 시군 통합은 내무부(현재 행정안전부)에서 주도해 왔고, 2009년 시군의 '자율통합'도 형식적으로만 '자율'이지 사실상 행정안전부가 행정적 지원과 거대한 인센티브를 내세우면서 통합을 독려해 왔다. 현재 진행 중인 전국적인 지방행정체제개편도 중앙 정치권의 합작품이다.[34]

하향적 개편은 여러 가지 이점이 있다. Leemans(1970)는 대규모적인 개편의 장점을 다음과 같이 제시하고 있다. 첫째 개편에 대한 보다 체계적인 접근을 가능하게 하고, 둘째 개편에 대한 합리적이고 과학적인 기준을 사용하게 하고, 셋째 개별적인 사례에 매달리지 않고 전

---

33) 하지만 1997년 Blair 총리는 GLA(Greater London Authority)를 설치함으로써 광역정부를 부활시켰다.

34) 2005년과 2009년의 여야 영수회담에서 지역주의를 극복하기 위한 방편으로 지방행정체제개편에 대해 합의하였는데 그 실마리는 구역의 확대개편에 이은 중·대선거구제 도입으로 여야 지역편중의 문제를 해소한다는 것이다.

국적인 개편을 신속하게 추진할 수 있다고 한다.

하향적 개편은 전국적인 규모의 개편을 신속하게 추진할 수 있다는 장점이 있다. 전국적인 개편은 지방에만 맡겨둘 경우 나타날 지방행정체제의 파편화를 방지할 수 있으며, 신속한 개편으로 지방의 반대를 사전에 잠재우는 효과가 있다. 또 지방에만 맡겨둘 경우 불가능한 대규모의 조직이나 인원의 감축도 가능하다.

하지만 하향적 개편은 지역의 사정을 무시하고 진행될 우려가 다분하다. 지역 주민이나 정치인의 의사를 무시하고 진행되기 때문이 지역에서의 심한 반발을 불러올 수 있다. 특히 지역공동체를 해체하거나 지역의 전통을 단절시키는 통합에 대해서는 심한 저항에 부딪칠 것이다. 따라서 국가가 하향적 강제적 개편의 권한을 가지고 있다고 하더라도 지방의회 의결을 거친다든지 주민투표를 거치도록 하고 있다.

2. 상향적 방식

상향적 개편은 지역에서 스스로 필요성을 인지하고 자발적으로 개편을 추진하는 것이다. 현재의 구역이 주민생활에 불편을 초래하고 지역발전에 큰 장애가 된다고 진단하고 지역 스스로 구역개편을 추진하는 것이다. 이것은 지역이 스스로 지역의 문제를 구역개편을 통해 해결하려는 것으로 분권화된 나라에서 쉽게 찾아볼 수 있다.

상향적 개편 과정에 대한 모형 중 잘 알려진 것이 미국의 시티–카운티 통합의 경우에 적용한 Rosenbaum and Kammerer의 모형이다. 이들은 통합이 성공적이었던 잭슨빌(Jacksonville)과 통합에 실패한 템파(Tampa)에 대한 연구에서 어떤 요인이 통합 시도의 결과에 영향을 미치는가를 모형화하였다. 이 모형에서 통합에 이르는 과정을 살펴보면 다음과 같다.

지역의 위기적 상황에서 이를 타개하기 위한 정부의 대응이 요구되는데 적절히 대응하는 경우 문제가 해소되어 다음 단계로 진행되지 않는다. 하지만 적절한 대응에 실패한 경우 지역에 통합론자가 출현하게 되고, 통합론자의 주장이 힘을 얻으면 통합추진위원회가 발족하게 된다. 시민 엘리트나 상공인, 그리고 매스미디어가 주축이 되어 통합 캠페인이 전개되고 시티-카운티 통합에 대한 주민투표가 실시되어 통합여부가 결정된다. 보다 자세한 과정은 <그림 5-1>과 같다.

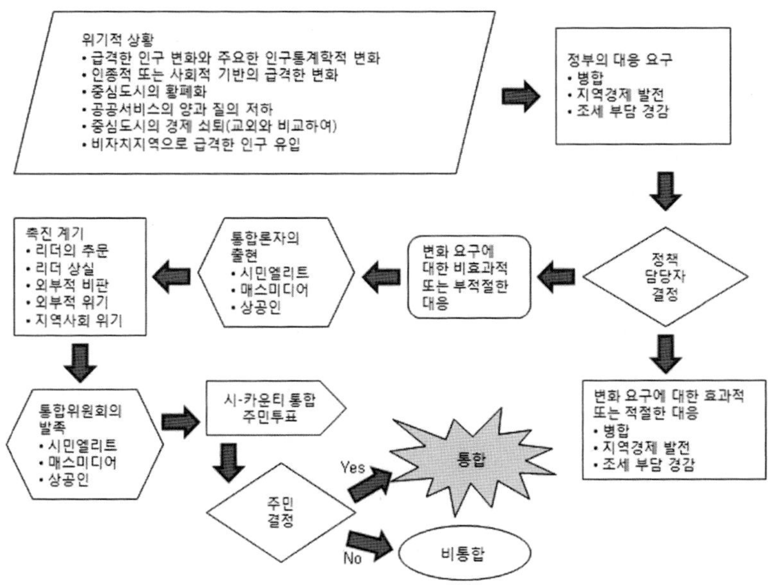

자료: Leland and Thurmaier(2004).

〈그림 5-1〉 통합과정에 대한 Rosenbaum and Kammerer 모형

우리나라에서 상향적 개편의 예를 찾아보기 쉽지 않다. 지방정치인은 스스로가 단체장의 자리가 반 이하로 줄이고 지방의원의 숫자가 대폭 감소하는 개혁을 추진하려고 하지 않기 때문이다. 하지만 예외도 있다. 2012년 6월 현재 추진되고 있는 청주－청원 통합이 그 예이다. 3차에 걸쳐 통합에 실패한 청주시와 청원군은 지방행정체제개편추진위원회의 통합추진 프로그램과는 별개로 지역에서 자체적인 방식으로 추진하고 있다. 청주시 의회는 통합을 만장일치로 의결하였고, 청원군은 통합 찬반 주민투표에서 투표율 37%, 찬성율 79%로 통합에 대한 지지를 보였다. 중앙정부에 의한 하향적 통합이 아니라 지방정부 간의 상향적 통합이라는 점에서 우리나라 지방자치의 성숙한 모습으로 기록될 것이다.

3. 혼합적 방식

구역개편은 중앙정부와 지방의 공동 관심 사항이다. 따라서 양자가 모두 관여하는 과정으로 하는 것이 합리적이다. 구역개편의 권한이 국가의 권한이라 하여 지방의 참여를 배제하는 것은 지방자치의 정신에 어긋난다. 반면, 구역개편이 지역에만 맡겨질 경우 구역이 지방의 정치세력의 이해관계에 좌우될 소지가 있다.

우리나라 지방자치법 제4조(지방자치단체의 명칭과 구역) 제1항에 '지방자치단체의 명칭과 구역은 종전과 같이 하고, 명칭과 구역을 바꾸거나 지방자치단체를 폐지하거나 설치하거나 나누거나 합칠 때에는 법률로 정한다'라고 하고, 제2항은 '제1항에 따라 지방자치단체를 폐지하거나 설치하거나 나누거나 합칠 때 또는 그 명칭이나 구역을 변경할 때에는 관계 지방자치단체의 의회의 의견을 들어야 한다. 다만, 「주민투표법」 제8조에 따라 주민투표를 한 경우에는 그러하지 아니하다'라고 하여[35] 지방의 참여를 명문화하고 있다.

지방의 참여는 두 가지 다른 과정이 있는데, 첫 번째의 형태는 관계

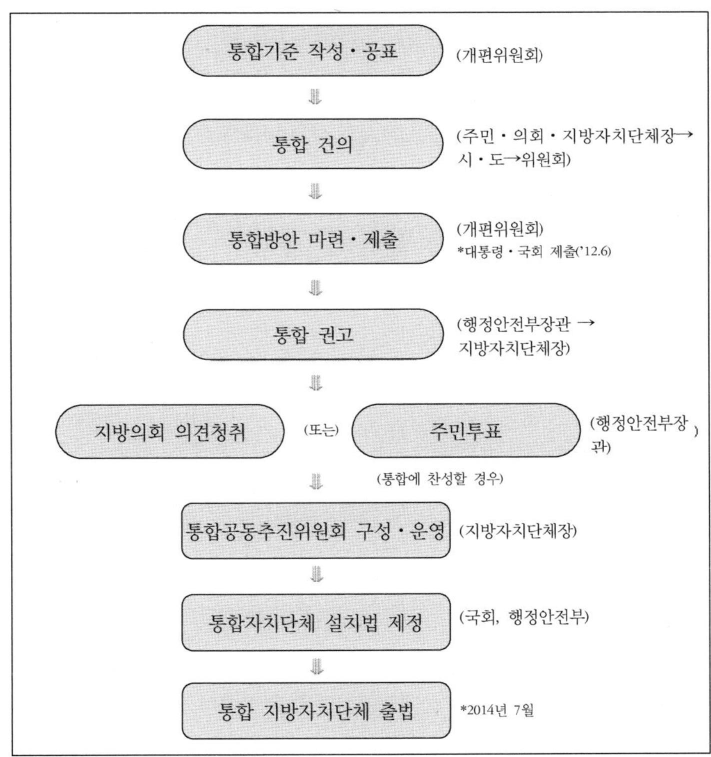

자료: 지방행정체제개편위원회(2011)의 「시군구 통합 매뉴얼」.

〈그림 5-2〉 지방행정체제개편특별법의 시·군·구 통합 절차

---

35) 제8조(국가정책에 관한 주민투표) ① 중앙행정기관의 장은 지방자치단체의 폐치(廢置)·분합(분합) 또는 구역변경, 주요시설의 설치 등 국가정책의 수립에 관하여 주민의 의견을 듣기 위하여 필요하다고 인정하는 때에는 주민투표의 실시구역을 정하여 관계 지방자치단체의 장에게 주민투표의 실시를 요구할 수 있다. 이 경우 중앙행정기관의 장은 미리 행정안전부장관과 협의하여야 한다.

지방의회 의견을 듣고 법률을 제정하는 것으로 중앙정부에서 관계 지방의회(해당 지방자치단체 및 상급 지방자치단체의 의회)의 의견을 듣고 법률을 제정하여 개편을 추진하는 것이다.[36] 두 번째의 형태는 주민투표를 실시하고 법률을 제정하는 것이다. 행정안전부장관의 주민투표 실시요구에 따라 주민투표를 실시하고, 주민투표 결과에 따라 법률을 제정하여 개편을 추진하는 것이다. 주민투표 결과가 구속적 효력은 없으나 이와 다른 결정을 할 때에는 정치적 판단이 필요하다. 지방행정체제개편특별법의 시군구 통합 절차는 <그림 5-2>와 같다.

Ⅲ. 구역개편의 환경과 방식의 차이

1. 구역개편과 제도적 상황

다음은 구역개편이 국가의 제도적 상황 어떻게 관련되어 있는가를 유형화한 것이다. 중앙-지방 관계를 집권적-분권적으로 나누고, 정책결정 방식을 다수결-합의 추구의 방식으로 나누었을 때 이들의 조합은 <표 5-1>과 같이 네 가지 유형으로 구분된다.

<표 5-1> 구역개편과 제도적 상황

		정책결정 방식	
		다수결	합의 추구
중앙-지방 관계	집권적	Ⅰ	Ⅱ
	분권적	Ⅲ	Ⅳ

자료: 필자가 정리.

---

36) 지방의회가 제시한 의견은 입법 자료를 제공하는 기능은 하되, 국회가 그 의견에 반드시 구속되는 것은 아니라고 한다(94헌마175).

Ⅰ은 중앙-지방관계가 집권적이고 다수결에 의한 결정이 이루어지는 경우로 구역개편이 지방의 의사를 무시하고 중앙에 의해 일방적으로 이루질 수 있다. 구역개편이 전국적으로 광범하게 이루어지는 경우로 영국의 1972년 구역개편이나 우리나라의 1995년 시군통합이 이 경우에 해당된다.

Ⅱ는 중앙-지방관계가 집권적이고 합의에 의한 결정이 이루어지는 경우로 구역개편이 중앙 주도적이지만 지방의 동의를 구하는 경우이다. 우리의 2009년 자율통합이나 현재 시군구 통합의 추진 방식이 이에 가깝다.

Ⅲ은 중앙-지방관계가 분권적이고 다수결에 의한 결정이 이루어지는 경우로 구역개편이 지방 주도적으로 주민투표 등을 통해 이루어진다. 미국의 시티-카운티 통합이 이 경우라 할 수 있다.

Ⅳ는 중앙-지방관계가 분권적이고 합의에 의한 결정이 이루어지는 경우로 구역개편이 지방정치 상황에 따라 달라지는 경우이다. 구역 통합이 사실상 어려운 경우로 구역개편에 실패한 1970년대의 프랑스의 예가 이에 가깝다.

〈참고 5-2〉 구역 통합의 지역적 차이

통합은 지역적으로 다르게 나타나는 경우가 많다. 미국의 시티-카운티 통합은 동부나 북부지방은 거의 찾아보기 힘든데 비해 남부와 서부에서 흔히 발견된다. Marando(1979)는 시티-카운티 통합은 남부지역의 현상이라고 하고 그 이유를, 첫째 버지니아 주의 경우 카운티 내의 읍(town)지역이 인구 5천 명 이상이 되면 시로 승격되는데 이 경우 카운티가 인구나 세원을 잃게 되어 통합에 적극적이라는 것과, 둘째 중심 도시의 흑인들의 정치력이 강하지 않다는 것,[37] 셋째 남부지역의 도시 정치 행정체제가 단순해 동북부 지역에 비해 덜 다기화되어 있기 때문이라 한다. 하지만 남부지역도 1970년 이래 부유한 계층이 교외로 유입해 오면서 통합이 어려워지고 있다. 남부에서 통합이 어려워지고 있는데 비해 서부에서 통합에 성공한 곳들이 있는데 알래스카와 몬테나 주에서의 경우이다. 하지만 이들 지역은 모두 인구 6만 명 이하 지역이다.

2. 구역개편과 추진 전략

　다음은 구역개편이 추진 방식과 추진 범위와 어떻게 관련되어 있는가를 유형화한 것이다. 추진 방식을 하향적 대 상향적, 추진 범위를 전국적 대 지역적 방식으로 나누었을 때 이들의 조합은 <표 5-2>와 같이 네 가지 유형으로 구분된다.

〈표 5-2〉 구역개편과 추진 전략

		추진범위	
		전국적	지역적
추진방식	하향적	I	II
	상향적	III	IV

자료: 필자가 정리.

　I은 추진방식이 하향적이고 전국적으로 이루지는 경우로 구역개편이 중앙에서 일방적으로 추진하는 경우이다. 권위주의 시대의 구역개편이 대부분 이에 해당된다.

　II는 추진방식이 하향적이지만 원하는 지역만 개편을 하도록 하는 경우이다. 중앙정부에서 개편의 필요성을 인식하고 이를 추진하지만 지방의 의사를 존중하는 방식이다. 스웨덴이나 노르웨이 등의 나라에서 볼 수 있는 방식이다.

　III은 추진방식이 상향적이고 전국적 개편을 추진하는 경우이다. 이런 경우는 논리적으로 타당한 방식이라 보기 어렵고 현실에서도

---

37) 중심도시와 교외지역의 시티-카운티 통합은 흑인 인구 비율을 감소시켜 중심도시의 흑인들의 정치세력을 약화시키려는 목적이 있다고 한다.

찾아보기 어렵다.

Ⅳ는 추진방식이 상향적이고 지역적 개편을 추진하는 경우이다. 지역문제를 해결하기 위하여 개편이 정책 어젠다가 되고 주민들의 찬반 의견 수렴과정을 거쳐 개편여부를 결정하는 방식이다. 민주화된 나라에서 대부분 추구하는 방식이다.

〈참고 5-3〉 캠페인 이슈에 따른 찬반 차이

Leland and Thurmaier(2004)는 미국의 시티-카운티 통합에 대한 13개 지역의 사례연구에서 성공과 실패의 요인을 분석하였다. 이들은 통합의 효과로 지역경제발전을 제시한 경우는 성공의 경우가 많은 반면 비용절감을 제시한 경우는 실패의 경우라고 하고 있다. 통합 캠페인 결과 예측표는 다음과 같다.

		통합 추진 캠페인	
		강한 논리 (경제발전)	약한 논리 (효율성 증대)
통합 반대 캠페인	강한 반대	백중지세	실패
	약한 반대	통과	실패

자료: Leland and Thurmaier(2004).

Leland and Thurmaier(2004)는 통합 캠페인이 경제발전이란 강한 논리와 강한 반대의 경우로 백중지세인 루이즈빌(Louisville), 캔자스시티(Kansas City), 잭슨빌(Jacksonville)을 들고, 통합 캠페인이 효율성 증대라는 약한 논리와 강한 반대로 실패한 디모인(Des Moines), 윌밍턴(Wilmington)을 들며, 통합 캠페인의 경제발전이란 강한 논리와 약한 반대의 경우로 성공한 애선스(Athens), 오거스타(Augusta), 콜럼버스(Columbus), 라파예트(Lafayett)를 들고, 통합 캠페인의 효율성 증대라는 약한 논리와 약한 반대의 경우로 실패한 녹스빌(Knoxville), 새크라멘토(Sacramento), 탤러해시(Tallahassee)를 들고 있다.

Ⅳ. 구역 통합의 정치적 효과

통합은 주민들의 참여와 통제, 지역적 형평성 등의 민주적 가치에 영향을 미친다.

1. 통합과 참여

지방정부가 민주적으로 운영되기 위해서는 주민참여를 용이하게 하는 규모가 되어야 한다. 통합으로 지방정부 규모가 커지면 커질수록 지방정부와의 근접성(proximity)이 떨어져 주민들의 요구가 반영될 소지가 작아진다. 요구가 반영될 소지가 작아지면 참여의 욕구는 더욱 떨어진다.[38]

하지만 통합으로 지방정부 규모가 커짐에 따라 참여가 어려워진다는 주장에 모두가 동의하는 것은 아니다. 지방정부 규모가 커져 기능과 권한이 확대되면 주민들의 지방정부에 대한 관심이 많아져 참여가 증대된다고 한다. 권한과 기능이 적은 지방정부에 참여해도 얻을 게 없는 것과는 다른 상황이 되기 때문이다.

지방정부에 참여는 여러 가지 변수에 의해 좌우되는 것이 현실이다. 일반적으로 주민수가 늘어남에 따라 정치적 참여는 감소하는데 이런 참여의 감소는 저소득층에서 높게 나타난다고 한다. 그 결과 지방정부 규모의 확대는 정치적 결정권이 고소득층으로 옮겨가게 하여 민주성을 저하시킨다.

참여는 주민들의 직접적인 참여만 있는 것은 아니다. 대표자를 뽑아 그들의 일을 맡기는 간접적인 참여의 방식도 있다. 민주주의는 고대 그리스 도시국가의 직접 참여 형태에서 오늘날 국민국가의 간접 참여의 형태로 변화해 왔다.

지방자치를 참여민주주의와 결부시키는 입장에서는 작은 정부를

---

[38] 이 경우 합리적 무시(rational ignorance)가 합리적인 선택이기 때문이다.

선호한다. 반면, 자치를 대표민주주의와 결부시키는 입장에서는 큰 정부 자체를 문제라고 보지 않는다. 전자는 통합으로 주민 선호의 차이가 커지면 정책결정에서 합의가 어려울 뿐만 아니라 결정된 정책에 대한 불만의 소지도 크다고 한다. 반면, 후자는 규모가 커질수록 주민들의 이념, 직업, 경제적 수준, 교육수준 등에서 다양성이 높아져 주민 상호 간 합의 능력을 증대시키고, 또 이해관계자들 간의 세력의 균형은 지방정부 운영을 더욱 민주화한다고 한다. 또 규모가 커지면 소수자의 참여와 집단적 참여의 기회도 확대된다고 한다.

2. 통합과 형평성

지역은 시장 조건이나 부존자원 등에 따라 부(富)의 크기가 다르다. 도시와 농촌, 도심과 교외 등에서 소득, 소비, 재산 등 세원(tax base)의 크기에서 큰 차이가 난다. 서로 다른 크기의 부를 가진 지역들이 통합하여 이들을 공유하게 되면 지역 내의 형평성이 증대될 소지가 크다.

하지만 지방정부가 커지면 통합 지역 내 집단 간의 정치세력의 격차가 문제가 될 수도 있다. 정책결정에서 지배집단이 시장이나 지방의원들을 독식하고 그들 집단에게만 유리한 정책결정을 할 수도 있다. 지방정부의 규모가 커지면 정치권력에서 다수 집단과 소수 집단 간의 격차가 커질 가능성이 크다.

한편, 통합으로 종래 구역의 경계가 없어지고 대규모 구역이 되는 경우 중심 도시로의 집중화 현상이 가속화될 수 있다. 특히 주변 지역에 존재하던 공공기관의 기능이 중심도시로 이전되는 경우 주변지역의 공동화(空洞化)가 빠르게 진행될 것이다.

V. 맺음말

　구역개편은 여러 이해 관계자가 참여하는 정치과정이다. 따라서 참여자의 완전한 합의로 성사되는 구역개편은 찾아보기 힘들다. 구역개편은 효율성의 증대라는 명분으로 출발하지만 실제 개편은 경제적 기준에 따라 이루어진다기보다 정치적 합의 가능성에 좌우된다. 경제적 기준은 때로는 애매하고 이데올로기에 따라 다른데 비해 정치적 이해관계는 분명하기 때문이다. 그 결과 구역문제의 해결방법은 참여자의 정치적 신념과 이해관계에 따라 좌우된다.

　민주화된 독일에서도 구역개편은 항상 정치적 권력과 분배를 둘러싼 투쟁의 산물이라 한다. 우리의 지방행정체제개편도 국회의원들이 그들의 잠재적인 경쟁 대상인 지방자치단체장이나 지방의원들을 무력화(無力化)하기 위한 시도에서 출발한 것이라는 주장이 있다.

　유럽자치헌장은 중앙정치권에 의해 좌우되는 구역개편을 막기 위해 제5조에 구역개편은 관련 지역사회와 사전 협의 없이는 이루어지지 말 것과, 국법에 의해 주민투표가 허용된 경우에는 이를 거치도록 규정하여[39) 지역사회의 의견이 반드시 반영되도록 하고 있다.

---

39) (Article 5—Protection of local authority boundaries) Changes in local authority boundaries shall not be made without prior consultation of the local communities concerned, possibly by means of a referendum where this is permitted by statute.

〈주요 참고문헌〉

Chisholm, Michael(2004). Reorganizing Two-Tier Local Government for Regional Assemblies. *Public Money & Management* 24(2): 113-120.

Leemans, A. F.(1970). *Changing Patterns of Local Government*. The Hague: International Union of Local Authorities. (이성덕 역 (1978). 『지방정부개혁론』 서울: 법문사.)

Leland, Suzanne M. and Kurt Thurmainer(2004). *Case Studies of City-County Consolidation*. NY: M.E. Sharpe.

PART 02

<u>우리나라의 구역개편</u>

우리나라는 구역개편이 지속되어 왔고 또 현재 대규모적인 개편이 추진되고 있다. 제2편에서는 구역개편의 흐름과 시·군 및 자치구의 개편, 광역시와 도의 개편, 그리고 읍·면·동 개편문제를 살펴본다. 광역, 기초, 근린 할 것 없이 모두 개편의 대상이지만 그 중심은 기초자치단체인 시·군·자치구이다.

제6장 구역개편의 흐름과 개편안

우리나라는 많은 구역개편이 이루어져 왔고 또 많은 구역개편안이 제안되고 있다. 이 장에서는 건국 이후 우리나라의 구역개편의 흐름과 다양한 구역개편 제안을 정리한다.

Ⅰ. 구역개편의 흐름

지방행정구역은 오랜 시간에 걸쳐 진화하는 역사적 산물이다. 우리나라가 통일 국가로 형성된 이래 지방행정구역은 시대의 요구에 따라 변모해 왔다. 현재 추진되고 있는 구역개편 문제를 이해하기 위해서는 역사적으로 구역이 어떻게 변천해 왔는가를 살펴 볼 필요가 있다.

1. 정부수립 전의 흐름

우리나라의 행정구역개편은 국가적 통일이 이루어진 통일신라시대부터 보는 것이 적절할 것 같다.[40] 통일신라시대에는 9주(州) 아래 5소경(小京), 117개 군(郡), 293개 현(縣)의 지방행정구역을 두었다. 고려시대에는 5도(道) 양계(兩界) 아래 4경(京), 8목(牧), 15부(府), 129개 군(郡), 335개 현(縣)을 두었다.

조선시대인 1413년에는 8도(道) 아래 당초 4부(府) 20목(牧), 82개 군(郡), 1755개 현(縣)을 두었는데 그 후 도(道) 외의 단위 숫자의 상당한 변화가 있었다. 갑오경장(甲午更張) 때인 1895년 23부(府), 336개 군(郡) 체제로 바뀌었으나, 1896년에는 다시 도(道) 체제로 회귀하여 13도(道) 아래 당초 9부(府) 1목(牧), 329개 군(郡)을 두었다.

일제시대에는 13도(道) 아래 당초 12부(府), 317개 군(郡), 4,322개 면(面) 체제가 유지되었고, 미군정시대에는 북한을 제외한 지역에 9개 도(道)와 정부직할로 서울특별시를 두고,[41] 도 산하에 12부(府), 134개 군(郡), 76개 읍(邑), 1,473개 면(面)을 두었다. 이를 정리하면 다음 <표 6-1>과 같다.

---

40) 행정안전부의 '지방행정구역연표'도 우리나라 지방행정구역을 통일신라시대부터 정리하고 있다.

41) 미 군정청의 군정법령 제106호(1946년 9월 18일)의 'Seoul established as Independent City'에서 'Independent City'가 '특별시'로 번역되었다고 한다. 특별시(special city)라는 명칭은 세계 어느 곳에서도 찾아 볼 수 없다고 한다(손정목(2002), 「특별시와 직할시의 유래」, 『도시문제』).

〈표 6-1〉 시대별 지방행정구역

		상급 단위	하급 단위
통일신라		9주(州)	5소경(小京), 117개 군(郡), 293개 현(縣)
고려시대		5도(道) 양계(兩界)	4경(京), 8목(牧), 15부(府), 129개 군(郡), 335개 현(縣)
조선시대	1413~	8도(道)	4부(府), 20목(牧), 82개 군(郡), 1755개 현(縣)
	1895	23부(府)	336개 군(郡)
	1896	13도(道)	9부(府), 1목(牧), 329개 군(郡)
일제시대		13도(道)	12부(府), 317개 군(郡), 4,322개 면(面)
미군정시대		9개 도(道) 서울특별시	12부(府), 134개 군(郡), 76개 읍(邑), 1,473개 면(面)

자료: 행정안전부(2009), 『지방행정구역요람』에서 정리.

위 표에서 보듯이 우리나라 상급 지방행정단위는 큰 변화가 없다. 최창호(1981)는 "신라의 9주제, 고려의 5도 양계제, 조선의 8도제, 갑오경장 후의 13도제가 각 시대의 상이한 시대적 필요성에 의하여 획정되었음에도 불구하고, 그 규모와 경계에 있어 다소의 부분적인 차이가 있으나 크게는 매우 신기하리만큼 거의 일치하고 있다"라고 했다. 갑오경장 후 23부제로 획기적인 변화가 있었지만, 1년 3개월 만에 다시 13도제로 바뀌어져 다시 도(道)제로 회귀하였다.

2. 정부 수립 후의 흐름

정부수립 직전인 1948년 2월에 시행된 「지방행정에 관한 임시조치법」에 의거 우리나라의 자치단위는 광역자치단체로서 서울특별시와 도(9개), 기초자치단체로서 시(19개), 읍(75개), 면(1,473개)이 만들어졌다. 종래 행정단위가 그대로 지방자치단위로 변모한 것이다. 하지만 당시 군(134개)은 자치단위가 아닌 행정단위로 그대로 남았다.

5·16 군사 쿠데타 후 1961년 9월 「지방자치에 관한 임시조치법」을 공포하여 읍·면 자치제를 폐지하고 읍·면을 군의 하부행정조직으로 전환하는 대신 군을 기초자치단체로 하였다. 그 결과 139개의 군이 자치단위가 되는 대신에 읍(91개)과 면(1488개)이 자치단위의 지위를 잃게 되었다. 이때 지방자치단위의 숫자가 10분의 1이하로 줄어드는 대대적인 통합이 이루어졌다고 할 수 있다. 이로써 농·어·산촌지역의 자치단위는 규모가 매우 커지게 되었다. 이와 관련해 김보현·김용래(1981)는 '확실히 군은 기초적 자치단체로서는 구역이 너무 광대하다고 아니할 수 없다. 도대체 농촌의 기초적 지방자치단체로서 평균면적이 600㎢나 되고, 평균인구가 12만 명이나 되는 규모의 기초적 자치단체는 세계적으로 규모를 찾아보기 힘들 것이며 지방자치단체의 총수가 180개 밖에 안 되는 나라도 드물 것이다'고 평가하고 있다.

광역자치단위의 변화를 보면 1963년에는 부산시가 일반시에서 직할시(후에 광역시)로 승격하였고, 1981년에는 대구시와 인천시가, 1986년에는 광주시가, 1989년에는 대전시가 직할시로, 1997년에는 울산시가 광역시로 승격하여 광역자치단위가 되었다. 부산을 시발로 일반시에서 6개의 광역시가 탄생하여 도(道)와 같은 지방자치단위가 된 것이다. 2006년에는 제주도를 특별자치도로 전환하였는데 종래 4개의 시·군을 2개의 행정시로 통합하였다. 2012년 7월에는 세종특별자치시가 광역자치단위로 출범하였다. 1988년 지방자치법을 개정하여 특별시와 광역시의 구를 기초지방자치단체로 전환하였는데 이때 56개의 자치구가 탄생하였다.

1948년에 19개였던 시(市)는 1993년에는 68개로 3배 이상 늘어났다. 기존의 읍(邑)에서 시로 승격한 것이 대부분이라 할 수 있다. 반면 군(郡)은 같은 기간 동안 134개에서 136개로 큰 변화가 없었다. 그러나 1994년 시작된 시·군통합으로 1996년에는 시가 72개로 4개 늘어나는 대신 군은 93개로 43개가 줄어들었다. 2010년 7월에는 마산－창원－진해시가 통합하여 창원시로 출범하였다. 이를 정리한 주요 연도별 구역의 수는 <표 6-2>와 같다.

〈표 6-2〉 주요 연도별 구역의 수

	1948	1961	1990	1993	1996	2012
특별시/광역시/도/특별자치시	1/0/9/0	1/1/9/0	1/5/9/0	1/5/9/0	1/5/9/0	1/6/9/1
시	19	30	67	68	72	74
군	134	139	137	136	93	84
자치구			56	56	65	69
읍/면	76/ 1,473	91/ 1,382	180/ 1,261	178/ 1,257	193/ 1,236	216/ 1,198

자료: 행정안전부(2009), 『지방행정구역요람』, 행정안전부(2012.1.1), 『전국행정구역현황』 등에서 정리.
주: 특별자치시는 2012. 7. 1 현재임

Ⅱ. 구역개편에 관련한 다양한 제안들

　지난 60년간 우리나라의 구역과 계층에는 상당한 변화가 있었다. 가장 큰 변화는 종래 시·군 분리의 흐름에서 시·군 통합의 흐름으로 변화한 것과 일반시의 광역시 승격이다. 하지만 우리나라의 구역과 계층에는 아직 많은 문제가 있다는 진단 하에 다양한 구역과 계층의 개편안들이 제시되고 있다. 주요한 주장을 정리하면 다음 <표 6-3>과 같다.

1. 단층제 개편안 및 계층 축소

　시·군통합과 자치계층 단층화를 옹호하는 주장은 90년대 중반 이후부터 나타나기 시작했다. 이는 영국의 당시 보수당정부 하에서 대도시 지역의 자치계층 단층화가 진행되었던 구역개편에 적지 않은 영향을 받은 것으로 생각된다.

〈표 6-3〉 지방행정체제 개편에 대한 제안들

	광역	기초	하위단위
계층 축소	도 폐지	행정시, 행정구 전환	읍·면·동 폐지
통합	광역시·도 통합 도-도 통합	시·군 통합	
분할	서울특별시 분할 경기도 분할	시·군의 분리	
준자치단체화		자치구	읍·면
국가기관화	국가지방광역행정청 설치		

자료: 필자가 정리.

1) 도 관할 지역의 단층제

도 관할 지역의 단층제 주장은 기존 도를 폐지하고 기존 시·군을 통합하여 적정규모의 '광역적 규모'의 시로 개편하여 자치 1계층으로 하자는 것이다. 광역적 규모의 시는 현행 도와 시·군의 중간 정도의 크기가 된다. 그간 제시된 개편안들은 대략 40~70개의 광역시를 제시하고 있다. 대표적인 주장으로 박승주 외(1999)는 도를 폐지하고 전국을 1개 특별시와 65개 광역시로 재편하는 방안을 제시했다.

도지역의 단층제의 다른 예는 제주특별자치도에서 찾아 볼 수 있다. 제주특별자치도는 2006년 기초자치단위를 폐지하고 산하 시·군을 2개의 행정시로 전환함으로써 자치 단층제를 채택하고 있다.

2) 대도시 지역의 단층제

대도시 지역의 단층제 주장은 특별시나 광역시 내의 자치구를 폐지하는 방식으로 제시되었다. 자치구는 1988년 창설된 신생 자치단위로서 자치단위로서의 성격이 애매한 점이 있다는 것과 대도시의 본청이 대도시 업무를 대부분 담당할 수밖에 없는 구조를 근거로 내세운다. 서울특별시의 경우 그 규모가 커 자치구의 폐지가 쉽지 않은 점 때문에 서울특별시를 분할하여 단층제로 하자는 주장이 제기되었다.

3) 읍·면·동의 폐지

읍·면·동은 오랜 기간 주민과 밀착된 생활행정의 구심체로서 일선 종합행정의 기능을 수행하여 왔으나 교통의 발달과 정보화로 그 기능이 점차 위축되고 있다. 1999년부터 시작된 읍·면·동 개편의 논의는 읍·면·동 사무소의 종합 행정적 지위를 폐지하고 주민자치센터로 전환하자는 것이었다. 하지만 읍·면·동이 폐지되었을 때 발생할 수 있는 문제점 때문에 2002년 이후에는 읍·면·동의 기능 일부를 전환하는 방식으로 후퇴하였다.

2. 구역통합안

1) 광역자치단체 통합안

광역자치단체의 개편안으로 가장 많이 주장된 것이 광역시와 도의 통합이다. 지리적 특성 및 역사성, 광역행정의 원활한 수행 등을 위해 광역시(특히 내륙 광역시)를 인접 도 산하의 일반시로 전환하지만 대도시의 특성을 살려 일반시와는 차별화된 행·재정 특례를 부여한다는 것이다. 대구－경북, 광주－전남, 대전－충남 등을 주된 대상지역으로 논의되어 왔다. 광역시와 도의 통합에 이어 광역시－도－도 통합 주장도 제기되고 있다.

2) 기초자치단체 통합안

1961년 군이 기초자치단체가 된 이후 군 구역 내에 있는 지역(주로 읍)이 인구 5만 명 이상이 되고 도시의 형태를 갖추면 이를 군과 대등한 지위의 시로 승격시켜 왔다. 우리나라 구역개편의 방식은 시와 군의 분리 즉 도농 분리의 방식이었다. 하지만 1995년부터는 이렇게 분리된 시·군을 통합하는 정책이 추진되고 있다. 1995년에서 1998년 사이에 42개 시와 39개 군이 40개 시로 통합되었고, 2010년에는 창원·마산·진해가 창원시로 통합되었다. 2005년 지방행정체제개편특별위원회가 구성된 이후 전국의 160여 개 시·군을 60~70개 통합시로 하

자는 주장이 제기되어 왔다. 현재 지방행정체제개편추진위원회에서
도 시·군 통합을 추진하고 있다.

3. 구역 분리·분할안

종래 우리나라 구역개편의 기본은 도시와 농촌 지역의 분리였다.
도지역에서 광역시를 분리시키고, 군지역에서 시를 분리시켰다.

1) 광역자치단체

광역자치단체 분할안은 인구가 집중된 수도권 지역에서 정치권을
중심으로 제기되고 있다. 서울특별시를 5~6개 정도의 일반시로 분할
하자는 안이나 경기도를 한강을 경계로 경기남도와 경기북도로 분할
하자는 것이다. 이런 분할안은 거대지역인 서울과 경기의 정치적 위
상 문제와 관련이 있다.

〈참고 6-2〉 LA 시와 뉴욕시 내의 분리 요구

2002년 미국 캘리포니아 주 LA(Los Angeles) 시 구역 안에 있는 San Fernando Valley(인구 1.3백만)가 분리(secession) 독립을 추구하였다. 분리 요구의 주된 이유는 이 지역이 LA의 다른 지역과 똑같은 공공서비스를 받지 못한다는 것이다. 하지만 이 안은 분리에 필요한 충분한 표를 얻지 못해 채택되지 못했다. 이 지역은 1970년에도 분리를 요구한 적이 있다. 뉴욕 주의 뉴욕 시 구역 내에 있는 섬 지역인 Staton도 서비스의 불공평성과 님비시설의 입지 등으로 인한 피해를 막기 위해 뉴욕 시로부터의 분리를 요구하고 있다(Wikipedia).

2) 기초자치단체

1994년 이전에는 자치단위의 분리가 큰 흐름이었으나 1995년 이후
의 시·군통합 흐름 이후 기초자치단체 분할안은 힘을 얻지 못하고

있다. 종래 고양시의 일산구나 성남시의 분당구가 독립 시를 추진한 적이 있지만 통합의 물결 속에서 사라져 버렸다. 하지만 2003년 8월에 증평군이 괴산군으로부터 분리되었고, 계룡시가 새로 창설되었다.

그러나 기초자치단체의 분할은 주로 대도시의 자치구 분구에서 그 예를 찾아볼 수 있다. 1995년에 서울의 광진구 등 8개가 기존의 구에서 분구되어 새로운 자치구로 설치되었다. 이것은 대도시의 '과대한 자치구'의 분구로서 적정한 규모를 기한다는 목적 하에서 단행된 것이다. 현재도 인구 60만 명이 넘는 대구 달서구 등에서 분구의 논의가 잠재되어 있다.

4. 기타

1) 자치단위 규모의 축소안

우리나라의 자치단위는 자치 선진국에 비해 규모가 매우 크다. 지방자치단위를 적정화하기 위해 지병문(2009)은 정치권의 개편안에 이의를 제기하면서 농촌의 기초자치단위를 생활공동체인 읍·면으로, 광역자치단위를 몇 개의 군을 통합한 중간자치구역으로 새로 설정할 것을 제안하고 있다.

〈참고 6-3〉읍·면자치제의 대안

김보현·김용래(1967, 1981: 225-226)는 읍·면제의 결함을 시정하는 개혁방안으로서는 ① 몇 개의 읍·면을 폐합하여 대읍·면을 만들자는 안, ② 이조시대의 군현의 구역을 복치(復置)하여 그것을 자치단체로 하고 읍·면을 폐지하자는 안, ③ 군을 몇 개로 분할하여 자치단체화하고 동리를 폐합하여 대동리로 만들어 군과 동리를 직결시키고 읍·면을 폐지하는 안, ④ 현재의 군에 법인격을 부여하여 자치단체화하고 읍·면과 동리는 그 하부조직으로서 현재대로 존치하자는 안 등이 제기되었다고 한다. 이 중 지방자치를 혐오하던 군사정부는 가장 손쉬운 ④ 안을 채택하였던 것이다. 그리고 군자치제 전환의 근거로, 첫째 읍·면의 재정적 취약성 극복, 둘째 난립된 특별지방행정기관의 통합과 중앙사무의 지방 이양, 셋째 읍·면의 개발행정 기능 미약을 들고 있다.

2) 준자치단체안

현재 자치단위인 자치구에 의회를 폐지하거나 구청장을 임명제로 하여 준자치단체로 전환하자는 안과 현재 행정단위인 읍·면에 주민자치위원회를 설치하여 준자치단체로 하자는 안이 있다.

3) 국가 기관화

중앙부서별로 운영되고 있는 많은 국가의 특별지방행정기관을 통합하여 현재 도의 영역을 넘는 국가지방광역행정청을 대권역별로 설치하자는 안이다.

Ⅲ. 맺음말

구역개편에 대한 다양한 제안들은 각기 나름대로의 근거가 있다. 하지만 이런 제안들은 구역을 단순한 물리적인 존재로 생각하여 쉽게 개편할 수 있다는 믿음에서 비롯된 것이라 할 수 있다.

구역은 단순한 물리적인 존재가 아니라 하나의 유기체라 할 수 있다.

이런 유기체를 분할하거나 합치거나 또는 지위를 변경하는 것은 쉽지 않다. 다른 말로 개편의 비용이 매우 비싼 반면 개편에서 얻는 이익은 미미할 수도 있다. 구역개편에 소요되는 비용과 얻어지는 이익을 보다 면밀히 검토하여 개편안을 제시하는 것이 바람직할 것이다.

〈주요 참고문헌〉

김보현·김용래(1981). 『지방행정의 이론과 실제』 서울: 법문사.
박승주 외(1999). 『마지막 남은 개혁 2001』 서울: (주)교보문고.
행정안전부(2090). 『지방행정구역요람』 서울: 행정안전부.

제7장 시·군 통합

우리나라 구역개편의 가장 중심에 있는 것이 시·군 통합이다. 종래 시·군 분리에서 통합으로 정책이 전환된 이후 통합은 여러 차례 진행되어 오고 있다. 이 장에서는 1995~1998년 사이의 시·군 통합과 2009년의 자율통합을 정리 및 평가하고 현재 논의 중인 2012년의 지방행정체제개편추진위원회의 시·군 통합 기본계획안의 문제점을 고찰한다.

제1절 시·군 통합(1995~1998)

Ⅰ. 추진배경

1961년 읍·면 지역을 포괄하는 군(郡)이 지방자치단위가 된 이후 군 내의 도시지역이 산업화로 급격히 성장하면서 기존의 읍(邑)의 조직으로서는 상하수도, 쓰레기 처리, 도시교통, 공원 등 도시행정 서비스를 제공하기 어려워졌다. 이에 따라 기존의 군지역에서 읍지역을 분리시켜는 시·군 분리 방식의 구역개편이 30여 년 동안 지속되었다.

지방자치법에는 '시는 그 대부분이 도시의 형태를 갖추고 인구 5만 명이상이 되어야 한다'라고 규정하여 어떤 지역이 도시의 형태를 갖추고 인구 5만 명이상이 되면 군과 대등한 지위를 가진 시(市)로 승격시킬 수 있도록 하였다. 이렇게 군 내의 도시지역을 분리하여 시로 승격시키는 정책이 1994년 이전까지 계속되어 왔다.

1995년 지방자치단체장 선거를 앞두고 지방자치의 기반을 확고히 한다는 명분으로 종래 시·군으로 분리되었던 지역을 중심으로 시·군을 다시 통합하는 정책으로 전환되었다. 이는 도시인 시와 농촌인 군지역을 통합한다는 의미에서 도·농(都農) 통합이라고도 한다. 시·군 통합을 추진하면서 내세운 기대효과와 문제점을 정리하면 다음과 같다.

Ⅱ. 통합의 기대효과와 문제점

1. 기대효과

시·군 통합을 추진하면서 내세운 기대효과를 다음 5가지로 정리할 수 있다.

첫째, 주민생활권과 자치구역의 일치이다. 종래 군지역의 중심이던 읍이 시로 승격함으로써 동일한 생활권이던 지역이 인위적으로 시와 군으로 분리되었다. 시가 군으로부터 분리되었음에도 불구하고 주민들의 생활권은 변하지 않았을 뿐만 아니라 군청이 시지역에 소재하는 군이 2/3나 된다. 통합은 같은 생활권을 하나의 자치단위로 함으로써 주민의 불편을 해소시킬 수 있다.

둘째, 행정비용의 절감이다. 분리가 공무원 수의 증가를 초래하였다면 통합은 반대로 공무원 수를 줄일 수 있다. 단체장과 지방의원의 수가 줄어들며 조직, 인사, 예산 업무 등의 보조적인 업무에 종사하는 공무원의 숫자를 줄일 수 있다.

셋째, 공공서비스 생산의 규모의 경제이다. 통합으로 공공서비스의 생산량을 증대시킬 경우 단위당 생산비용이 절감되어 규모의 경제를 기할 수 있다. 통합으로 하나의 지방정부에서 생산하는 서비스의 양이 많아지고 그 결과 규모의 경제를 기할 수 있다.

넷째, 외부효과의 내부화이다. 구역이 좁은 경우 특정 지방자치단체가 제공하는 서비스가 이웃 지역에 좋은 혹은 나쁜 효과를 미칠 가능성이 커진다. 이런 예는 대기나 수질 등의 환경 서비스에서 쉽게 찾아볼 수 있다. 통합으로 지방정부 구역을 넓게 하면 외부효과(externalities)를 내부화(internalize)할 수 있는 여지가 커지고 그 만큼 자원배분이 효율화된다.

다섯째, 도시와 농촌의 균형발전이다. 읍의 시 승격이 도시 발전에 치중한 정책이라면 시·군 통합은 도시와 농촌을 하나의 자치단위로 묶음으로써 양자 간의 균형발전을 기할 수 있다.

2. 부정적 효과

반면 시·군 통합을 반대하는 자들의 통합의 부정적 효과를 다음 3가지로 정리할 수 있다.

첫째, 주민의 요구에 대한 대응성 감소이다. 통합으로 주민의 숫자가 늘어나는 경우 주민들 간의 이해관계가 복잡해져 주민들의 요구에 효율적으로 반응하기 어려워진다. 특히 도시와 농촌 간의 행정서비스의 이질성으로 인해 이들 행정수요에 효율적으로 반응하는데 어려움이 예상된다.

둘째, 통합 지역 내에서 서비스의 불균형성이다. 도시지역과 농촌지역 간에 서비스의 격차가 생길 가능성이 커진다. 통합시에는 인구가 많은 도심 중심의 공공 서비스가 제공될 우려가 있다. 하지만 공간적으로 흩어져 있는 농촌지역의 경우 해당 지역의 이익을 대변하는 대표자의 숫자가 적어 이에 효율적으로 대응하기 어렵다.

셋째, 통합지역 내의 지역 간 불균형 발전이다. 시·군이 통합 그 자체로 지역이 발전하는 것이 아니고 또 농촌지역에 뚜렷한 발전 방안이 생기는 것도 아니다. 반면 종래 농촌행정 중심의 군이 사라지면서 농촌에 대한 지원이 감소할 수도 있다. 또 통합으로 도시와 농촌의 경계가 사라지면서 중심 시로의 구심력이 더욱 크게 작용하여 변두리 농촌지역이 더욱 피폐해질 수도 있다.

Ⅲ. 시·군 통합의 과정과 실적

1995년에서 1998년 간 4차에 걸친 시·군 통합 추진 결과 43개 시와 40개 군이 통합되어 총 41개의 통합시가 탄생하였다. 이를 살펴보면 아래와 같다.

1. 1차 통합

1995년 6월로 예정된 지방자치단체장 선거를 앞두고 1994년부터 시·군 통합 작업이 시작되었다. 1994년 3월 지방자치법을 개정하여 제7조 2항에 도농복합형태의 시를 설치할 수 있도록 하는 근거 규정을 마련하였다.

내무부는 역사적 동일성(과거 읍에서 시 승격 지역)과 동일 생활권 등을 기준으로 도지사의 책임으로 통합 권유지역을 선정하도록 하였다. 그 결과 8개 도에서 49개 시와 43개 군이 통합 권유 대상지역으로 선정되었다. 1단계 시·군 통합 대상지역은 <표 7-1>과 같다.

주민공청회와 주민의견조사, 그리고 지방의회의 의견 수렴을 거쳐 1994년 8월 33개 시와 32개 군이 폐지되는 대신 33개 도농복합시가 탄생하는 법률이 제정되었다. 통합이 무산된 지역의 대부분은 군지역에서 반대 의사를 표명하였다.

<표 7-1> 주민의견조사 결과(1994.4.15~5.7)

도	통합대상 시·군		찬성비(%)		비 고
경 기	동두천시	양주군	75.2	9.6	통합무산
	미금시	남양주군 일부	85.4	58.6	통합
	구리시	남양주군 일부	88.5	30.3	통합무산
	송탄시	평택군 일부	96.0	32.9	통합무산
	평택시	평택군 일부	92.1	44.1	통합무산
강 원	춘천시	춘천군	86.6	74.2	통합
	원주시	원주군	91.5	73.3	통합
	강릉시	명주군	93.2	57.1	통합
	삼천시	삼척군	91.1	76.4	통합
	속초시	양양군	95.7	15.9	무산
충 북	청주시	청원군	76.5	34.3	무산

충 북	충주시	중원군	90.2	61.8	통합
	제천시	제천군	84.6	70.7	통합
충 남	천안시	천안군	89.2	41.1	무산
	공주시	공주군	88.1	88.4	통합
	온양시	아산군	93.7	61.8	통합
	서천시	서천군	92.3	92.7	통합
	대천시	보령군	90.9	84.1	통합
전 북	이리시	익산군	88.1	44.3	통합무산
	군산시	옥구군	88.2	77.7	통합
	정주시	정읍군	86.0	62.3	통합
	남원시	남원군	91.8	84.9	통합
	김제시	김제군	89.1	78.0	통합
전 남	여수시	여천군 도서부	7.3	11.4	재조사
	여천시	여천군 육지부	88.1	95.6	재조사
	순천시	승주군	86.8	58.9	통합
	동광양시	광양군	33.1	95.5	통합무산
	나주시	나주군	90.3	53.8	통합
	목포시	무안군	98.2	43.8	통합무산
경 북	포항시	영일군	92.3	83.5	통합
	경주시	경주군	87.9	73.8	통합
	안동시	안동군	87.5	86.9	통합
	영주시	영풍군	90.8	77.7	통합
	김천시	금릉군	94.0	85.8	통합
	경산시	경산군	83.0	75.8	통합
	상주시	상주군	87.4	85.9	통합
	영천시	영천군	89.2	86.0	통합
	점촌시	문경군	91.3	83.4	통합
	구미시	선산군	82.4	93.8	통합
경 남	창원시	창원군 일부	75.9	77.1	통합
	마산시	창원군 일부	87.8	77.1	통합
	진주시	진양군	86.0	64.8	통합
	김해시	김해군	84.9	47.2	통합무산
	충무시	통영군	89.6	86.5	통합
	삼천포시	사천군	94.5	26.7	통합무산
	장승포시	거제군	53.9	46.1	통합
	밀양시	진양군	90.7	85.0	통합

자료: 내무부(1995), 『행정구역개편백서』에서 정리.

2. 2차 통합

1994년 12월 광양시 등 2개 도농복합형태의 시에 관한 법률이 제정되었었다. 1차 통합에서 통합이 무산된 동광양시와 광양군이 통합에 성공하였고, 원래 통합 권유지역은 아니었으나 울산시의 직할시 승격을 위한 전단계로 울산시와 울주군이 통합하였다. 1차 주민의견조사에서 재조사 지역으로 선정된 여수시와 여천시 및 여천군에 대해서는 재조사가 실시되었으나 통합이 무산되었다.

〈표 7-2〉 주민의견조사 결과(1994.5.10)

도	통합대상 시·군			찬성(%)			비 고
전남	여수시	여천시	여천군	97.6	31.3	34.0	통합 무산

자료: 내무부(1995), 『행정구역개편백서』에서 정리.

3. 3차 통합

1, 2차 시·군 통합으로 1995년 1월 35개의 통합시가 출범한 이래 통합 노력은 계속되어 1995년 4월 평택시 등 5개 도농복합형태의 시에 관한 법률이 통과되어 제3차 시·군 통합이 이루어졌다. 이때 통합에 성공한 시·군은 삼천포시-사천군, 송탄시-평택시-평택군, 김해시-김해군, 천안시-천안군, 이리시-익산군이다. 반면 속초시-양양군, 목포시-무안군-신안군, 여수시-여천시-여천군의 통합은 무산되었다.[42]

---

42) 1995년 4월에는 군지역이 시로 승격하여 이천, 파주, 용인, 논산, 양산의 5개 도농복합시가 탄생하게 되었다.

〈표 7-3〉 주민의견조사 결과(1995.3.21)

도	통합대상 시·군			찬 성(%)			비 고
경기	송탄시	평택시	평택군	51.6	93.0	54.9	통합
강원	속초시	양양군		94.1	20.5		통합무산
충남	천안시	천안군		미실시	75.5		통합
전북	이리시	익산군		89.0	51.4		통합
전남	목포시	무안군	신안군	96.1	45.5	79.3	통합무산
	여수시	여천시	여천군	97.3	43.5	62.2	통합무산
경남	삼천포시	사천군		86.7	65.1		통합
	김해시	김해군		81.2	58.4		통합

자료: 내무부(1995), 『행정구역개편백서』에서 정리.

4. 4차 통합

1998년 4차로 통합된 지역은 여수시이다. 1차 통합 때에는 여수시와 여천군 도서부, 그리고 여천시와 여천군 육지부가 추진되었으나 여수시민의 반대(92.7%)로 무산되었다. 2차 통합에서는 여수시, 여천시, 여천군의 통합을 추진하였으나 여천시(69.2%)와 여천군(66%)이 반대하였다. 1995년 3차 통합에서는 여천시의 반대(56.5)로 무산되었다. 1997년 민간단체 주도로 4차 통합이 다시 추진된 결과 세 지역 모두가 찬성하여 통합이 이루어졌다.

〈표 7-4〉 주민 의견 조사 결과

도	통합대상 시·군			찬성(%)			비 고
전남	여수시	여천시	여천군	93.5	81.6	68.6	통합

자료: 필자가 정리.

5. 통합의 성공과 실패

1차에서 4차까지 통합 대상 시·군은 50개 시와 44개 군이었다. 이 중 통합에 성공한 곳은 41개 지역이다. 실패한 지역은 청주시−청원군, 속초시−양양군, 목포시−무안군, 동두천시−양주군이다. 45개 대상지역 중 41개가 성공하여 91%라는 높은 성공률을 보였다. 실패한 지역의 경우 대부분 군지역의 반대가 주된 원인이다. 그 이유로 통합 이후에 군지역에 나타날 수 있는 불이익과 군지역이 독자적으로 발전을 이룰 수 있다는 주민들의 의식을 들 수 있다.

Ⅳ. 시·군 통합의 효과

지난 10여 년간 시·군 통합의 효과에 대한 경험적 연구는 상당하다. 그러나 효과 측정 지표의 설정과 측정 등의 어려움으로 권위 있는 연구는 찾아보기가 쉽지 않다. 종래 많이 연구된 통합의 성과로 행정비용 절감과 규모의 경제 문제를 살펴보고 기타 성과에 대해 언급한다.

1. 행정비용 절감

시·군 통합은 농촌지역의 자치단체를 도시지역의 자치단체에 통합하여 기구를 축소하고 공무원의 인력을 감축하여 행정적 효율성을 도모하려 하였다. 시·군 통합이 행정비용의 절감을 가져 온 것이냐에 대해서는 연구결과가 엇갈린다. 비용절감이 있다고 하는 경우 조직이나 인원의 축소를 들고 있고, 없다고 하는 경우 인위적 인력 감축을 하지 않겠다는 통합 당시의 약속 때문에 실제 조직규모가 줄지 않은 것을 이유로 들고 있다.

2. 규모의 경제

시·군 통합이 규모의 경제를 가져온 것이냐에 대해서도 연구결과가 엇갈린다. 규모의 경제가 있다는 주장은 기존의 시·군이 규모가 작아 통합으로 절약이 나타났다 하고, 반면 규모의 경제가 없다는 쪽은 이미 우리나라의 지방자치단체의 규모가 이미 적정규모를 넘어서기 때문에 통합한다고 할지라도 절약의 효과가 나타나지 않는다고 한다.

3. 지역경제 활성화의 효과

시·군 통합의 경제효과는 아직까지 뚜렷하게 나타나지 않았다는 주장과, 미래의 장기적인 측면에서는 고용성장률이 향상될 것이라는 주장, 지역의 사업체 수와 지역산업의 종사자 수가 증가하여 지역경제의 활성화에 기여하였다는 주장이 있다. 지역경제 활성화를 좌우하는 요인은 매우 다양하여 통합의 효과만을 추려내기가 쉽지 않은 것이 사실이다.

위 효과와 관련하여 유재원·손화정(2009)은 "1995년에 출범한 통합시가 시·군으로 분리되어 있었던 경우에 비해 효율성과 경제성장(혹은 지방경쟁력)이 강화되었는가?"라는 질문에 대하여 통합이 지방정부의 능률성 향상과 지역성장에 이바지할 수 있다는 우리사회에 광범위하게 유포되어 있는 믿음이 실증적 근거가 없는 신화적 존재에 가깝다고 결론짓고 있다.

4. 지역 간 형평성

통합으로 중심도시의 재원이 주변지역에 투자되어 지역 간의 형평성이 높아진다는 주장이 있지만 중심도시로 주민들의 쏠림 현상, 도심 엘리트의 지배와 농촌 엘리트의 몰락, 주변지역에 혐오시설의 설치 등으로 지역 간 형평성이 약화되었다는 주장이 있다.

5. 민주성

통합으로 지역주민의 시정 참여 의욕은 높게 나타나고 민원처리과정에서 주민의견 반영 정도나 신속성도 대체적으로 개선되었다는 주장과 주민들의 참여의사 및 주민대응성은 시·군으로 분리된 지역과 차이가 없다는 주장이 있다. 행정정보의 공정성 및 신속성도 대체적으로 개선되었다는 주장에 대해서는 그러한 결과가 시·군통합의 효과라기보다는 내부의 행정절차가 개선된 결과라는 지적도 있다.

〈참고 7-1〉 시티-카운티 통합의 효과에 대한 실증적 분석

　미국의 시티-카운티 통합의 효과를 분명하게 알기는 쉽지 않다. Martin and Schiff(2011)는 실증적 연구의 결과로 그 효과를 판단하기도 쉽지 않다고 한다. 그 이유는 첫째, 통합의 숫자가 많지 않고 또, 출판된 문헌도 많지 않고, 둘째, 대부분의 문헌들이 객관적인 분석이라기보다 직관적(impressionistic)이거나 통합에 대한 찬성 혹은 반대를 위한 것이기 때문이다. 여기서는 Martin and Schiff(2011)가 50여 편의 심사를 거쳐 발표된 연구를 정리한 것을 중심으로 살펴본다. 이 중 15편은 통합의 성과와 직접적으로 관련된 연구이고, 나머지는 통합과 관련된 보다 광범한 연구이다.

1. 통합의 효율성

효율성에 대한 연구는 통합이 서비스의 양과 질을 향상시켰는지 아니면 비용을 절감하였는가에 대한 것이다. 통합의 성과에 대한 8개의 직접적인 연구 중 4개의 연구는 통합이 효율성을 증대하지 않았다고 하고, 2개는 효율성을 증대하였다고 하며, 2개는 효율성의 증대와 감소가 혼합되고 있다고 한다. 부정적인 결과를 제시한 4개 연구 중 3개는 통합이 비용, 조세, 지출 등에서 기대한 이익이 있는가를 측정하였는데, 그 결과 1개는 3가지 모두에 대해 이익이 없는 것으로, 3개는 조세와 지출이 모두 증가한 것으로 나타났다. 통합의 광범한 다른 문제들과 함께 효율성의 문제를 보충적으로 다룬 연구 중 3개의 연구가 효율성의 증대를 제시한 반면, 6개의 연구가 효율성 감소를 제시하였다.

통합 정부의 크기나 구조를 다룬 나머지 연구는 효율성 증대에 더욱 부정적이다. 긍정적인 결과를 제시한 연구는 없고 2개의 연구가 혼합된 결과를 제시하였다. 반면 4개가 작은 정부가 더 효율적이라는 것을, 1개는 정부의 크기가 효율성과 관련이 없다는 것을 제시하였다.

이런 연구를 종합하여 Martin and Schiff(2011)는 기존 연구 결과에 의하면 통합이 효율성을 가져온다는 주장을 받아들이기 어렵다고 한다. 그리고 효율성이 증대되지 못한 이유로 첫째, 통합의 추진과 정착 관련 비용이 매우 높고, 둘째, 노동집약적인 서비스의 경우 규모의 경제가 작용하는 범위가 넓지 않으며, 마지막으로, 통합 후 획일성의 추구(보수 등의 단일 체계화로 인한 인건비의 인상)를 들고 있다.

2. 통합과 지역경제발전

9개의 연구 중 5개는 유의할 만한 지역경제 발전효과가 없는 것으로, 4개가 상당한 경제발전 효과가 있는 것으로 제시되었다. 지역경제발전 효과가 없다는 연구결과는 여러 개의 통합지역에 대한 연구에서 나온 것이다. 반면 통합의 효과가 있다는 연구 4개 중 3개가 인디애나폴리스 시의 UNIGOV에 대한 연구 결과에서 나온 것이다. 그 외 2개의 보완적 연구도 통합정부가 경제발전의 전망을 밝게 한다고 제시한다.

이런 연구를 종합하여 Martin and Schiff(2011)는 통합의 지역경제발전 효과와 관련한 증거는 양분되어 있고 한다. 하지만 긍정적인 결과를 제시한 연구는 특정 지역에 한정된 만큼 지역경제발전 효과에 대한 주장도 확신하기 어렵다고 한다.

3. 통합과 형평성

9개 연구가 형평성 문제를 다루고 있는데 이 중 4개가 통합과 관련한 직접적인 연구이고 나머지 5개는 정부구조와 관련된 것이다. 대부분의 연구가 필요(needs)와 자원(resource) 간의 격차 문제를 다루고 2개만이 소수자 대표문제를 다루고 있다.

필요와 자원 간의 격차 문제에 대한 직접적인 연구에서 3개의 연구가 통합이 형평성을 증대시키지 못한다고 한다. 4개의 관련 연구에서도 대규모의 통합된 정부가 형평성을 증대시키지 않는다고 한다. 단 1개의 연구만 형평성 증대에 긍정적이라고 한다. 소수자 대표성 문제를 다룬 2개의 연구 모두 대규모 정부가 소수자의 대표성을 희석시킨다고 한다.

이런 연구를 종합하여 Martin and Schiff(2011)는 통합이 필요와 자원 간의 격차 문제를 해결한다는 주장은 받아들이기 어렵다고 하고, 소수자의 대표성 문제를 직접적으로 다룬 연구는 매우 드물지만 관련 연구에서는 소수자의 대표성이 희석된다고 한다.

V. 맺음말

자치단체 통합을 통해 시·군을 광역화하자는 주장에 대해 찬성론과 반대론이 팽팽하게 대립하고 있다. 통합론자들은 통합을 통해 행정비용이 감소하며, 행정서비스 제공에 있어 규모의 경제를 확보할 수 있으며, 지역 내의 부존자원을 통합 관리함으로써 지역의 생산기반을 강화하여 장기적으로 통합된 시·군 전체의 경제성장과 경쟁력을 촉진시킬 수 있다고 주장한다.

반대론자들은 통합이 지방정부의 효율성과 경쟁력 향상에 의미있는 기여를 하지 못한다고 반박한다. 그 이유는 통합 관련 비용이나 갈등이 적지 않을 것인데 비해 통합의 효과는 미미할 것이라는 것이다. 규모의 경제 원리는 노동집약적인 사무에는 적용되기 어려우며, 통합 자체가 지역발전으로 이어지는 연결고리를 찾기 어렵다는 것이다. 무엇보다 전국에 40여 개가 넘는 지역이 통합되었지만 그 성과를 알기 어렵다는 것이다.[43] 이렇게 시·군 통합의 성과가 불분명한데도 불구하고 통합을 주장하는 것은 약효가 검증되지 못한 약을 계속 처방하는 것과 마찬가지라고 할 수 있다.

시·군 통합에 대한 찬성과 반대는 객관적인 사실에 근거를 두기보다 정치적 이데올로기나 개인적·집단적 이해관계에 좌우됨이 크다고 하겠다. 큰 정부와 정부의 기능 확대를 지지하는 자들은 통합에 찬성할 가능성이 큰 반면, 작은 정부와 참여와 통제를 바라는 자들은 통합에 반대할 가능성이 크다. 통합으로 정치적으로나 경제적으로 이

---

43) 우리나라에서는 규모와 성과가 관련성이 적다는 것을 암시하는 것이기도 하다.

익이 있다고 생각하는 자들이나 지역은 통합을 지지하는 반면 그 반대인 경우는 통합에 반대한다. 그 결과 통합은 우리 사회가 민주화되면서 더 어려운 정치과정을 거쳐 이루어질 수밖에 없다.

제2절 자율통합의 성과와 평가[44)

Ⅰ. 자율통합 추진 배경

2009년부터 정치권에서 다시 지방행정체제개편이 논의되고 있는 가운데 행정안전부는 그 전단계로 지방자치단체 간의 자율통합을 추진하였다. 행정안전부가 자율통합을 독려하기 위하여 내세운 통합 관련 효과는 다음 <그림 7-1>과 같다.

행정안전부는 통합의 효과로 주민서비스가 향상될 뿐만 아니라 행정비용이 절감되며 중앙정부의 재정적인 인센티브를 받을 수 있다고 한다. 이런 인센티브에는 지역개발, 주민생활개선, 경쟁력 강화를 들고 있다. 그리고 통합으로 인한 불이익이 없도록 하겠다는 것이다.

Ⅱ. 통합 신청

2009년 10월 18개 지역 46개 지방자치단체가 통합 신청을 하였다. 이 숫자는 전체 시·군의 30% 가까운 것으로 행정안전부의 의도에

---

44) 이 절의 내용은 김석태(2010a)를 수정·보완한 것이다.

재정 인센티브
· 통합이전 자치단체의 교부세액 5년간 보장
· 통합이전 교부세액의 60% 10년 추가지원
· 시군구당 50억의 특별교부세 지원

통합 효과

주민 서비스 향상
· 상하수도요금 등 각종 공공요금 인하
· 장수수당 등 복지서비스 대상 확대
· 문화예술 서비스 공동 활용

행정 비용 절감
· 단체장의 선거비용과 업무추진비 등 감소
· 공공시설 공동활용으로 추가 건립비용 절감
· 중복성 행정 경비, 지출 절감

지역개발을 위한 재정 지원
· 지방교부세, 지방교육재정교부금 추가지원
· 광역 · 지역발전특별회계 우대 및 지원 확대

통합지역의 경쟁력 강화
· 지역특화산업 활성화 및 고용기반 확대
· SOC 확충, 장기임대산단 우선 고려

획기적 인센티브로 자율통합 지원

주민생활여건 개선
· 생활권을 고려한 학군 재조정
· 기숙형 · 마이스터 · 자율형사립고 우선 고려

기대이익보호 · 행정특례 강화
· 농어촌 주민의 기존 혜택 유지
· 공무원 한시 정원 인정, 행정구 설치 허용

자료: 행정안전부(mopas.korea.kr, 2009.10).

〈그림 7-1〉 행정안전부의 시·군 통합의 효과

부응하는 것으로 보였다. 18개 지역의 통합건의 대상지역을 유형별로 살펴보면 통합 관련 자치단체 쌍방에서 단체장, 지방의회 또는 주민에 의한 통합건의가 접수된 지역은 총 10곳으로, 이 중 통합건의 대상지역이 서로 일치하는 지역은 청주-청원, 전주-완주 등 5개 지역이며, 한편, 통합 관련 자치단체 중 한 쪽에서 건의한 지역은 여수-순천-광양-구례 등 8개 지역이다. 관련 지역과 건의주체에 대한 자세한 것은 <표 7-5>에 정리되어 있다.

<표 7-5> 건의주체별 통합건의 현황 (18개 지역, 46개 자치단체)

구 분		건의주체		
		단체장(16)	주민(21)	의회(15)
남양주시· 구리시	남양주	남양주+구리	-	-
	구리	-	남양주+구리	-
성남시· 하남시· 광주시	성남	성남+하남+광주	-	-
	하남	성남+하남+광주	-	-
	광주	성남+하남+광주	성남+하남+광주	성남+하남+광주
의정부시· 양주시· 동두천시	의정부	-	-	의정부+양주+동두천
	양주	-	-	양주+동두천
	동두천	-	의정부+양주+동두천	양주+동두천
안양시· 의왕시· 군포시· 과천시	안양	안양+의왕+군포	안양+의왕+군포+과천	-
	의왕		안양+의왕+군포+과천	-
	군포		안양+의왕+군포	
수원시· 화성시· 오산시	수원	-	-	수원+화성+오산
	오산	-	-	오산+화성
여주군· 이천시	여주	-	여주+이천	-
	이천	-	여주+이천	-
안산시· 시흥시	안산	안산+시흥	-	안산+시흥
청주시· 청원군	청주	청주+청원	청주+청원	청주+청원
	청원	-	청주+청원	-
천안시· 아산시	천안	-	천안+아산	천안+아산
홍성군· 예산군	홍성	-	-	홍성+예산
괴산군· 증평군	괴산	괴산+증평	괴산+증평	괴산+증평
공주시· 부여군	부여	부여+공주	-	-
전주시· 완주군	전주	-	전주+완주	-
	완주	-	전주+완주	-

목포시· 무안군· 신안군	목포	목포+무안+신안 목포+무안, 목포+신안	목포+무안+신안 목포+무안, 목포+신안	목포+무안+신안 목포+무안, 목포+신안
	신안	-	목포+무안+신안	-
	무안	-	목포+무안+신안	-
여수시· 순천시· 광양시· 구례군	순천	여수+순천+ 광양+구례 여수+순천+구례 여수+순천	여수+순천+광양+구례	-
창원시· 마산시· 진해시· 함안군	창원	창원+마산+진해	-	-
	마산	창원+마산+진해	창원+마산+진해+함안	창원+마산+진해
	진해	창원+진해	-	-
	함안	창원+마산+진해+함안	창원+마산+진해+함안, 함안+마산	창원+마산+진해+함안
구미시· 군위군	군위	군위+구미	군위+구미	-
진주시· 산청군	산청	-	-	산청+진주

자료: 행정안전부(mopas.korea.kr/gonews/2009.10.).

하지만 통합 신청 자체가 지역의 정서를 대변하는 것은 아니었다. 이들 지역에 대한 여론조사의 결과를 보면 6개 지역 13개 시·군만이 각각 통합에 과반 이상 찬성하였다.[45] <그림 7-2>에 이들 지역이 정리되어 있다.

Ⅲ. 과정

행정안전부는 통합 여론조사에서 찬성을 보인 지역 6개 중 안양·의왕·군포·과천시와 진주시·산청군 두 지역을 통합 추진 대상에

---

45) 과반 이상의 찬성을 계산하는데 있어 행정안전부에서 찬성률을 높이기 위해 '모른다' 항목을 응답자의 수에서 제외한 것이 논란거리가 되었다.

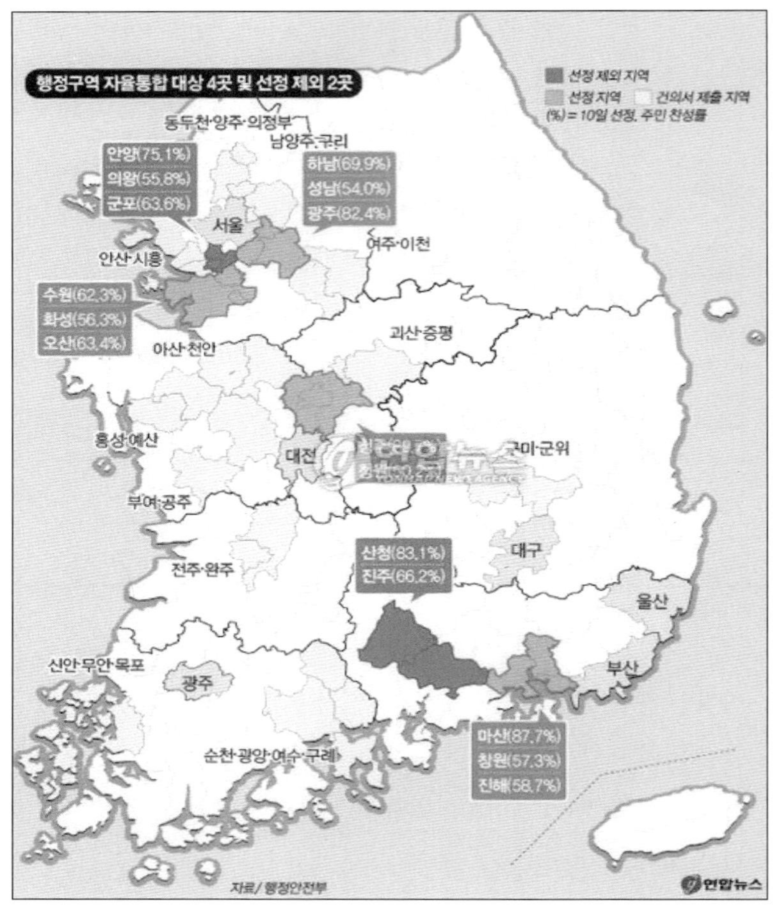

자료: 연합뉴스(2009.11.).

〈그림 7-2〉 자율통합 추진 현황

서 제외하였다. 이 지역의 시·군이 통합되면 국회의원 선거구와 상치된다는 이유였다. 그리고 남은 4개 지역에서 지방의회의 통합 의결을 유도했다. 하지만 지방의회에서 통합 의결은 2개 지역에서만 이루어졌다. 행정안전부가 통합에 가장 기대를 걸었던 청주−청원 통합

의결은 이루어지지 않았다.[46)]

행정안전부는 지방의회에서 통합 의결된 2개 지역인 창원-마산-진해와 성남-광주-하남의 통합 법률안을 국회 행정안전위원회에 제출하였다. 하지만 성남-광주-하남의 통합안은 행정안전위에서 제동이 걸렸다. 성남시 의회의 표결이 여당 단독으로 이루어진 것을 야당에서 문제 삼았고, 새로이 행정안전위원회로 교체된 하남 출신 국회의원이 적극적으로 반대하였기 때문이다. 이 과정을 정리하면 다음 <표 7-6>과 같다.

Ⅳ. 평가

창원시의 자율통합을 어떻게 평가할 수 있을 것인가? 이것이 지방행정체제개편의 모범 케이스로 평가받을 수 있을 것인가? 여기에 대해서는 한마디로 '아니다'로 평가할 수밖에 없다.

첫째, 마산·창원·진해 통합은 지방자치단체의 규모가 너무 작아 비효율적이기 때문에 통합해야 한다는 것과는 거리가 멀다. 우선 인구를 보면, 통합 전의 창원시는 50만 명, 마산시는 40만 7천 명 그리고 진해시는 17만 3천 명으로 인구가 너무 작아 행정이 비효율적이라는 지역과는 거리가 멀다. 오히려 창원시는 통합 지지론자가 흔히 내세우는 적정 인구 규모인 60만 명에 근접한 규모이다. 이런 적정규모보다 더 크게 108만 명으로 통합하는 것은 비효율을 스스로 초래하는 것이다.

둘째, 통합 창원시는 3개의 시가 하나로 통합되어 지방정부 조직이 축소된 것처럼 보인다. 하지만 실제로는 행정계층이 하나 더 늘어나

---

46) 청주-청원의 경우 청원군의 반대로 시·군 통합이 3번이나 무산된 적이 있다. 행정안전부에서는 강제적인 통합 의지를 내비치기도 하였고, 지역구 의원의 의원발의로 통합안이 국회에 제출되는 것을 기대하기도 하였다.

<표 7-6> 자율통합의 대상지역과 그 결과

		주민의 견조사	선거구 문제	지방의 회 의결	국회 심의	최종 통합	비 고
경기	남양주·구리시	무산					구리 반대
	의정부·양주 동두천	무산					양주 반대
	이천시·여주군	무산					여주 반대
	안산·시흥	무산					시흥 반대
충북	괴산·증평	무산					증평 반대
충남	천안·아산	무산					아산 반대
	홍성·예산	무산					예산 반대
	공주·부여	무산					공주 반대
전북	전주시·완주군	무산					완주 반대
전남	목포시·무안·신안군	무산					무안·신안 반대
	여수·순천· 광양시·구례군	무산					광양 반대
경북	구미시·군위군	무산					군위 반대
경기	안양·의왕·군포·과천시	통과	무산				행정안전부에서 제외
경남	진주시·산청군	통과	무산				행정안전부에서 제외
경기	수원·화성·오산시	통과	-	무산			화성·오산시 의회 반대
충북	청주시·청원군	통과	-	무산			청원군 반대
경기	성남·광주·하남시	통과		통과	무산		성남시 의회의 여당 단독처리
경남	창원·마산·진해	통과	-	통과	통과	성공	함안군 제외

자료: 필자가 정리.

고, 하부조직이 확대되었다. 통합 창원시에는 종래 시가 없어지는 대신 창원시에는 의창구와 선산구가, 마산시에는 합포구와 회원구가, 진해시에는 진해구가 새로 생긴다. 이에 따라 계층이 하나 늘어나고 새로이 구 청사를 마련해야 하는 곳이 3개 이상이 된다.

셋째, 통합 창원시에는 상위직 공무원의 직급이 늘어난다. 통합 창원시는 제2 부시장직을 신설하고 일선 구청에 국(局)을 설치하고 구청장과 본청 실·국장의 직급을 한 단계 올리고 있다. 이는 대통령령인 지방자치단체 행정기구·정원기준 규정에 통합 창원시에 실·국을 9개까지만 만들 수 있기 때문이다.

넷째, 지방 간의 재정적 불균형을 심화시킨다. 통합 창원시는 통합의 인센티브로 10년간 보통교부세 총액의 6%(1,460억 원), 4년간 교부세액 부족분 92억 원 등 최대 6,024억 원을 지원받는다. 이것은 창원시로 보면 바람직하다. 하지만 통합이 되지 않았을 경우 이 돈은 재정이 열악한 다른 지방자치단체에 배분되어야 할 것이다. 통합 때문에 재원이 창원시로 쏠리게 되는 것이다.

다섯째, 경상남도의 지위를 현저하게 약화시키고 있다. 통합 창원시는 도가 가진 권한 중 지역개발채권발행, 50층 이하 건축허가권 등의 권한을 갖게 되고, 2012년부터는 소방업무를 이관받아 자체적으로 운영하게 된다. 그 결과 도는 점차 공동화될 수밖에 없다.

마지막으로 지역 이기주의의 심화이다. 통합 창원시장은 "현 정부가 대통령 선거가 있는 2012년 말까지 지방행정체제 개편을 강력하게 추진하지 못하면 통합 창원시의 대안은 광역시 승격밖에 없다"라고 말했다(서울신문, 2010.1.4).

통합 창원시는 인구가 108만 명이나 되는 광역시급 대도시이다.[47] 이것은 행정안전부가 작은 시·군을 통합하여 규모의 경제를 기한다는 당초 자율 통합의 취지와는 매우 다른 것이다. 통합 창원시는 시·군 통합 모델이 될 수 없다. 오히려 자율통합의 기회를 이용하여 국가로

---

47) 울산광역시의 인구가 111만 정도이다.

부터의 특혜를 최대한 누린 지역에 불과하다.

제3절 개편위의 시·군 통합안(2012년)

Ⅰ. 머리말

지방행정체제개편추진위원회(이하 개편위)는 2012년 6월 13일 26 개 시·군을 10개로 통합을 추진하는 기본 계획안을 발표하였다. 전문자료심사, 현장방문, 주민여론조사 등을 종합하여 결정된 지역은 통합을 건의한 지역이 6개 시·군지역이고, 통합을 건의하지 않은 지역이 4개 시·군지역이다.

단체장이나 지방의회, 그리고 주민 2% 이상이 서명하여 통합을 건의한 20개 지역 중 통합 대상지역 6개는 ① 의정부+양주+동두천, ② 안양+군포, ③ 동해+삼척+태백, ④전주+완주, ⑤ 구미+칠곡, ⑥ 통영+고성이다. 이들 지역은 개편위가 실시한 여론 조사에서 지역 주민의 통합 찬성률이 50%를 넘긴 곳이다.[48]

통합을 건의하지 않았지만 개편위가 자체적인 판단으로 통합의 대상으로 삼은 4개 지역은 대규모 지역개발사업이 이루고 있는 지역이다. 이들에는 도청이전 지역으로 ① 홍성+예산, ② 안동+예천의 2개 지역에 4개 시·군, 새만금권으로 ③ 군산+김제+부안의 4개 시·군, 광양만권 경제자유구역으로 ④ 여수+순천+광양의 3개 시·군이다.

---

48) 하지만 태백시의 경우 찬성률이 49.5%이나 오차 범위 내라 하여 포함시키고 있다.

　　청주시와 청원군은 개편위와는 별도로 자체적인 통합을 추진하고 있지만 개편위의 지원 대상에 포함시키고 있다. 그 외 자치구 5개 지역 10개 자치구도 통합 대상으로 발표하였다.[49) 전국에 걸쳐 36개 시·군·구를 16개 구역으로 통합하는 계획안은 <그림 7-3>과 같다.

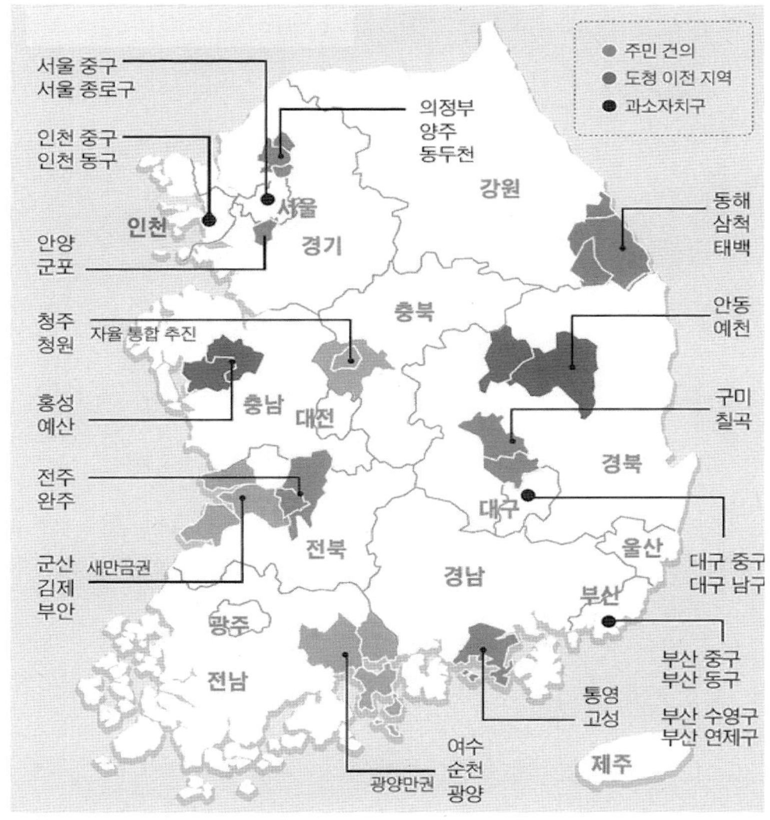

자료: 조선일보(2012.6.14).

〈그림 7-3〉 통합대상 시·군·자치구

---

49) 자치구에 대해서는 다음 장에서 다룬다.

개편위는 특별법 규정에 따라 2012년 6월 말까지 국회와 대통령에게 확정안을 보고하게 된다. 시·군 통합은 향후 추진될 해당 지역 주민투표 결과와 국회의 의결을 거쳐 최종 결정된다.

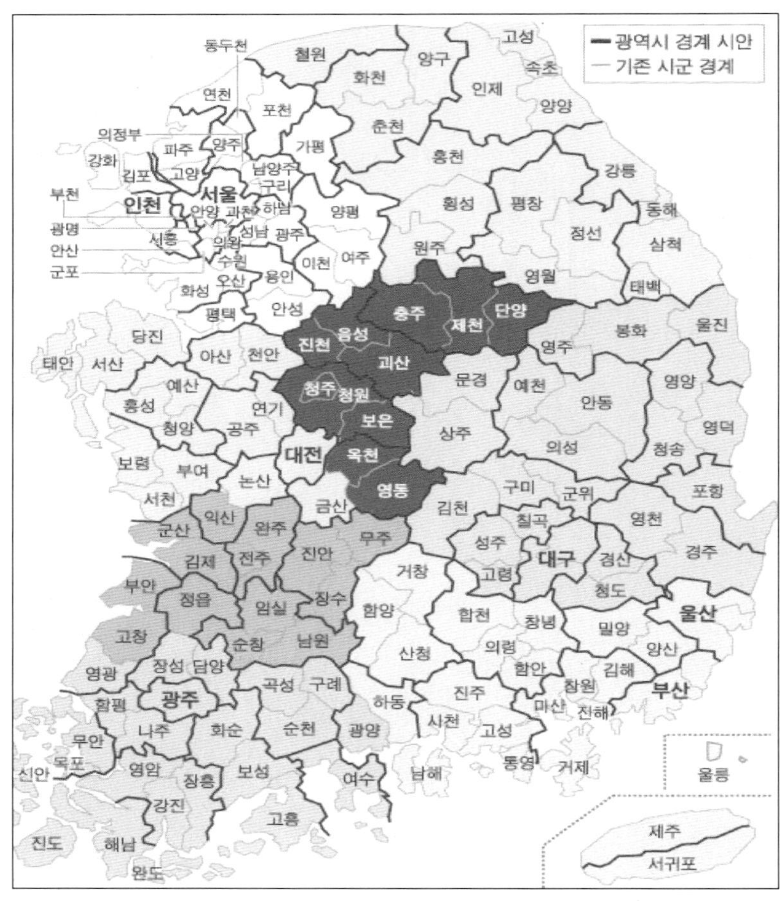

자료: 조선일보(2008.9.1).

〈참고 7-2〉 국회 특위의 지방행정체제 개편 논의안

통합안에 대한 반응은 지역별로 다양하다. 언론보도를 종합하면, 전남 광양만권에선 여수시·광양시는 통합에 적극 반대하고 있고, 순천시만 찬성하고 있다. 강원 동해·삼척·태백도 삼척시는 적극적이나 동해시·태백시는 조심스럽다는 태도다. 안양·군포의 경우 안양시는 유보적인 입장이며 군포시는 반대 입장이다.[50] 군산·김제·부안도 김제지역에서 통합반대추진위가 결성돼 반대 여론을 주도하고 있다.

개편위의 기본안은 2005-2006년의 국회 지방행정체제개편특별위원회의에서 논의된 안(<참고 7-2> 지도)인 전국의 시·군 2~4개를 하나로 통합하여 인구 50~60만의 큰 규모의 지방단위로 만드는 것에 비해 매우 완화된 안이지만 실체적으로나 실행 면에서 여러 가지 문제가 예상된다.

Ⅱ. 실체적인 문제

개편위에서는 개편 기준으로서 1차적으로 인구·면적이 과소한 지역, 2차적으로 지리적 여건, 동일 생활권, 역사·문화적 동질성, 지역 경쟁력 등을 제시하고 있다. 그러나 통합 대상이 이들 요건에 맞는지는 분명하지 않다. 여기서는 대상지역의 선정, 지역 간 불균형, 생활권·경제권과의 합치, 역사적·문화적 동질성, 정치적 측면, 효율성의 측면, 그리고 새로운 패러다임 무시의 측면에서 통합안을 비판적으로 고찰한다.

---

50) 군포시는 보도 자료를 통해 "개편위가 또다시 군포·안양시를 통합대상지역에 포함시킨 것은 주민들의 의사를 무시한 처사"라고 비난했다.

1. 강제적인 통합 지역의 선정

개편위 기본 계획안의 가장 큰 문제점은 지역의 의견을 무시하고 자체적인 판단으로 통합의 대상으로 삼은 4개 지역의 10개 시·군의 통합이다. 이들 지역이 도청 이전의 수혜지역이라 하여 통합 대상이 되고, 또 대규모 지역개발사업의 수혜 지역이라고 하여 통합 대상 지역으로 삼은 것은 근거가 약하다. 단기간의 광역적 개발 사업은 통합보다 지방정부 간 협력으로 수행하는 것이 합리적이기 때문이다.

도청 이전 수혜 지역에 주민이 원하지 않는 통합이라는 불이익을 주는 것은 중앙정부 청사 이전 지역인 세종특별자치시에 큰 특혜를 주는 것과는 매우 대조적이다.[51] 또 새만금 같이 경제자유구역 내의 시·군이라 하여 통합하는 것도 다른 경제자유구역과 형평성에 맞지 않다. 이들 지역은 국가적 사업을 빌미로 주민들의 의사와 상관없이 통합을 추진하겠다는 것으로 볼 수밖에 없다.

2. 기초자치단체 간 불균형의 심화

26개 시·군을 10개로 통합하는 것은 시·군 간의 불균형을 심화시킬 수 있다. 통합 대상 지역은 전국의 다른 시·군에 상대적으로 인구가 많고 또, 지역경제가 활성화된 지역이거나 앞으로 활성화될 가능성이 높은 지역이기 때문이다.

인구로 보면 통합대상 지역 10개 중 5개가 통합 후 52~92만 명으

---

51) 세종특별자치시는 광역자치단체의 지위를 가진 단위로 2012년 7월 1일 출범한다.

로 대도시 기준인 50만 명을 넘는다. 나머지 지역도 17만~42만 명 사이로 인근 시군에 비해 규모가 크다. 통합은 시·군 격차를 확대시킬 뿐만 아니라 대도시의 숫자를 늘어나게 하여 도의 기능을 더욱 위축시킬 것이다.[52]

지역경제로 보면 이들 개편위의 주장대로 지역경쟁력이 높아질 가능성이 있는 지역들이다. 하지만 이들 지역의 성장은 인근 지역의 주민과 자원을 끌어들임으로써 주변지역을 더욱 피폐하게 할 소지가 있다. 통합은 제로섬 게임으로 끝나 지역 간 격차를 확대할 수 있다는 것이다.

3. 생활권·경제권과의 합치

시·군 통합이 생활권과 일치시킨다고 하지만 우리의 시·군은 이미 권역이 넓어 그 안에서도 생활권이 나누어진다. 시·군의 접경 지역이, 예를 들어 구미 공단 인근의 칠곡 북부 지역이 구미시의 생활권이라 하여 통합 주장을 하는 것은 맞지 않다.

시·군 통합이 어느 권역과 일치시켜야 할 것인가는 분명하지 않다. 생활권에는 근린 생활권, 통학권, 통근권 등 다양하고, 전국이 점차 하루 생활권으로 변화하고 있기 때문이다. 경제권도 기초경제권, 광역경제권 등으로 다양할 뿐만 아니라 변하고 있다. 또 생활권과 경제권이 일치하는 것도 아니다. 통합을 통해 광역경제권에 맞게 행정구역을 정하면 다른 생활권이나 경제권과의 불일치를 초래할 수 있다.

---

52) 인구 50만 명 이상의 대도시는 도의 기능을 상당 부분 이관 받아 수행한다.

4. 역사적·문화적 동질성의 문제

우리의 시·군은 각기 구역을 바탕으로 수백 년에 걸쳐 지역의 역사와 문화가 형성되고, 지역의 전통과 정체성이 형성되었다. 지역마다 자기의 자랑거리가 있고 애향심이 있으며 자기의 전통이 있다. 이런 지역은 지역문제를 공동으로 해결하는 메커니즘으로 사회자본(social capital)이 형성되어 있다. 이런 지역 공동체가 독자적인 자치 단위가 되는 것은 너무나 당연하다. 따라서 오래된 것이 효율이란 이름 아래 통합된 구역보다 더 잘 맞을 수 있다. 역사적·문화적 동질성이 없는 시·군 간의 통합은 시와 군의 정체성을 해칠 뿐만 아니라 공동사회를 파괴하여 지방행정의 비효율을 초래할 것이다.

5. 정치적 측면의 무시

지방자치단체의 구역이 넓어질수록 주민들의 참여와 통제는 어려워진다. 지방정부의 규모가 커질수록 일반 주민들의 참여 기회는 엘리트들에 비해 크게 제한된다. 서민들의 참여 기회가 보장되기 위해서는 지방정부의 규모는 작아야 한다. 정치적인 측면에서 보면 자치 단위는 참여와 통제가 용이한 작은 것이 아름답다.

1991년의 지방의회 부활, 그리고 1995년 이후 민선 지방자치단체장의 시대가 전개되면서 종래 높기만 했던 관공서의 문턱이 낮아졌고 주민들의 참여가 용이해졌으며 지역마다 지역발전을 위해 노력하고 있다. 통합은 주민 밀착형 서비스의 제공을 어렵게 할 것이다.

시·군 통합은 지역의 공공부문 운영의 틀 그 자체를 흔들어 놓는다. 지방의 집행부나 의회뿐만 아니라 지역의 많은 단체들, 예를 들어 직능단체, 시민단체, 봉사단체 등등 모두가 재편되어야 한다. 지역의 우선 사업도 재조정되어야 하고, 재원도 새로이 배분되어야 한다. 이 과정은 혼란스럽기만 할 것이다.

6. 효율성에 대한 과도한 기대

지방단위가 커지면 공공서비스의 제공에서 규모의 경제를 기할 수 있는 이점이 있다. 그러나 이것은 모든 지방정부의 서비스에 똑같이 해당되지 않는다. 어떤 서비스는 작은 구역이 적정구역이고, 다른 서비스는 중간 정도가 적정구역이며, 또 다른 서비스는 대구역이 적정구역이다. 통합으로 구역을 크게 하면 과대구역의 문제를 야기할 수 있고, 이 경우 규모의 불경제가 야기될 수 있다. 즉 모든 서비스에 맞는 구역(one-size-fit-all)은 없다.

통합으로 재정적 궁핍을 해소할 수 있다는 주장도 설득력은 약하다. 비슷한 재정력을 가진 자치단체가 통합하는 경우 재정적 상황이 나아질 것이 없다. 재정력이 강한 중심도시와 재정력이 약한 주변 군 지역이 통합하는 경우 군지역의 사정이 나아진다고 할 수 있지만, 통합시 전체로 보면 재정사정의 변화가 있는 것이 아니다.[53]

---

53) 남유진 구미시장은 "구미는 1995년 선산군과 통합 이후 선산군이 인구와 경제 등 모든 부문에서 낙후돼 17년 동안 구미시가 많은 부담을 안고 왔는데 또다시 통합의 악몽을 겪을 수는 없다"라고 하였다(매일신문, 2012.6.14).

7. 새로운 패러다임 무시

시·군 통합을 통해 해결하려는 문제를 거버넌스 패러다임을 통해 해결할 수 있다. 계층제적인 명령과 복종 체제를 지닌 종래 전통적 정부는 구역이 통합되어야 광역적 문제의 해결이 가능하다고 본다. 하지만 거버넌스 패러다임에서는 이해관계를 가진 지방정부들이 네트워크를 형성하여 협력을 통해 문제를 해결할 수 있다고 본다.

많은 공공문제 해결이 거버넌스의 방향으로 가고 있다. 통치에서 협치로 가고 계층구조에서 네트워크 구조로 가고 있다. 전통적 정부의 관념에 사로 잡혀 통합만이 구역문제 해결의 길이라고 주장하는 것은 20세기 후반부터 나타난 새로운 공공문제 해결의 패러다임의 시대에 뒤떨어졌다고 볼 수 있다. 2005년 국회 행정체제개편특별위원회가 주관한 청문회에서 상당수의 학자들이 하드웨어적인 개편보다 소프트웨어적인 개편을 주문하였다. 물리적 통합보다 부드러운 거버넌스 방식을 권고한 것이다.

Ⅲ. 실행상의 문제

구역 통합 과정에서 당면하는 과제는 통합시의 명칭, 시청사의 소재지, 그리고 시장의 선출 문제를 둘러싼 주민 간의 갈등이다.

1. 통합시의 명칭

2~3개 시·군이 합쳐져 하나로 통합되는 경우 그 명칭이 문제된

다. 1995년 시·군 통합의 경우 시와 군의 명칭이 동일한 경우가 많
아 몇몇 지역을 제외하고는 큰 문제가 없었다. 안동시와 안동군의 통
합의 경우 안동시로, 영천시와 영천군의 통합은 영천시로 정하는 것
이 당연하였다. 그러나 구미시와 선산군의 경우와 같이 이름이 다른
경우 상당한 진통을 겪어야 했다. 하지만 이 경우도 구미와 선산이
원래 한 지역이고, 구미가 국제적으로도 알려진 도시이기 때문에 구
미로 비교적 쉽게 명칭을 정할 수 있었다. 하지만 역사나 전통, 생활
권과 경제권이 다른 지역이 통합되는 경우 명칭을 정하기 쉽지 않을
것이다.

근래 신설된 고속철도(KTX) 역사 명칭을 두고 인근 지역 간에 갈
등을 빚어 왔다. 갈등을 봉합하기 위하여 상당히 긴 이름의 역사명이
생겨났다. 천안아산역이나 김천구미역 같이 처음 들어서는 알기 어려
운 이름이 생겨났다. 통합시의 명칭도 이렇게 될 것인가? 아니면 지
리적 특성 등을 반영한 완전히 새로운 이름이 생겨날 것인가? 어느
경우라도 수백 년 동안 지역이 발전시켜온 역사와 문화, 그리고 정체
성은 살아남기 어려울 것이다.

2. 통합시의 청사 소재지

2~3개 시·군이 합쳐져 하나의 시로 되는 경우 통합시의 소재지
를 어디로 할 것인가를 두고 지역 간에 첨예한 대립이 생길 것은 분
명하다. 시청사 소재지가 어디로 결정되느냐에 따라 주민들의 경제적
이익뿐만 아니라 지역의 명예도 달려 있기 때문이다. 통합시 청사를
유치한 지역은 지역경제가 좋아질 뿐만 아니라 위상도 높아지고, 유

치에 실패한 지역은 그 반대의 경우가 된다.

1995년 통합 때에는 대부분의 시청사와 군청사가 중심 시(市)에 있었기 때문에 소재지 결정에 따른 문제가 없었다. 그러나 구미시와 선산군의 경우와 같이 다른 지역에 있었던 경우 읍지역에 있던 군청이 없어짐에 따라 상당한 문제가 생겨났다. 읍지역 경제는 관공서 중심의 경제라 하여도 과언이 아닐 정도로 작다. 이런 지역에 군청이 없어지니 지역경제에 타격이 클 수밖에 없다.[54]

'여(麗)'자로 시작되는 3개의 자치단체인 여수시, 여천시 및 여천군은 원래 여수군에서 분할된 곳으로서 이들의 통합은 원래의 한 뿌리로 되돌아 간 것으로 역사적 뿌리가 다른 시·군 간의 통합과 성격이 다르다. 그럼에도 10년째 통합청사 논란이 이는 등 통합 전 연고지 중심의 소지역주의가 아직도 남아 있다.

시·군 통합은 많은 사람이 생각하는 것과 같은 윈-윈 게임이 아니다. 이것은 오히려 제로섬 게임이다. 한 지역이 득을 보면 다른 지역은 손해를 본다. 통합시 청사가 입지하지 못하는 지역에 청사에 상응하는 당근을 주지 않는 한 갈등은 해소되기 어려울 것이다.

3. 통합 시장의 선출

전통과 문화가 다른 2~3개 지역이 통합되어 하나의 시를 이루는

---

54) 구미시와 선산군이 통합한 1995년 이후 군청 소재지였던 선산읍의 인구 유출이 한 해도 그치지 않고 내리막길을 긋고 있다. 구미시 홈페이지의 1997년 이후 통계연보에 따르면, 20,832명(1997.12.31)→ 20,557명(1998.12.31)→ 20,011명(1999.12.31)→20,284명(2000.12.31)→20,074명(2001.12.31)→ 19,502명(2002.12.31)→19,175명(2003.12.31)→18,756명(2004.12.31)→ 17,967명(2006.7.31)으로 계속 빠져나가고 있다. 2000년 한 해 증가한 것은 주공아파트 입주 때문이다. 시·군 통합에 대한 선산읍민들의 장밋빛 기대가 완전히 망가졌다는 지표다.

경우 시장선거를 두고 연고지 중심의 소지역 간 갈등이 생길 우려가 크다. 지역민들은 자기 지역 출신이 시장이 되는 것은 좋아하기 때문이다. 이렇게 되면 지방자치단체장이 인물이나 정책 위주로 선출되지 못하고 지역정서나 지역감정에 의해 선출되게 된다.

단체장이 지역적 연고에 의해 선출되기 시작되면 지역 간 갈등의 골이 더 깊어진다. 단체장이 바뀔 때마다 지방정부의 요직이 시장의 출신 지역에 따라 바뀌게 된다. 특정 지역 출신들이 시정부를 장악하고 있을 경우 공공서비스의 배분이 지역 간에 공평하게 될 것을 기대하기 어렵다.

Ⅳ. 맺음말

통합론자들은 우리나라 지방행정체제가 100년 전에 만들어져 아무런 변화가 없었던 것처럼 단언하고[55] 자치 구역과 계층을 별다른 근거 없이 '고비용·저효율·다층구조'로 낙인찍고 있다. 그리고 통합이 지방의 문제를 해결하는 만병통치약과 같은 것으로 간주하고 있다.[56]

우리나라 지방행정체제는 산업화·도시화에 부응하기 위하여 읍의 시 승격 및 시의 광역시 승격, 도시의 구역 확장 등 지난 60여 년 동안 무수한 구역개편이 있었다. 또 관치시대의 획일적 개편의 유산으로 세계에서 가장 단순한 지방행정체제를 유지하고 있어 고비용·저효율의 체제라고 보기도 어렵다. 오히려 구역 통합은 이미 세계에서

---

55) 변화하지 않은 것은 '도'의 명칭 정도이다.

56) 종래 지방행정체제 개편이 '주민편익 증진 및 행정의 효율화, 실효성 있는 지방분권과 지방자치의 정착, 세계화 추세에 걸맞은 지역단위 경쟁력 확보를 통해 국가경쟁력을 제고'를 위한 것이라 내세워 왔다.

가장 큰 우리의 기초 단위를 더욱 크게 하여 지방행정의 효율성과 민주성을 저해할 우려가 제기되고 있다.

더욱 문제가 되는 것은 이런 지방행정체제개편이 지방의 필요에 의해 제기된 것이라기보다 중앙정치권의 정치적 필요에 의해 제기된 데 문제의 심각성이 있다. 2005년과 2009년의 여야 영수회담에서 지역주의를 극복하기 위한 방편으로 지방행정체제개편에 대해 합의하였는데 그 실마리는 구역의 확대개편에 이은 중·대선거구제 도입으로 여야 지역편중의 문제를 해소한다는 것이다.

중앙정부 주도로 추진하는 구역통합은 낡은 지방행정체제를 개선한다는 정치적 수사에 현혹되어 원론에서는 합의가 이루어지는 듯하다. 하지만 구체적 이해관계가 드러나는 마지막 단계에서는 합의가 쉽지 않다. 행정안전부 주도의 '자율통합'은 당초 18개 지역의 통합신청으로 출발하였지만 정작 통합이 이루어진 곳은 1개 지역뿐인 사실이 이것을 말해준다.

구역개편은, 다른 정책의 추진과 마찬가지로, 그 효과가 비용을 넘어설 때 추진할 가치가 있다. 구역통합의 효과는, 우리가 1995년 이래 40개가 넘는 지역에서의 시·군 통합 효과에서 보듯이, 괄목할만한 것이 못된다. 이에 비해 그 비용은 만만하지 않다. 지방의 필요보다 정치권의 정치적 목적으로 추진하는 구역개편이 성공하기 어렵다는 것은 확실하다.

〈주요 참고문헌〉

내무부(1995). 『행정구역개편 백서, 1994-1995』 서울: 내무부.

유재원·손화정(2009). 시군통합 효과에 대한 경험적 분석: 단절적 시계열모형 (ARIMA)의 적용. 『한국행정학보』 43(4): 285-306.

지방행정체제개편추진위원회(2012). 지방행정체제개편 추진 기본계획 보도자료(6.13).

Martin, Lawrence L. and Jeannie Hock Schiff(2011). City--County Consolidations: Promise Versus Performance. *State and Local Government Review* 43(2): 167-177.

제8장 자치구 개편[57]

우리나라의 자치구에 대해서 자치단위로서의 지위를 의심하는 견해가 많다. 이 장에서는 대도시권의 자치단위의 문제를 살펴보고 2012년 4월 지방행정체제개편추진위원회의 자치구 폐지 결정과 관련하여 그 문제점을 짚어 본다.

I. 머리말

우리나라의 자치구는 민주화의 산물이다. 민주화의 흐름에 따라 1987년 우리 헌법이 전면 개정되면서 지방자치의 독소 조항이던 부칙의 지방의회에 대한 유보조항이[58] 삭제되었다. 그리고 새로운 헌법 정신에 맞춰 1988년 지방자치법이 전부 개정되면서 자치구가 새로운 지방자치 단위로 등장하게 되었다.

---

57) 이 장의 내용은 김석태(2012a)를 수정·보완한 것이다.

58) 제5공화국 헌법 부칙 제10조는 '이 헌법에 의한 지방의회는 지방자치단체의 재정자립도를 감안하여 순차적으로 구성하되, 그 구성시기는 법률로 정한다'라고 규정하고 있다.

그러나 자치구가 자치단위로 된 것에 대하여 이의를 제기하는 사람들이 많다. 이들은 대도시는 그 전체가 하나의 공동체이므로 이것을 인위적으로 나누어 작은 구역에 자치권을 부여하는 것은 맞지 않을 뿐만 아니라, 이러한 인위적 분리가 대도시 행정의 효율성을 저하시키므로 자치구폐지를 주장한다. 하지만 이들의 주장은 대도시권 거버넌스에 대한 올바른 이해에서 나온 것이라고 보기 어렵다.

이번 지방행정체제개편추진위원회(이하 "개편위"라 한다)의 자치구 폐지의 결정은 위와 같은 자치구 폐지론자들의 주장이 극단적으로 반영된 것이다. 자치구를 주민의 동의 없이 인위적으로 통합하고 또, 행정구로 전환하겠다는 결정은 관치적 사고의 극치이다. 구역이나 계층의 통합은 무조건 좋다는 통합 마니아 식의 결정이다. 이것은 1961년 5·16 쿠데타 당시 군사정권이 지방의회를 해산하고 단체장을 임명제로 한 것을 연상하게 한다.[59]

세계 주요 대도시권의 거버넌스 구조는 매우 다양하다. 대도시권의 자치계층의 형태는 단층제의 파편화된 구조에서부터 2층제의 계층적 구조에 이르기까지 다양한 형태가 있다. 지방정부의 형태도 우리나라의 획일적인 기관대립형뿐만 아니라 의회형, 위원회형, 의회-지배인형, 주민총회형 등으로 다양하다.

지방자치는 다양성을 지향한다. 중앙의 획일적인 통치가 아니라 지역의 실정에 맞게 자치가 시행될 수 있도록 지방제도가 만들어져야 한다. 그러나 우리나라의 지방자치제도는 중앙통제가 용이한 획일적인 계층 구조로 만들어져 있다. 지방자치에서도 민주성의 논리보다

---

59) 이때부터 30여 년간 지방자치의 암흑기가 시작되었다. 하지만 이때에도 자치구의 행정구 전환 같은 지방자치단체의 지위까지는 박탈하지 않았다.

효율성의 논리가 지배적이기 때문이다.

지난 4.13 개편위의 자치구 개편안은 우리에게 대도시권의 바람직한 거버넌스와 특별시·광역시-자치구 구조에 대해 다시 한 번 생각하게 한다. Ⅱ절에서는 서구의 대도시권의 자치계층구조와 지방정부 기관 구성 형태를 비교·정리한다. Ⅲ절에서는 개편위의 자치구 통합안의 문제점을, Ⅳ절에서는 개편위의 자치구 폐지 문제를 비판적으로 고찰한다. Ⅴ절에서는 개편위의 결정의 의미와 우리 자치구제도의 발전방향을 살펴본다.

Ⅱ. 대도시권 거버넌스 형태

1. 자치 계층 구조

대도시권의 자치 계층 구조는 그 나라의 정치문화나 중앙-지방관계를 반영하고 있다. 분권화된 나라의 기초 단층구조, 기초 중심의 2층 연합구조, 집권적 문화를 가진 나라의 광역 중심의 2층 구조와 광역 단층 구조로 <그림 8-1>과 같이 유형화할 수 있다.

1) 기초 단층 구조

기초 단층 구조는 대도시권에 작은 지방정부들이 모여 있는 형태로서 대도시권 전체를 통할하는 정부가 없는 구조이다. 산업화로 도시가 커지면서 중심도시의 주변에 새로운 다수의 지방정부가 만들어져 생긴 형태이다. 이러한 대도시권은 포도송이 같은 모양으로 형상화될 수 있다.

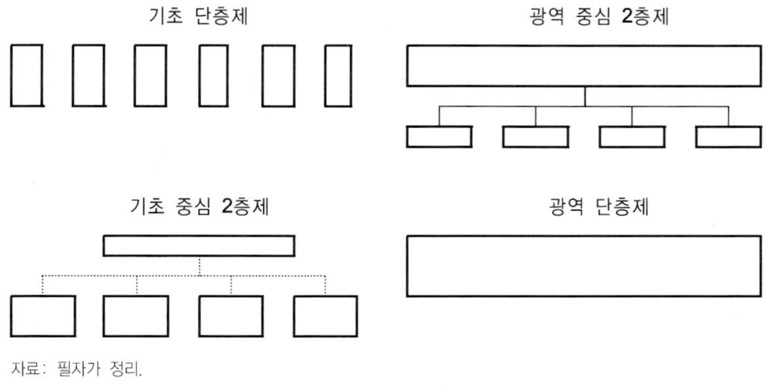

〈그림 8-1〉 대도시권 자치계층 구조

이러한 구조의 전형적인 예는 미국의 대도시권에서 찾아볼 수 있으나 유럽의 헬싱키, 노트르담, 하노버, 캐나다의 토론토(~1954), 밴쿠버 등도 그 예가 될 수 있다. 미국의 경우 대도시권이 확대되면 중심 도시 주변에 새로운 지방정부가 탄생된다. 종래의 도시 인근의 비자치지역이 법인화(incorporation)를 통해 자치단위가 된 것이다. 그 결과 대도시권에서 많은 독립된 시들이 존재하게 되는데 <표 8-1>에

〈표 8-1〉 미국의 주요 대도시권의 지방정부 수(1987년)

대도시권	인구 (백만 명)	시(Municipalities) / 타운십(Township)	평균 인구 (천 명)
New York	9.311	148	62.9
Los Angeles	8.296	84	98.8
Chicago	7.453	448	16.6
Philadelphia	4.892	353	13.8
Boston	4.230	212	19.9
Huston	3.251	80	40.6
Atlanta	2.658	109	24.4

자료: Fisher(1996), 108쪽에서 발췌 및 정리.

서 보는 바와 같이 대도시권에 100여 개 혹은 200~300여 개의 지방 정부가 난립해 있는 형태이다. 이곳의 개별 지방정부의 평균 인구는 대도시권역마다 다르나 대개 2만 명에서 10만 명 정도이다.

대도시권에 지방정부가 난립해 있는 경우 상하수도, 교통, 환경 등 대도시권의 광역적 서비스들의 효율적 제공이 어렵다는 비판이 많이 제기 되었다. 그뿐만 아니라 이런 파편화는 세계화시대에 대도시권 간의 경쟁에 불리할 뿐만 아니라 균형발전도 이루기 어렵다는 비판 이 제기되었다.

이러한 비판에도 불구하고 아직 미국 대도시권의 지배적인 구조는 파편화된 형태이다. 그 이유는 주민들이 주민에 의한 자치를 가장 중 요한 가치로 받아들여 주민이 통제하기 쉬운 작은 정부를 원하기 때 문이라 할 수 있다. 이들은 파편화된 구조를 유지하면서 광역적 문제 의 해결은 지방정부 간의 수평적 협력을 통해 해결하고 있다.

이런 대도시권의 파편화된 지방정부체제를 옹호하는 주장은 Ostrom, Tiebout and Warren(1961)이 대표적이다. 이 논문은 대도시권에 다수 정 부의 존재가 병리적이라 진단하는 것은 잘못이라 지적하고 다중심적 (polycentric) 정치체제의 효율성을 주장하였다. 이들은 권위와 계층을 대표하는 단일 대도시정부(Gargantua)보다 다수의 작은 정부가 보다 효율적이고 민주적이라고 주장하면서 지방정부 간 협력과 협상, 조정 등을 통한 대도시권 문제의 해결을 주장하고 있다. 2009년 노벨경제 학상을 받은 E. Ostrom은 수상 강연에서 <참고 8-1>과 같은 LA 대도 시권의 지방정부체제가 효율적이라는 것을 다시 한 번 역설하고 있 다(nobelprize.org). 그러나 이러한 구조는 대도시권의 지방정부 간 격차 를 방치하는 결과를 가져올 수도 있다.

미국에서 지방자치단위는 통상적으로 주(state) 의회의 승인을 거쳐 만들어진다. 주의 통치목적으로 만들어진 카운티(county) 내의 특정 지역이 지방자치가 가능하다고 하면, 그 지역을 법인화하여 자치시(municipality)로 만든다. 이러한 지역은 사람들이 많이 사는 지역으로서 보통은 시(city), 드물게는 타운(town)이다. 반면 법인화되지 못한 지역은 비자치지역(unincorporated area)이다.

캘리포니아는 한반도의 두 배가 넘는 면적에 인구 약 4천만 명이 살고 있는 지역으로 58개 카운티와 482개의 자치시가 있다.[60] 이들 중 아래 지도는 LA(Los Angeles) 카운티 지역으로 인구 천만 명 정도가 자치지역과 비자치지역에 살고 있는 미국에서 가장 큰 카운티이다.[61]

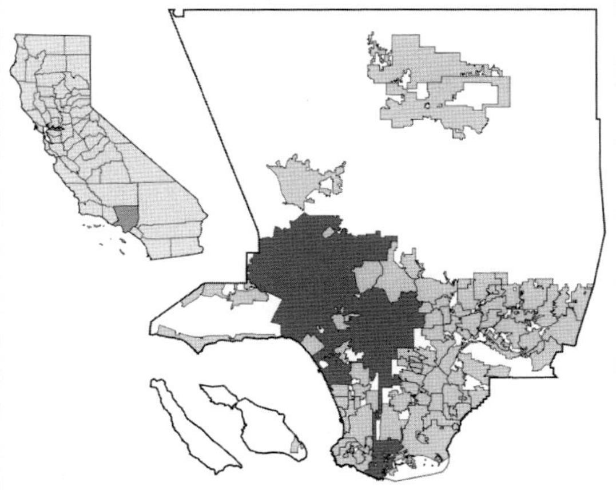

자료: Wikipedia.
주: 작은 지도는 캘리포니아 주이고, 큰 지도는 LA 카운티이며, 카운티 지역 내에서 진한 색깔로 된 지역이 자치지역이고, 가장 진한 부분이 LA 시이다.

LA 카운티에는 88개의 자치시(incorporated city)가 있는데 이 중에서 가장 큰 것이 LA(Los Angeles, 인구 380만 명)이고, 그 다음이 롱비치(Long Beach), 인구 46만 명이다. 작은 도시들도 많은데 인구 10만 명이 안 되는 도시가 72개이고, 이 중 인구 1천 명에 못 미치는 시가 3개나 된다.[62]

비자치지역은 카운티 면적의 65%나 되는데 대부분은 북부의 삼림지역으로 이곳은 인구밀도가 매우 낮은 지역이다. 하지만 주민 백만여 명이 카운티의 100여 개가 넘는 소지역에 살고 있는 것을 보면 많은 사람들이 비자치지역에 살고 있는 것을 알 수 있다.

---

60) 58개 카운티 중 샌프란시스코 카운티(샌프란시스코 시와 통합된 정부를 가지고 있음)에만 비자치지역이 없고 나머지 카운티에는 모두 비자치지역이 있다. 482개 자치지역 중 460개는 시이고 22개는 타운으로 불리는데 양자 간의 차이는 없다.

2) 기초 중심의 2층제 구조

서구에서 대도시권의 파편화된 지방정부의 문제를 해결하기 위하여 나타난 것이 2층제 구조이다. 개혁론자들은 대도시권의 해결하기 어려운 문제가 다수의 지방정부의 존재에서 유래한다고 보고 대도시권 전체의 사회경제적 비전을 제시할 통일된 리더십을 발휘할 수 있는 정부구조를 만들어야 한다고 주장하였다.

기초 중심의 2층제 구조는 기존의 기초 지방정부를 그대로 둔 채 이들의 연합체로서 새로운 정부를 만들어 광역적 업무를 담당하도록 하는 구조이다. 그 예로 가장 잘 알려진 것이 미국에서 1969년 구성된 미니애폴리스－세인트 폴(Minneapolis-St. Paul) 지역의 Twin Cities Metropolitan Council과 1970년 구성된 오리건 주 포틀랜드(Portland) 지역의 Metropolitan Service District이다.

이런 기초 중심의 2층 구조는 영국의 런던 시에서도 발견된다. 런던은 종래 기초 정부인 1개 시와 32개 바러(borough)만 있던 것이 1963년 런던광역정부(Greater London Council: GLC)가 만들어지면서 2층제 구조가 되었다. 하지만 대처수상이 이끄는 보수당정부 때인 1986년 GLC는 폐지되었다. 그러나 노동당 정부 출범 이후인 2000년 런던광역정부(Great London Authority: GLA)로 부활하여 다시 2층제 구조가 되어 현재까지 이 형태를 유지하고 있으나 그 기능은 대폭 축소되었다. 기초 중심의 2층제 구조의 문제점으로는 대도시권 전체를 관할하는 광역정부의 힘이 약하여 광역적 문제의 해결에 한계가 있다는 점이다.

---

61) 인구로 보면 미국 주들 중 7위인 오하이오(Ohio) 다음이고, GDP로 보면 세계 국가와의 비교에서 19위라고 한다.

62) 버몬(Vermon)시는 인구 100여 명으로 최근 시정부의 부패 스캔들로 자치단위 지위의 박탈(disincorporation)이 논의되고 있다(Wikipidia).

3) 광역 중심의 2층제 구조

광역자치단체 중심의 2층제 구조는 광역정부의 관할 하에 기초자치단체를 두는 구조이다. 이것의 전형적인 형태는 도시권이 확대되면서 중심시가 주변 지역을 편입한 경우에 나타난다. 중심 도시정부로의 편입으로 광역화된 지역을 효과적으로 통할하기 위하여 하위 단위의 정부를 만듦으로써 2층제 정부 구조가 된다. 이러한 구조에서는 광역정부가 큰 권한과 재원을 가지고 대도시권의 문제를 처리하고 기초는 제한적 업무만을 담당한다.

이러한 구조의 전형적인 예는 우리나라에서 찾아 볼 수 있다. 우리나라의 특별시·광역시는 도(道) 산하의 일반시이던 것이 대도시로 성장하면서 도와 대등한 지위를 가진 광역자치단체가 되었다. 그리고 그 산하에 자치구를 설치하여 광역시와 자치구 간에 수직적 분업을 하고 있다. 하지만 광역 중심의 사무배분 구조로 인해 자치구의 기능이 상대적으로 약하다. 그럼에도 불구하고 이러한 구조는 대도시에 주민과 근접하여 자치를 할 수 있어 보충성의 원칙(principle of subsidiarity)에 충실한 제도라는 측면에서 높이 평가할 만하다. 즉 자치단층제의 그 산하에는 준자치체나 행정단위밖에 둘 수 없는 것과는 달리 자치단위를 둘 수 있어 주민자치에 더 충실할 수 있다는 것이다.

4) 광역 단층구조

광역 단층구조는 광역적 규모의 수준에만 자치정부를 두는 형태로 개념적으로 기초자치단체의 지위를 공유하기도 한다. 대도시 정부의 규모가 매우 크지만 기초자치단체이기 때문에 그 산하에 준자치제나 행정구밖에 둘 수밖에 없는 구조이다. 계층적 구조가 가장 분명한 대도시권 구조이다.

광역 단층구조는 미국의 뉴욕 시, 프랑스의 파리 시, 캐나다의 토

론토 시에서 그 예를 찾아 볼 수 있다. 뉴욕시는 1898년에 주의 법으로 5개 카운티[63]를 통합하여 탄생한 도시로 각각의 카운티 지역은 준자치체로 운영되고 있다. 파리 시는 데파르트망과 코뮌의 지위를 공유하는 단위로 20개의 준자치체가 있다.

토론토 시는 1998년 종래 광역 중심 2층제를 단층제로 바꾼 것으로 산하에 6개 행정단위로 나누어 운영하고 있다. 양 지역의 공통점은 모두 상위 주 정부에 의하여 강제적으로 기초자치단위의 계층이 폐지된 것이다. 토론토의 통합 단층제에 대한 평가에서 Slack(2009)은 광역정부가 대도시권역의 지방 정부를 모두 포괄하는 진정한 광역정부가 아니라고 하였고 또, 단층제의 목표인 경비절감의 효과를 거두지 못한 반면 시의 권한이 과대해지는 부작용이 나타났다고 한다.

5) 정리

대도시권 자치 계층 구조를 정리하면 아래 <표 8-2>와 같다.

〈표 8-2〉 대도시권 자치 계층 구조

자치계층	도시 예	체제의 장·단점
기초 단층제	미국의 대부분 대도시권, 헬싱키, 노트르담, 하노버, 밴 쿠버 토론토(~ 1954), 런던(1986-1999)	주민 중심의 다중심(Poly-centric), 자발적 협력체제이나 지역 간 격차가 문제됨
기초 중심의 2층제	런던: GLC(1965~1986), GLA(2000~), 미니애폴리스－세인트 폴의 Twin Cities(1969~), 포틀랜드(오리건 주)의 MSD(1970~), 토론토(1954~1998)	주민자치제에 충실하면서 광역적 행정이 가능하지만 지역격차 해소에 미흡
광역 중심의 2층제	일본 동경(都), 한국 특별시 및 광역시	대도시권 행정과 지역격차 해소 구조이면서 주민 근접성 유지하지만 기초의 기능이 미약
광역 단층제	뉴욕 시(1898~), 파리, 베를린, 토론토(1998~)	대도시권 행정에 유리하나 주민자치가 문제, 준자치제를 두기도 함

자료: 필자가 정리.

---

63) Bronx, Kings, New York, Queens와 Richmond이다.

대도시권에 어떤 형태의 구조가 바람직한 것인가를 판단하는 것은 매우 어렵다. 런던에서 보는 바와 같이 몇몇 대도시권의 경우 파편화된 단층구조와 기초 중심의 2층 구조를 번갈아 가면서 바꾼 예도 있고, 토론토 시에서 보는 바와 같이 파편화된 단층구조에서 광역 중심의 2층 구조로 바꾼 후 다시 광역단체 중심의 단층 구조로 바꾼 것처럼 여러 구조를 실험하는 곳도 있다. 하지만 이런 실험이 성공적이라는 평가는 보기 드물다.[64]

자치구의 폐지를 <그림 8-1>로 살펴보면 광역 중심 2층제에서 광역 단층제로 형태를 전환하는 것이다. 개편위는 자치구 폐지를 합리화하고 광역 단층제의 논리상의 문제를 희석시키기 위해 특별시·광역시를 뉴욕시나 파리시와 같이 기초와 광역의 지위를 공유하는 단위로 개념화하는 것을 시도하고 있다. 그 문제점은 Ⅳ절에서 살펴본다.

2. 기관구성형태

지방정부의 구성형태는 다양하다. 의회와 집행부의 관계에서 기관통합형과 분리형으로 나누어지고 통합형은 의회형, 위원회형, 의회-지배인형, 분리형은 약시장형과 강시장형으로 나누어진다. 그 외에 주민총회형이 있다.

1) 의회형
내각책임제와 유사한 것으로 영국에서 채택되고 있는 지방정부의

---

64) 토론토의 1954년에 채택한 기초중심의 2층제가 초기에는 좋은 평가를 받았지만 결국 단층제로 형태를 변경하였다. 런던의 경우 광역정부가 도시교통 문제 해결이나 올림픽 유치 같은데 크게 기여하였다고 한다.

형태이다. 로컬 카운슬(council)은 의결기관인 동시에 집행기관으로 분과별 집행위원회나 국·과 등 보조기관을 두고 집행 기능까지 수행한다. 의장은 공식적으로 자치단체를 대내외적으로 대표하는 의전적·상징적 역할만 수행한다. 실질적인 집행은 수석집행관(chief executive)이 담당하며 자치단체의 공무원을 지휘하고, 자치단체의 운영관리에 대한 책임을 진다. 이 제도는 민의를 반영한다는 점에 장점이 있으나 시장의 리더십 등에 약점이 있어 몇몇 지방정부에서 의회형을 버리고 시장-의회 분립형제를 도입하고 있다.

2) 위원회형

주민에 의해 선출된 위원(elected commissioners) 3~7인들로 구성되는 합의제 위원회가 의결기관과 집행기관의 기능을 수행하는 형태이다. 단체장은 위원 중에서 호선하고 위원회를 대외적으로 대표하는 의례적 기능만 수행한다. 이것은 1900년 텍사스 주 갤버스턴(Galveston)에서 처음 채택되었는데 기관대립형의 갈등과 무책임, 정당정치의 폐해를 시정하기 위한 목적으로 등장하였다고 한다. 그러나 산업화에 따른 문제를 해결하는 데 필요한 신속성과 전문성이 부족하여 이러한 형태를 채택한 자치단체의 수는 점차 감소하고 있다. 위원회형은 인구 5만 명 이하의 소규모 자치단체에서 주로 채택되고 있다.

3) 의회-지배인형(council-manager form)

미국의 진보개혁운동(progressive reform movement)의 영향을 받은 제도로서 정치기능과 행정기능을 분리하여 정책결정의 민주성과 집행의 효율성을 추구하려는 제도이다. 행정학에서의 정치·행정 이원론의 주장에 따른 것으로 지방의회에서 결정된 정책을 전문 행정인(city manager)이 집행하게 하는 것이다. 지배인은 의회와의 계약에 의해 지위를 부여 받고 인사권을 포함한 집행에 대한 권한을 가지고 그에 대한 책임을 진다. 1913년 오하이오 주 데이턴(Dayton) 시에서 가장 먼저 채택된 것으로 National Municipal League(현재 National League of Cities)에서 이것을 가장 이상적인 정부형태로 제안하기도 하였다. 이 형태는 인구 1만 명~2만 5천 명 규모의 중소도시에서 주로 채택되고 있다.

4) 의회 - 시장 분립형

의회 - 시장 분립형은 약시장형과 강시장형으로 나누어진다. 약시장형(weak-mayor system)은 19세기 미국에서 집행부의 권한 남용을 막기 위한 정부형태로 나타난 것으로 의회 우월주위에 입각하고 있다. 시장은 명목상 시를 대표하며 의회 의결에 대한 거부권은 없다. 이 제도는 의회 중심의 분산된 인사권 등으로 인해 극심한 정실인사와 사적인 목적의 정치단체(political machine)에 발호의 기회를 제공하였고 집행에서의 비효율이 문제가 되어 점차 모습을 감추고 있다.

강시장형(strong-mayor system)은 시장이 행정 전반에 대해 강력한 권한을 가진 약시장제의 약점을 보완하기 위한 것이다. 시장에게 폭넓은 인사권 및 정책발의권을 부여하고 있다. 시장은 의회에 예산안과 조례안의 제출 및 조례안에 대한 거부권 행사 등 지방행정에 대한 책임과 통제권을 행사한다. 시장의 권한이 강화된 형태로 미국의 대도시에서 많이 채택하고 있다.

5) 주민 총회형(town meeting)

유권자 전원으로 구성되는 주민총회가 자치단체의 최고의사 결정기관으로 자치단체의 기본 정책, 예산, 인사 문제 등을 직접 결정하며 집행하는 형태이다. 이 형태는 직접 민주정의 형태로 스위스나 미국의 뉴잉글랜드 지역에서 찾아 볼 수 있다. 스위스의 경우 지방정부의 90% 정도가 이 제도를 채택하고 있고, 미국에서는 영국의 식민 시대부터 코네티컷·메인·뉴욕 주 등에서 이용하고 있다.

미국 지방정부의 형태 및 구성비에 대한 2003년 자료에 의하면 <표 8-3>에서 보는 바와 같이 주민 2,500명 이상인 미국의 지방정부 중 의회-지배인형이 48.2%로 가장 많고 그 다음이 기관분립형으로 42.8%이다. 주민총회형과 위원회형은 각각 4.8%와 2%에 불과하다.

〈표 8-3〉 미국 지방정부의 형태 및 구성비

구분	기관 구성 형태	구성비(%)
위원회형	주민에 의해 선출된 위원들로 구성되는 합의제 위원회(6~7인의 위원)	2
의회-지배인형	시의회(의원은 민선된 3~9인)에서 정책결정 city manager(council과 계약에 의한 지위 부여)가 집행	48.2
의회-시장 분립형	의회-시장이 각기 별도의 기관임, 시장의 권한의 강약에 따라 약시장형과 강시장형으로 구분	42.8
주민총회형	주민총회(자치단체의 유권자 전원으로 구성)가 자치단체의 최고의사 결정기관이며 집행기관임	4.8

자료: 필자가 정리.
주: 구성비는 인구 2,500명 이상인 단위임.

Ⅲ. 자치구의 분리와 통합

우리나라의 자치구는 69개로 특별시·광역시별로 서울특별시 25개, 부산 15개, 대구 7개, 인천 8개, 광주 5개, 대전 5개, 울산 4개이다.

서울특별시 인구는 1,031만 명으로 자치구 평균 인구는 41만 3천 명이고, 6개 광역시의 인구는 1,293만 명(평균 216만 명)으로 자치구의 평균 인구는 26만 4천 명이다. 인구 50만 명 이상의 자치구는 8개이고 10만 명 미만의 자치구는 5개이다. 특별시·광역시 인구의 합은 약 2,424만 명으로 총인구의 약 46%나 되므로 이들 지역은 지방자치에서 매우 중요한 지역이다.[65]

우리나라의 자치구가 이렇게 많아진 것은 산업화로 인해 도시화가 진행되면서 발생하는 대도시권의 문제를 해결하기 위해 인근지역을 편입해 왔기 때문이다. 도시의 규모 확대로 대도시의 업무가 기하급수적으로 증가하여 대도시 본청에서 이를 모두 감당하기 어려워지게 됨에 따라 상하 간의 분업 형태로 하위 단위로서 구(자치구 및 행정구)를 설치하였던 것이다. 이것은 종래 군지역의 경우 읍의 인구가 5만 명 이상이 되고 도시의 형태를 갖추면 시로 승격시켜 새로운 자치단위로 만들고, 시·군을 대등한 지위에 두는 것과는 매우 다른 방식이다.

1. 자치구의 분구

대도시의 규모가 계속 확대됨에 따라 기존의 자치구를 나누는 분구가 계속되어 왔다. 대체로 특별시의 경우 주민 70만 명, 광역시의 경우 주민 50만 명이 넘는 자치구를 분구의 대상으로 삼아 왔다. 주민 30만 명 정도를 대체적으로 자치구의 적정 규모로 보고 있다고 할 수 있는 부분이다.

우리나라의 자치구는 대도시권의 인구 급증으로 지속적인 분할이 이

---

65) 수도권(서울특별시, 인천광역시, 경기도)의 인구는 약 2,543만 명으로 전체 인구의 49.4%에 달한다.

루어졌다. 서울특별시의 경우 1943년 구제 실시 당시 7개 구로 출발하였고, 1988년 자치구로의 전환 당시에는 17개이던 것이 2012년 현재 25개 구가 되었다. 광역시를 포함하여 자치구 전체로 보면 1988년에 56개이던 것이 2012년에는 69개이다.

1995년 전국적인 구역개편이 이루어질 당시 과대한 자치구의 분구가 있었다. <표 8-4>에서 보는 바와 같이 서울의 3개 지역, 부산의 3개 지역, 인천의 2개 지역, 그리고 광주의 1개 지역에서 분구가 이루어져 전국적으로 9개의 자치구가 늘어났다. 2000년대에 들어와서 대구의 달서구(2002년 당시 59만 9천 644명) 등에서 분구의 논의가 있었지만 이루어지지는 못하였다.

〈표 8-4〉 자치구 분구(1995년)

	원래 구(인구 천 명)	분 구(인구 천 명)	
서울	성동구(758)	성동(350)	광진(408)
	도봉구(783)	도봉(370)	강북(413)
	구로구(709)	금천(305)	구로(403)
부산	동래구(578)	동래(323)	연제(255)
	남구(533)	남구(324)	수영(209)
	북구(553)	북구(248)	사상(305)
인천	북구(750)	계양(235)	부평(497)
	남구(593)	연수(158)	남구(435)
광주	서구(457)	남구(252)	서구(205)

자료: 내무부(1995), 『행정구역개편 백서(1994-1995)』, 192-193쪽.

2. 자치구의 통합

우리나라의 대도시권도 그 규모가 커짐에 따라 교외화 현상이 크게 나타나고 있다. 대도시 전체로는 인구가 증가하지만 도심지역의 경우 인구가 감소하는 현상이 현저히 나타난 것이다. 이에 따라 도심의 자치구 인구는 크게 감소한 반면 주변 신개발지역의 자치구 인구는 크게 증가하였다.

〈참고 8-2〉 자치구 현황

○ 자치구 인구 현황(단위: 개)

구 분	5만 미만	10만 미만	20만 미만	30만 미만	40만 미만	50만 미만	60만 미만	70만 미만
계(69)	1	4	10	15	16	15	5	3

※ 최소: 부산 중구(48천명), 최대: 서울 송파(682천명).
* 격차 14배

○ 자치구 면적 현황(단위: 개)

구 분	10㎢ 미만	50㎢ 미만	100㎢ 미만	150㎢ 미만	200㎢ 미만	250㎢ 미만
계(69)	5	44	11	4	4	1

※ 최소: 부산 중구(3㎢), 최대: 광주 광산(223㎢)
* 격차 74배

○ 자치구(평균 328천명)와 일반구(평균 291천명) 인구 비교(단위: 개)

구 분	5만 미만	10만 미만	20만 미만	30만 미만	40만 미만	50만 미만	60만 미만	70만 미만
자치구 (69)	1	4	10	15	16	15	5	3
일반구 (33)	-	-	3	18	9	3	-	-

※ 일반구 평균 인구 이하 자치구: 28개
자료: 지방행정체제개편추진위원회(2012), 「특별·광역시 자치구·군 지위 및 기능개편안」, 22쪽.

　　주민의 이주에 따라 인구가 적어진 자치구의 통합이 2000년대 초반 부산이나 대구에서 논의되었지만 실현되지 못하였다. 이런 가운데 개편위는 소규모 자치구에 대한 통합을 추진하고 있지만 통합신청을 한 자치구는 2012년 4월 현재 전무한 상태이다. 통합신청이 없는 상

황에서 개편위는 강제적인 통합(안)을 내놓고 있다.

1) 통합안

개편위의 자치구 통합 기준을 보면 인구와 면적이다. 인구와 면적을 기준으로 작은 자치구를 가려내어 통합을 추진한다는 것이다. 구체적으로 인구와 면적이 해당 특별시·광역시 자치구 평균의 50% 이하인 자치구를 과소 자치구로 규정하고 통합 대상으로 고려하고 있다. 자치구 평균의 50% 기준에 따라 과소 자치구에 해당되는 자치구는 아래 <참고 8-3>과 같다.

〈참고 8-3〉 통합 대상 자치구

구분	인구 또는 면적이 해당 특·광역시 평균의 50% 이하		
	(A안) 통합 할 경우 인구 및 면적이 자치구 평균 이하	(B안) 통합 할 경우 인구 또는 면적이 자치구 평균 이하	(C안) 통합 할 경우 인구가 평균 이하
계(총 69개)	4개	10개	8개
서울(25개) (평균 : 410천명, 24㎢) (50% : 205천명, 12㎢))	-	중구(133천명, 10㎢)+ 종로(168천명, 24㎢) = 통합(301천명/ 34㎢)	중구(133천명, 10㎢)+ 종로(168천명, 24㎢) = 통합(301천명/ 34㎢)
부산(15개) (평균 : 230천명, 37㎢) (50% : 115천명, 19㎢)	중구(49천명, 3㎢)+ 동구(100천명, 10㎢) = 통합(149천명/ 13㎢)	중구(49천명, 3㎢)+ 동구(100천명, 10㎢) = 통합(149천명/ 13㎢) 수영(177천명, 10㎢)+ 연제(213천명, 12㎢) = 통합(390천명/ 22㎢)	중구(49천명, 3㎢)+ 동구(100천명, 10㎢) = 통합(149천명/ 13㎢)
대구(7개) (평균 : 332천명, 65㎢) (50% : 166천명, 33㎢)	중구(76천명, 7㎢)+ 남구(169천명, 17㎢) = 통합(245천명/ 24㎢)	중구(76천명, 7㎢)+ 남구(169천명, 17㎢) = 통합(245천명/ 24㎢)	중구(76천명, 7㎢)+ 남구(169천명, 17㎢) = 통합(245천명/ 24㎢)
인천(8개) (평균 : 339천명, 56㎢) (50% : 170천명, 28㎢)	-	동구(79천명, 7㎢)+ 중구(94천명, 123km) = 통합(172천명/ 130km)	동구(79천명, 7㎢)+ 중구(94천명, 123km) = 통합(172천명/ 130km)

자료: 지방행정체 개편추진위원회(2012), 『특별·광역시 자치구·군 지위 및 기능개편안』, 6쪽.

2) 통합안 비판

(1) 과대한 자치구 규모

인구나 면적에 따른 개편 기준은 일면 타당한 것으로 보일 수도 있다. 하지만 우리나라 자치구의 평균 인구는 <표 3-1>에서 정리된 바와 같이 세계에서 그 예를 찾아보기 어려울 정도로 많다. 평균 인구는 특별시 자치구가 41만 3천 명이고, 광역시 자치구 및 군의 평균 인구는 26만 4천 명이다. 인구가 가장 작은 부산시 중구(4만 9천 명)도 종래 읍의 시 승격 기준 인구와 비슷하다.

앞에서 본 바와 같이 플라톤(Plato)은 공화국(Republic)에서 도시의 이상적인 시민의 숫자를 7! 즉 5,040명이라 하였는데 이 숫자는 가장만을 의미하는 것으로, 가족 구성원을 모두 합친 주민은 2만 5천~3만 명이다. Dahl(1967)은 미국 도시의 경우 인구 5만~20만 명 사이가 최적규모라 하였다. 미국 대도시권 지방정부의 평균 인구는 <표 8-1>에서 보는 바와 같이 2만 명에서 10만 명 사이에 불과하다.

(2) 대등한 규모라는 단일 기준

다음으로 개편의 기준은 '대등한 규모'라는 단 하나밖에 없다. 개편의 기준으로 일반적으로 제시되는 공동사회, 주민 접근성, 행정량에 대한 아무런 고찰이 없다. 단지 강조하는 것은 인구 편차인데 주민 숫자가 최소지역인 부산 중구(4만 8천 명)와 최대지역인 서울 송파(68만 2천 명) 간에는 그 격차가 14배라는 것이다. 하지만 시·군 간의 격차에 비하면 아무것도 아니다. 주민 수에서 경기도 수원시(108만 8천 489명)와 경북도 울릉군(1만 742명) 간에는 100배 이상의 차이가 있다.

(3) 상징성이나 유동 인구 무시

또 통합대상 지역은 도심 공동화 현상에 따라 주민등록 인구가 줄어든 지역이다. 그러나 이 지역은 서울의 중구나 종로, 부산, 대구, 인천의 중구와 같이 상징성이 높은 중심업무지구(central business district: CBD)이고 공공기관이나 기업이 입지해 있어 행정량이 많은 지역이다. 이 때문에 유동인구가 많은 지역으로 주소지를 둔 주민보다 유동인구가 몇 배나 되는 곳이다. 이런 사실을 무시하고 단순히 인구나 면적만을 가지고 통합의 기준으로 삼는 것은 타당하지 못하다.

이러한 문제점을 무시하고 개편위 본회의(2012.4.13)에서는 위 표의 A, B, C안 중 가장 많은 지역이 통합 대상(10개)이 되는 B안을 채택하였다. 이 안에 대해서는 22명의 위원 중 8명 찬성의 종다수로 결정하였다고 한다.

Ⅳ. 자치구 폐지의 문제

1. 개편안의 논거

개편위의 자치구 개편 필요성은 <참고 8-4>에 정리되어 있다. 현행 2층제 자치구조에서 자치구는 주민서비스와 대도시 경쟁력 측면에서 취약할 뿐만 아니라 제도적 기반도 취약하며 행정운영상의 비효율도 크다는 것이다.

〈참고 8-4〉 자치구 개편 필요성

□ 주민서비스 측면
  ○ 재정자립도의 격차 등에 의한 대주민 서비스 및 복지의 불균형
  ○ 생활권과 행정권 괴리로 인한 주민 불편
□ 대도시 경쟁력 측면
  ○ 산업시설 조성, 지역개발사업 추진 등 각종 인허가 사안에 대하여 시와 구의 입장
    이 다른 경우 사업 지연으로 인해 막대한 사업차질과 손실 초래(토론회 자료)
  ○ 외국 대도시의 경우 대부분이 행정구이거나 일부에서 준자치구 형태로 운영되며,
    수도를 제외한 기타 대도시에서 우리나라의 광역시처럼 하나의 도시 내에 법인격
    이 있는 자치구를 운영하는 사례는 없음
□ 제도적 기반 측면
  ○ 자치구는 1988년부터 기초지방자치단체의 지위를 확보하여 시군과는 달리 역사성
    이 일천하고 자치구민들은 구민으로서의 의식보다는 특별·광역 시민으로서의 소
    속감이 더 큰 실정임
  ○ 특별·광역시 주민의 생활권은 여러 자치구에 걸쳐 있으므로 각각의 자치구는 지
    방자치단체의 존립기반인 자족적 생활권을 형성하지 못하고 시의 일부분으로서의
    기능을 수행함
  ○ 자치구는 대도시 행정의 통일성 등을 위하여 시·군과는 달리 한정된 자치사무를
    수행하고 있음
□ 행정 운영 측면
  ○ 시 종합계획의 집행과정에서 자치구·군의 반발 등으로 종합행정 저해
  ○ 동일생활권임에도 지역문화복지시설, 문예회관 등 과다설치 운영
  ○ 행정운영 경비 과다 등 행정의 비효율 초래

자료: 지방행정체제개편추진위원회(2012), 「특별·광역시 자치구·군 지위 및 기능개편안」, 3-4쪽.

그리고 현행 자치구체제의 문제점으로 자치구가 기초자치단체로서의 지위를 가지고 있다는 것, 기초자치단체이지만 시·군에 비해 낮은 수준의 자치권 밖에 가지지 못하고 있다는 것, 재정자립도의 격차로 인한 서비스 및 복지의 불균형이 심하다는 것 등을 들고 있다.

개편위는 자치구 개편안으로 특별법의 목적·취지에 의한 논리적 추론, 선행연구, 외국사례 등을 감안하여 <참고 8-5>에서 보는 바와 같은 4가지 대안을 제시하였다. 그리고 개편위는 4개 대안 중 행정구안을 제1안으로 채택하고 있다.

┌───┐
〈참고 8-5〉 개편안의 장·단점

① 현행존치·기능조정안

- 현행 자치구의 형태를 유지하되 시와 구간 기능조정
  • (장점) 현행 자치구 제도 유지로 제도 개편에 따른 혼란 최소화
  • (단점) 시-구간 갈등 존속 및 대도시의 종합적 정책 추진 저해

② 의회구성·구청장임명안

- 직선단체장을 두지 않고(구청장은 임명) 구의회를 구성하며 구에 자치권을 부여
  • (장점) 시-구간 갈등 일부 감소 및 단체장 선거비용 절감
  • (단점) 임명 구청장과 구의회간 갈등으로 인한 행정효율 저해

③ 구청장선출·의회미구성안

- 지방의회가 구성되지 않고 구청장만 직선하는 형태이며, 일부 자치적 기능(자치
  사무처리권)을 수행
  • (장점) 시-구 일체성으로 인한 대도시 경쟁력 강화, 의회유지비용 절감
  • (단점) 구청장에 대한 견제 기능 부족 가능성

④ 행정구안

- 지방의회가 구성되지 않고 구청장은 시장이 임명하는 형태
  • (장점) 구간 격차 완화와 균형발전 확보, 행정의 효율성 확보 및 행정비용 절
    감, 생활권과 서비스권 일치를 통한 외부효과 최소화
  • (단점) 시장의 정치적 위상 비대화 및 주민 참여 약화 우려

자료: 지방행정체제개편추진위원회(2012), 「특별·광역시 자치구·군 지위 및 기능개편안」, 5쪽.
└───┘

2. 개편안에 대한 비판

개편안은 현 체제를 부정하고 반드시 개편해야 한다는 전제하에
마련된 것이 보인다.[66] 그러하다보니 개편의 필요성, 문제점의 진단
및 대안의 선택 등에서 심각한 문제점을 지니고 있다.

1) 개편 필요성에 대한 비판

개편위의 개편 필요성과 그 처방은 서로 맞지 않는다. 개편의 필요

---

66) 자치구 폐지(준자치구와 행정구 안)는 17대 국회에서 논의되었고 18대 국회의 지방행정체제개편 관련 법
   안 8개 중 6개에 포함되어 있다.

성으로 제기된 것 대부분이 행정구로의 전환이 아니라 다른 방법으로 해결되는 문제이기 때문이다. <표 8-5>에서 보는 바와 같이 주민 서비스 측면의 문제점으로 자치구 간의 불균형은 본청-자치구 간 재정조정으로 해결되는 문제이고 생활권과 행정권 간의 괴리는 자치구 간의 경계조정으로 해결되는 문제이다.

〈표 8-5〉 개편의 필요성과 처방

개편 필요성		바른 처방	반론
주민 서비스	자치구 간 불균형	본청-자치구 간 재정조정	
	생활권과 행정권 괴리	자치구 간 경계조정	
대도시 경쟁력	시와 구의 다른 입장	입장 조율	
	외국은 대부분 행정구, 일부 준자치구	-	사실 왜곡
제도적 기반	역사 일천, 소속감 없음	-	새로 생기는 자치단체도 있음
	자족적 생활권이 아님	-	대도시권에 자족적인 기초자치단체는 희소함
	한정된 자치사무	자치구 권한 확대	
행정 운영	종합성 저해	시정부 기능 강화	
	시설 과다 설치	해당 자치구에 페널티 적용	
	행정 운영 경비 과다	기관대립형 구조 개편	의회비 비중(자치구 일반회계) 특별시 1.06%, 광역시: 0.59%

자료: 필자가 정리.

대도시 경쟁력의 문제에서 시와 자치구 간의 다른 입장은 상호간의 의사를 존중하는 방식으로 해결될 문제이지 시가 일방적으로 강제할 문제는 아니며, 외국의 대도시는 행정구나 준자치구를 운영하고 있다는 것은 다음 절에서 보는 바와 같이 심각한 사실의 왜곡이다.

제도적 기반으로 자치구의 역사가 일천하고 소속감이 없다는 주장은 새로이 형성되는 지역은 자치단위가 될 수 없다는 논리로 맞지 않고, 자족적 생활권이 아니므로 자치단위로서 문제가 있다는 주장은 현실적으로 자족적인 기초자치단체는 희소하다는 사실을 무시하고 있으며, 자치구의 사무가 한정되어 있어 문제라는 주장은 자치구의 권한 확대로 해결될 문제이다.

행정운영에서 종합성의 저해 문제는 시정부의 기능강화의 방법으로 해결할 수 있고, 자치구의 시설 과다 설치는 해당 자치구에 여러 페널티를 적용해 상당 부분 해소할 수 있으며, 행정 운영 경비의 과다는 그 기준이 분명하지 않다. 자치구 일반회계 중 의회비는 10억~20억 사이로 그 비중은 특별시는 1.06%, 광역시는 0.59%에 불과하다.[67]

현행 자치구체제의 문제점으로 지적하고 있는 자치구의 권한 문제와 재정적인 문제도 행정구안이 아니라 시정부와 자치구 간의 권한 조정문제로 해결될 수 있는 것이다.[68] 사실 우리나라의 자치구가 취약한 것은 <그림 8-1>에서 본 광역 중심 2층제의 자치제도에 기인하고 있다. 권한이나 재원의 배분이 광역 중심으로 되어 있기 때문이다. 단적인 예로 지방세 세목 11개 중 자치구세는 두 개밖에 없고 나머지는 모두 시세이다.[69]

2) 외국 사례에 대한 편향성

개편안에서 "해외 대도시 구는 대부분이 행정구이거나, 일부에서 준자치구 형태로 운영하고 있고 일부 수도의 경우 수도 자체에 대한

---

67) 개편위 자료에서 계산한 수치로 의회비에는 의정활동비, 월정수당, 여비와 의회사무기구 운영비(인건비, 경상비 등)가 포함되어 있다.

68) 행정안전부는 종래 취득세로 한정됐던 조정교부금이 앞으로는 취득세를 포함해 레저세, 담배소비세, 지방소비세, 자동차세, 주민세, 지방소득세 등 보통세로 확대되는 '지방자치법 시행령 중 일부 개정령안'을 2012년 3월 입법예고하고, 향후 국무회의 의결을 거쳐 2013년 1월 1일부터 시행할 예정이라 한다.

69) 도와 시·군 간에는 도세가 6개 세목, 시·군세가 5개 세목이다.

특권적 지위를 인정하여 자치구를 설치하고 있으나(도쿄, 런던) 수도를 제외한 기타 대도시에서 우리나라의 광역시처럼 하나의 도시 내에 법인격이 있는 자치구를 운영하는 사례는 없다"라고 되어 있다.

하지만 Ⅱ절에서 본 바와 같이 서구 대도시권의 경우 광역정부가 없는 경우가 대부분이다. 단층제로 파편화되어 있는 것이다. 또 외국 대도시 사례의 제시도 매우 편향되어 있고, 런던, 파리 베를린 등 수도에 대한 사례를 광역시에도 맞는 것처럼 내놓고 있다. 런던 시의 경우 GLA는 권한이 별로 없는 반면 자치구들이 실제 큰 권한을 갖고 있는데, 개편안에서는 그 반대의 경우로 보이도록 왜곡하고 있다.

〈참고 8-6〉 해외 대도시 중 자치구 및 준자치구 운영 사례

구분	미국(뉴욕)	프랑스(파리)	독일(베를린)	영국(런던)	일본(도쿄)
인구	818만 명	217만 명	343만 명	762만 명	897만 명
면적	1214㎢	105㎢	892㎢	1577㎢	622㎢
시 지위	5개 카운티로 구성된 광역지자체	중간지자체(데파르트망)와 기초지자체(코뮌)의 지위 공유	도시주로서, 주와 광역, 기초지자체의 지위를 모두 공유	공공교통, 지역계획, 경찰, 소방 등 광역행정을 기획·조정하는 광역자치단체	구의 사무 일부를 직접 처리하는 광역자치단체
구 지위	준지방 자치단체	준지방 자치단체	준지방 자치단체	지방자치단체	지방자치단체
구 자치권	없음	없음	없음	있음	있음
구 기관 선출방법 -구청장 -구의회	- 구청장 직선 - 구의회 없음 (시의원이 해당 구역 구정협의회 위원 겸직)	- 구청장은 구의원 중 선출 - 구의회 직선 (구의원 중 일부가 시의원 겸직) ※ 유사 도시 : 리옹, 마르세유	- 구청장은 구의원 중 선출 - 구의회 직선 ※ 유사 도시 : 브레멘, 함부르크	- 구청장은 의원 중(29) 혹은 직선(3)선출 - 구의회 직선	- 구청장직선 - 구의회직선
구의 수	5구	20구	12구	1시 32구	23구

자료: 지방행정체제개편추진위원회(2012), 「특별·광역시 자치구·군 지위 및 기능개편안」, 9쪽.

자치구의 행정구로의 전환과 관련된 해외 사례로는 Ⅱ절 1항에서 살펴본 토론토가 가장 적합할 것이다. 토론토는 대도시권 거버넌스의 실험장으로 기초 단층제, 기초 중심 2층제의 계층 구조를 경험한 적이 있고 1998년 이후 광역 단층제를 채택하고 있기 때문이다. 그러나 개편안에서 이에 대한 검토는 찾아보기 어렵다.

더 큰 문제는 대도시의 자치 계층구조에 대한 오해이다. 뉴욕, 파리나 베를린은 기초자치단체의 지위를 가지고 있다. 기초자치단체이지만 파리는 중간지자체(데파르트망)와 기초지자체(코뮌)의 지위를 공유하고 있고, 베를린은 도시주로서, 주와 광역의 지위를 공유하고 있다. 이런 구조에서는 논리적으로 자치 단층제가 될 수밖에 없다. 시 산하에 준자치구나 행정구를 둘 수밖에 없는 구조이다.

특별시·광역시 제도는 우리나라에 독특한 것으로 논리적으로 자치 2층제를 할 수 있는 구조이다. 특별시·광역시를 광역단위로 함으로써 그 구역 안에 기초단위를 둘 수 있도록 한 매우 창의적인 제도이다. 이것을 알지 못하고 외국의 '절름발이' 자치제도인 준자치구나 행정구가 좋은 것 같이 제시하는 것은 이해하기 어렵다. 더구나 자치구 폐지를 합리화하고 광역 단층제의 논리상의 문제를 희석시키기 위해 특별시·광역시를 뉴욕 시나 파리 시와 같이 기초와 광역의 지위를 공유하는 단위로 개념화하려는 어리석음을 범하고 있다.

3) 최적 대안의 선택에 대한 비판

개편안은 4개의 대안에 대해 5개 영역 15개 평가지표와 28개 세부평가지표로 평가하고 있다. 그러나 지방정부 구조와 직접적으로 관련된 지표는 찾아보기 어렵다. 비록 관련이 있다하여도 측정이 불가능한 것이 대부분이다. 그럼에도 불구하고 <참고 8-7>에서 보는 바와 같이 측정 분야 간에 비중을 정하여 4개 대안 간에 점수를 매겨 순위를 정하고 있다.

<참고 8-7> 주요평가지표의 기대효과 추정

개편대안 영 역	①현행존치 · 기능조정안	②의회구성 · 구청장임명안	③구청장선출 · 의회미구성안	④행정구안
주민생활에 미치는 효과 영역	1.03	0.98	1.01	1.01
행정서비스 제공 측면에 미치는 효과 영역	1.11	1.05	1.16	1.25
지역사회에 미치는 효과 영역	1.13	0.95	1.13	1.38
정부간 관계에 미치는 효과 영역	1.08	1	1.4	1.67
수도로서의 특수한 영역	1.03	1	1.25	1.4

자료: 지방행정체제개편추진위원회(2012), 「특별·광역시 자치구·군 지위 및 기능개편안」, 6쪽.

현 체제는 20년 혹은 15년 넘게 경험해 본 것이라 평가가 어느 정도 객관적으로 이루어 질 수 있으나 다른 3개 안은 경험해 보지도 못한 것이어서 평가가 쉽지 않다. 4개 안에 대한 평가는 <참고 8-5>에서 본 바와 같이 장단점 평가 정도가 가능한 수준이다. 그럼에도 불구하고 이것을 엄밀한 수치로 계량화한다는 것은 안 자체를 특정 목적에 맞추기 위한 것이라고 볼 수밖에 없다.

4) 불충분한 대안 검토

개편안은 지방정부의 형태를 집행부와 의회가 대립되는 기관대립형 정부 구조를 전제로 단체장의 주민직선─임명, 의회의 구성─미구성의 네 가지 조합만을 고려하고 있다. 그러나 이것 외에도 지방정부의 구성 방법은 매우 다양하고 기관대립형 외에도 위원회형, 의회-지배인형 등이 있다.

서울신문 2012년 4월 16일자 기사에 의하면 정부는 각 지자체의 규모·면적·생활여건 등 특성에 맞게 단체장과 의회의 권한에 차이를 두는 지방자치 다양화 방안을 검토하고 있다고 한다. 정부가 검토 중인 모델은 ① 지방의회에서 행정전문가를 선임해 인사·예산권을 가진 책임행정관으로 임명하는 의회-지배인형, ② 입법권과 집행권을 동시에 가지는 5~9명으로 구성된 자치위원회를 구성하는 위원회형, ③ 시장은 그대로 두되 권한 일부를 의회에 넘기는 약시장형 등이다. 그리고 주민들은 해당 지역의 자치 형태를 투표 등을 통해 자율적으로 선택할 수 있도록 한다는 것이다.

이러한 안은 현재 획일적인 지방정부의 구성형태를 다양화하는 것으로 환영할 만하다. 우리나라의 소규모 자치단체의 경우 기관대립형보다 위원회형이나 의회-지배인형이 더 적합할 수 있기 때문이다. 개편안은 이러한 대안들을 무시하고 있는 것이다.

3. 우리의 경험 무시

1) 단층제 경험 무시

우리나라의 광역단체 중에는 제주특별자치도가 유일하게 자치 단층제를 채택하고 있다. 2006년 7월 1일 출범한 제주특별자치도는 광역에서만 자치를 하고 있다. 종래 기초자치단체인 4개 시·군을 폐지하는 대신 2개의 행정시를 두는 구조를 택하였다. 그러나 최근 기초자치단체 부활의 움직임을 보이고 있다.

우근민 제주지사는 2010년 6월 지방선거 때 기초자치권이 없어져
주민 참여가 제한되면서 민－관 갈등이 커졌다며 기초자치권 부활을
공약했었다. 이에 따라 제주도는 2012년 4월 현재 행정체제개편위원
회를 구성하고 기초 자치권 부활을 전제로 한 행정체제 개편 논의를
진행하고 있다.

제주도의 인구는 56만 7천 명으로 몇몇 자치구보다 적고, 면적은
1,849㎢으로 특별시나 광역시의 2~3배 정도의 지역이다. 이곳에서도
단층제 자치구조가 문제점이 많다는 사실을 자치구 폐지에 앞서 충
분히 감안해야 할 것이다.

2) 행정구의 경험 무시

현재 우리나라는 인구 50만 명 이상의 대도시에 행정구를 둘 수 있
다.[70] 이에 따라 2012년 현재 전국에 33개의 행정구가 (설치되어) 있
다. 「행정구역 조정업무 처리에 관한 규칙」 제7조 제1항에 의하면
'구가 설치된 시로서 기존의 행정체제로는 행정수요를 감당하기 어
렵고 구를 나눈 후 구당 평균 인구가 20만 명 이상이 되는 경우'를 행
정구 설치의 원칙으로 하고 있다.

행정구가 우리나라 대도시의 바람직한 모델이 되고 벤치마킹의 대
상이 되기 어렵다. 시의 고위관료들이 돌아가며 구청장을 하고 주민들
의 고충을 들어줄 구의원이 없는 것이 바람직하지 못하기 때문이다.

행정구는 단순한 수직적 행정적 분업의 단위로 종래 주목을 받지
못하였고 이에 대한 연구나 평가는 아직 찾아보기 어려운 것 같다.

---

70) 인구 50만 이상 시는 수원, 창원, 성남, 고양, 부천, 안산, 안양, 용인, 남양주, 청주, 천안, 전주, 포항으로
13개이다.

V. 맺음말

  세계 여러 나라의 대도시권의 지방정부 체제는 매우 다양하다. 우리나라의 경우는 광역중심의 2층제이면서 평균인구가 30만 명이나 되는 큰 규모로 매우 잘 정비되어 있다. 관치시대에는 효율성 중심으로 구제를 운영하였고, 자치구로 된 이후 단체장이 민선되고 의회가 구성되었지만 여전히 효율성 중심으로 운영되고 있다. 우리의 대도시권에 부족한 것은 효율성이 아니라 민주성이고, 민주성의 결핍을 보완하는 것이 우리의 과제이다.

  그러나 현재 개편위에서 추구하는 것은 이와는 정 반대의 방향이다. 인구 30만 명이나 되는 지방정부에 자치구를 두는 것도 비효율적이라 여기고 행정구로 전환하는 것을 추진하고 있다. 반면 민주성이라는 가치를 증대하기 위한 노력은 형식에 그치고 있다.

  모든 제도에 장단점이 있기 마련인데 개편안은 현행 자치구제의 장점을 무시하고 단점을 부각시키면서 개편의 필요성을 제기한다. 대안의 장점만 내세우고 단점을 덮어버리면서 대안의 불가피성을 내세운다. 이런 주장은 중립적인 것이 아니다. 이런 주장의 이면에는 우리의 자치를 후퇴시켜 덕을 보려는 보이지 않는 검은 손을 의심할 수밖에 없다.

  지방자치제도 개편은 정치적인 성격을 가진 것으로 위너(winner)와 루저(loser)가 있기 마련이다. 행정구제로 자치구가 폐지되면 누가 위너가 되고 누가 루저가 될 것이며 우리나라 지방자치에 어떤 의미가 있을 것인가?

  자치구가 폐지되고 구청장이 임명제로 전환된다면 우선 광역시장의 권한이 크게 강화될 것이다. 또 지방 고위 관료들은 구청장직을 맡을 수 있게 되어 승진의 폭이 크게 확대될 것이다. 국회의원들의 경우 그들의 잠재적인 경쟁자 대신 협조적인 관료들을 그들의 지역구에 배치할 수 있을 것이다.

반면 행정구로 전환되면 대도시의 지방정치인의 숫자는 대폭 감소할 것이다. 구청장이나 구의원을 지망하는 사람들은 뜻을 접어야 할 것이다. 주민들의 대도시행정에 대한 참여나 통제의 기회는 크게 제약될 것이다. 수백만의 대도시에서 그들을 대표하는 사람들이 대폭 줄어들 것이다. 평균인구 30만 명이나 되는 자치구에 지방의회를 두고 민선구청장을 두는 것이 그렇게 사치스러운 일인지 생각해 볼 문제이다.

자치구는 1988년 민주화의 물결 속에서 태어난 자치단위이다. 자치구의 인구 합은 23,235천 명으로 총인구의 46% 정도가 살고 있는 지역으로 지방자치에서 매우 중요하다. 이런 지역에 자치구를 폐지하고 행정구제로 전환하자는 것은 관치시대로 돌아가자는 것이다. 군사정권 때의 지방자치 암흑시대의 제도로 회귀하자는 것이다.

지방자치는 풀뿌리 민주주의(grass-root democracy)를 지향한다. 엘리트가 아닌 보통 사람들도 대표가 될 수 있는 기회를 부여하는 것이 지방자치이다. 개편안대로 되면 69개의 구청장 자리와 970개의 의원 자리는 없어진다. 그만큼 서민들에게 지방정치 문턱이 높아진다.

우리나라에서 지방자치를 후퇴시키려는 시도가 이번이 처음이 아니다. 단체장 민선 5년이 지난 2000년에도 이런 시도가 있었다. 단체장 민선으로 선심성 행정, 난개발, 지방부채의 증가 등의 폐해를 막기 위해서는 기초단체장 임명제와 부단체장을 국가직으로 해야 한다는 것이었다.[71] 그러나 이런 움직임에 맞서 2001~2002년에 지방분권화 운동이 일어났고, 지방분권을 국정의 최우선 순위로 두는 대통령의 당선으로 관치시대로 회귀하려는 움직임은 힘을 잃었다.

지금 상황이 10여 년 전과 상당히 비슷하다. 하지만 상황이 더 악화된 것은 관치시대로 회귀하려는 세력은 공식적 정부조직으로 조직화되어 있는데 비해 분권형 헌법 개정 운동이나 지방분권운동은 아직 힘을 결집하지 못한 것 같다. 관치시대로 회귀하려는 세력에 맞서 지방자치를 수호하려는 노력이 배가되어야 할 것이다.

우리의 특별시·광역시 제도는 창의적인 제도로 논리적으로 자치2층제를 할 수 있는 구조이다. 이에 따라 주민과 근접한 자치단위로 보충성의 원칙에 충실하게 자치구가 설치되어 있다. 이런 사실을 무시하고 외국의 자치단층제 나라에서 편법으로 도입한 '절름발이' 자치제도인 준자치구를 도입하거나 행정구로 전환하려는 것은 우리 스스로가 우리의 것을 너무 모르는 것이다. 더구나 개편위가 특별시·광역시를 '기초·광역 자치단체 지위를 동시에 보유'하게 한다는 주장은 터무니가 없다. 우리의 모델을 자랑스럽게 생각하고 발전시켜 한국적 모델로서 전 세계에 전파하는 노력이 있어야 할 것이다. 이런 견지에서 볼 때 우리의 과제는 자치구의 폐지가 아니라 우리 자치구에 적합한 정부형태(예: 의회-지배인형) 도입을 검토하는 것이다.

---

71) 2000년 12월 27일 「지방자치에 개선에 관한 국민 대토론회」가 한국지방자치학회와 지방행정연구원 주최로 개최된 적이 있었다.

〈주요 참고문헌〉

지방행정체제개편추진위원회 관련 회의자료(2012.4.13).

Fisher, Ronald C.(1996). *State and Local Public Finance* 2nd ed. London: Scott, Foresman and Co.

Miller, David Y.(2002). *The Regional Governance of Metropolitan Area.* Westview Press.

Ostrom, Vincent, Charles Tiebout, and Robert Warren(1961). The Organization of Government in Metropolitan Areas: A Theoretical Inquiry. *American Political Science Review* 55: 831-842.

Slack, Enid(2009). Governing Metropolitan Areas: An International Perspective on Single-Tier Cities. (http://www.utoronto.ca/mcis/imfg/Powerpoints/).

제9장 광역 구역의 개편 방향[72]

광역자치단체의 개편과 관련하여 두 가지 크게 상반된 주장이 있다. 하나는 시·군을 통합하여 광역화하는 대신 도를 폐지하자는 주장이고, 다른 하나는 광역시와 도를 통합하여 도의 지위를 강화하자는 주장이다. 이 장에서는 위 두 주장의 문제점을 비판한 후 대도시권 독립시의 타당성과 정주권별 구역 설정의 논리로 광역시와 도의 관할 구역 조정에 대해 살펴본다.

Ⅰ. 문제의 제기

근래 광역구역개편에 대한 논의가 활발히 진행되고 있다. 2005년에 이어 2009년에 구성된 국회의 지방행정체제개편특별위원회는 당초 도(道) 폐지로 방향을 잡았지만 학계 등의 극심한 반대로 지방자치단체로서 도를 존치하기로 하였다. 하지만 시·군의 통합 등과 관

---

72) 이 장은 김석태(2012b)에 의거하였다.

련하여 도의 지위 및 기능 재정립 등을 포함한 도의 개편방안을 2014년 지방선거 1년 전까지 마련해 대통령 및 국회에 보고할 것을 규정하고 있다.[73]

도를 중심으로 한 광역개편안은 도 폐지안뿐만이 아니다. 공식화된 것은 아니지만 광역시－도 통합안도 있다. 일반시가 광역시로 승격된 이래 이를 원상회복하여야 한다는 주장이 계속되어 왔고,[74] 근래에는 통합 주장이 대세를 이루고 있다(이승종 2008; 조성호 2011 등). 한 걸음 더 나아가 광역시－도 통합뿐만 아니라 여기에 더하여 광역시－도－도를 통합하자는 주장도 있다.[75]

도를 중심으로 한 구역개편의 주장은 <그림 9-1>과 같이 현상 유지를 중심으로 도의 지위를 약화시키는 것에서부터 강화시키는 주장까지 다양하다. 전자에는 전국적인 시·군 통합이 이루어진 후 도를 폐지하여야 한다는 주장과 도의 기능을 시·군에 이양해야 한다는 주장이 있고, 후자에는 광역시－도 통합과 광역시－도－도 통합의 주장이 있다.

← 도 지위 약화		← 현상유지 →	도 지위 강화 →	
도 폐지	도 기능의 시·군 이양		광역시－도 통합	광역시－도－도 통합

자료: 필자가 정리.

〈그림 9-1〉 도를 중심으로 한 개편 주장

---

73) 지방행정체제개편특별법 제14조 제1항과 제2항에 도는 지방자치단체로서 존치하되, 개편위원회는 이 법에 따른 시·군의 통합 등과 관련하여 도의 지위 및 기능 재정립 등을 포함한 도의 개편방안을 마련하여 2014년에 실시되는 「공직선거법」 제203조 제1항에 따른 임기만료에 의한 지방의회의원 및 지방자치단체의 장의 선거일 1년 전까지 대통령 및 국회에 보고하여야 한다고 하고, 도의 지위 및 기능 재정립에 관하여는 따로 법률로 정한다고 규정되어 있다.

74) 1995년 민선단체장 선거 후 전라남도가 광주시와 통합을 추진한 적이 있고, 2000년을 전후하여 대구·경북에서 양자의 통합이 지역의 이슈가 되었다.

75) 아예 초광역적 통합으로 준연방제로 하자는 주장도 있다.

도 중심의 개편 주장은 통치를 위한 구역과 자치를 위한 구역을 상호 구분하지 않고 있을 뿐만 아니라 시대 상황의 변화도 반영하지 못한 듯하다. 왕조시대에 통치구역으로 만들어진 도가 자치구역으로 전환되면서 도가 마치 자치단위로 적합하다고 보는 반면, 그 기능을 중시하여 격이 높아진 광역시를 면적이 좁다는 이유로 도 산하의 일반시로의 환원을 주장하고 있다.

사실 광역시-도 통합론자는 광역시를 태어나지 말았어야 할 서자(庶子) 정도로 취급하고 있다. 이들은 광역시를 군사정권 시대의 정치적 산물로 보고 그 정당성을 인정하려 하지 않는다. 하지만 태생이 어떠하든 광역시는 대도시권의 행정수요를 잘 반영한 행정단위임을 부정하기 어렵고 앞으로 기능이 확대될 자치단위임은 부정하기 어렵다. 또 세계의 많은 나라들이 우리나라의 특별시나 광역시 같은 도(province or county)에 소속되지 않는 자치단위로 독립시(independent city) 제도를 두고 있다.

최근 서구의 광역권에서는 도시권을 강화하는 정책을 쓰고 있다. 프랑스는 최근 11개 광역시(Métropole)를 신설하여 대도시의 권한을 강화하고 있고, 영국도 종래의 광역권 정책에서 도시권(city region) 중심 정책으로 전환하고 있다. 토론토 시는 1998년 시역(市域)을 대폭 확대하여 광역적인 시로 출범하였고, 독일에서는 베를린, 브레멘, 함부르크를 도시주(Land·Gemeinde)로서 주와 자치단체의 이중적 지위를 인정해 주고 있다. 또 미국에서는 신광역주의(New regionalism)라는 이름으로 대도시권역을 확대하여 국제경쟁력을 높이자는 주장이 공감을 얻고 있다(Rusk 1993).

우리나라의 경우 6개나 되는 광역시가 순차적으로 생겨나고, 1994

년 전국적인 구역개편 추진 당시 3개 광역시에 인근 군을 편입하였으며(내무부 1995), 이때 대도시권 생활권의 전부를 광역시에 포함시키는 안을 검토한 적도 있다(내무부 1994). 하지만 광역시의 탄생이나 구역확장에 대한 타당성의 근거가 학술적인 측면에서 제시된 적은 없다.

이 장에서는 종래의 광역구역개편 주장과 달리 독립시 제도의 근거로서 정주권에 맞춘 광역시와 도의 관할 구역 조정의 가능성을 대구대도시권을 중심으로 검토한다. 이를 위해 Ⅱ절에서는 선행 광역구역개편의 주장을 비판적으로 고찰하고, Ⅲ절에서는 개편의 이론적 근거로서 도의 성격과 정주권 문제를 살펴보며, Ⅳ절에서는 광역시와 도의 관할 구역 조정의 타당성의 근거 및 한계를 다룬다. 마지막으로 Ⅴ절에서는 우리나라 광역구역개편 논의를 정리하면서 광역시와 도의 관할 구역 조정에 대한 공론화의 필요성을 주장한다.

Ⅱ. 광역 단위 개편안에 대한 평가

1. 도 폐지안과 반대론

도의 폐지를 주장하는 논거는 박승주 외(1999), 『국회 지방행정체제개편특별위원회 보고서』(2006)에서 찾아 볼 수 있고, 반대하는 입장은 정세욱(2009), 이기우(2009) 등에서 찾아볼 수 있다.

1) 도 폐지론

도 폐지론은 전국적인 지방행정체제개편이 이루어진 후 전국을 60-70개의 자치단위를 둔다는 발상과 관련하여 전면에 등장하였다. 이것은 현재 2층제인 자치계층을 현행 도와 시·군 중간에 새로운 자치단위를 만들어 자치 단층제로 전환하자는 제안이다. 이들의 논리를 살펴보면 다음과 같다.

첫째, 도는 지방정부가 흔히 수행하는 상하수도, 쓰레기 처리 등 주민들에게 직접적인 서비스를 제공하는 기능을 수행하는 것이 아니라, 국가와 기초자치단체 간의 연락조정과 기초자치단체의 기능을 보완하는 정도의 기능을 수행한다. 도가 직접적으로 수행하는 기능도 '보충성의 원리'와 '주민접근성의 원리'에 입각하여 이를 기초단체로 이전할 경우 도에 잔존하는 사무는 중앙정부를 대신하여 수행하는 대리업무 혹은 연락 업무에 불과하다.

둘째, 사무중복의 해소이다. 도와 시·군에는 공동사무가 상당수 있다. 도와 기초자치단체가 처리하는 사무의 중복은 권한과 책임의 소재를 불분명하게 하고, 주민에게 민원처리의 불편함을 유발하며, 행정의 낭비 및 비효율을 초래한다.

셋째, 지역갈등의 해소이다. 도를 중심으로 형성된 지역적 유대감, 연대의식, 동질의식은 지역 간 화합과 국가통합을 어렵게 하고 각종 지역이기주의, 지역감정 및 지역갈등의 원인이 되고 있다.

넷째, 행정사무를 감소시킬 수 있다. 도가 폐지되고 자치단층제가 되면 지방자치법 제10조의 도의 조정·연락·보완 기능 자체가 필요하지 않게 된다.

국회의 지방행정체제개편특별위원회 보고서(2006)는[76] 시·군·구가 통합되어 광역화되고, 보충성과 주민 접근성의 원칙에 따라 시·군·구 중심으로 사무배분이 이루어지면 대부분의 자치사무가 시·군·구로 이양됨으로써 지금의 도는 자치단체로서 계속 존립할 필요성이나 근거를 대부분 상실하게 된다고 한다. 그리고 도를 폐지할 경우 대단위 지역계획이나 도로·교통 등 인프라의 건설과 관리와 같은 전문적이고 기술적인 업무를 수행하게 될 대체적인 행정기구로서 가칭 '국가지방광역행정청'을 제안하고 있다.

2) 도 폐지 반대론

한편 도 폐지 반대론을 보면 첫째, 기초지방정부의 규모만으로 처리할 수 없는 광역행정의 수요가 어느 국가나 존재한다. 예를 들면, 치산·치수, 지방도로, 운수, 관광개발, 광역개발계획 등 대규모 사업이나 광역행정수요가 여기에 해당된다. 이러한 사무는 이에 상응하는 규모의 지방정부가 존재해야 그것을 효율적으로 처리할 수 있다. 즉 주민의 일상적인 업무를 처리하는 기초지방정부뿐만 아니라 광역적 사무를 처리하는 광역지방정부를 두는 이른바 수직적 분업체계를 확립하는 것이 효율성을 높일 수 있다.[77]

둘째, 도가 폐지되면 도 기능의 상당부분이 중앙정부로 이관되게

---

76) 공식적으로 채택된 보고서는 아니다.

77) 김성호(2011: 98)는 지역정부의 필요성을 ① 토지사용, 대중교통계획 등 기초지방정부만으로는 정책적 해결이 어려운 경우 여러 기초지방정부 간 필요한 정책조정의 어려움을 해결하기 위해 지역정부가 필요하다(policy co-ordination 정책조정 및 협력 필요성). ② 기초지방정부의 공공서비스 제공은 세수기반에 기초해서 제공하게 되지만 교외지역과 도심지역 간 세수기반과 이에 근거한 지방공공서비스 수혜자 간 괴리가 발생하여 정책적 불균형의 결과를 초래하기 때문에 이에 대한 해결책으로 광역행정이 활용되므로 이를 책임지는 지역정부가 필요하다(policy inequities 정책불평등의 해결 목적). ③ 정책책임성의 분산으로 인하여, 즉 정책적으로 기초자치단체들이 개별적인 문제에만 매달리게 되면서 지역적 복지에 대해서는 어느 누구도 책임을 지지 못하는 문제 발생을 해결하기 위해 지역정부 존재가 필요한 것이다(policy accountability, 지역의 정치적 책임성확보 차원).

되어 중앙집권화의 우려가 커진다. 여기에 더하여 도보다 훨씬 작은 자치단위가 중앙정부와 맞대면하게 되면 중앙정부의 관여로부터 자율성을 지켜내기가 어렵게 된다. 즉 민주주의를 지키기 위해서도 광역지방정부가 필요하다.

셋째, 도를 폐지하면 기초지방자치단체가 처리하기에는 너무 크고, 국가가 하기에는 너무 작은 문제도 모두 국가가 처리할 수밖에 없게 되어 국가는 과부하로 인한 효율성 저하를 가져온다.

넷째, 도를 폐지하는 경우에 지방자치의 중요한 기능인 검증된 정치인의 배출기능이 현저하게 약화되고, 천 년 넘게 지속되어온 지역적 전통성이 상실될 수 있다는 우려가 있다.

3) 평가

우리나라의 도 단위는 산업화 이후 급격한 이농현상과 도 지역에서 광역시 분리로 도세가 약화되었다. 이러한 도세의 약화 현상은 종래 1차 산업에서 2·3차 산업 중심의 경제구조로의 변화로 인해 앞으로 더욱 심화될 것으로 보인다. 또, 도 전체로 보아 인구가 증가하더라도 그러한 인구증가는 몇몇 산업화되는 도시의 인구가 증가함에 따른 것일 수 있다. 산업화로 규모가 커지는 도시들에 도 기능이 점차 이양됨에 따라 도의 기능은 점차 축소될 수밖에 없을 것이다.[78]

도폐지론은 도기능이 점차 미약해질 수밖에 없는 현실과 자치계층 간의 사무중복을 주된 이유로 제시하고 있다. 하지만 도는 여기에 더하여 국가의 통치단위로 출발하였기 때문에 본질적으로 주민자치의

---

[78] 지방자치법시행령 제10조는 인구 50만 명 이상의 시가 직접 처리할 수 있는 도의 사무의 예시를 별표 3에서 열거하고 있다.

단위로서 적합하지 못하다는 사실이 더해져야 할 것이다. 사실 도의 구역은 너무 넓고 정주권이 분리되어 주민자치 단위가 되기 어렵다.

도 폐지론은 전국의 모든 자치단위가 그 기능을 충실히 수행할 수 있다는 믿음에 근거하고 있다. 하지만 시·군이 통합된다고 하여도 자치 능력을 제대로 갖추지 못한 중소도시 및 농어촌 지역에 자치단체가 다수 존재하기 마련이다. 이러한 자치단체에 대해서는 도가 보완적인 기능을 수행할 필요성은 충분히 있다. 즉 대도시 지역에서의 자치단위로서는 도의 폐지가 합당하지만 중소도시 및 농어촌 지역에서의 자치단위로서는 합당하지 않다는 것이다.

2. 광역시 - 도 통합

도를 근간으로 하던 우리나라의 광역행정체제는 해방 이후 산업화 및 도시화에 따라 변화를 거듭하였다. 1946년 서울시가 중앙정부 직할의 특별시로 되면서 도의 산하에서 벗어났고, 그 후 1963년에는 부산시가, 1981년에는 대구시와 인천시가, 1986년에는 광주시가, 1989년에는 대전시가, 1997년에는 울산시가 각각 직할시 혹은 광역시로 승격하여 도와 대등한 광역자치단위가 되었다.

이러한 분리에 반대하는 주장은 매우 많다. 홍준현(1997, 2005), 강병수·이찬원(2005), 이승종(2008, 2011), 이기우(2010) 등이 광역시-도의 통합을 주장한다. 반면 김석태(2002), 김석태·이영조(2004)만이 광역시-도의 통합에 대해 반대하고 있다.

1) 광역시 - 도 통합 주장

광역시 - 도 통합론자의 주장을 요약하면 다음과 같다. 첫째, 광역시가 정치적 목적에 의해 도로부터 인위적 분리되었기 때문에 이를 환원하여야 한다고 한다. 시·도 분리가 주민들의 의사와는 상관없이 군사정권 시대에 정치적인 목적으로 이루어져 지역 간 이기주의를 조장하고 광역시와 도의 균형발전을 저해하고 있다고 한다.

둘째, 자치구역과 생활권·경제권과의 합치를 위해 통합하여야 한다고 한다. 이들은 광역시로 인해 역사적 공동체의 인위적 분리, 지역의 중추적 기능의 상실, 시·도 개발계획의 분리 수립 등의 현상이 발생하고 있다고 한다. 따라서 통합에 의한 역사적 동질성 회복과 광역행정의 효율성 제고가 필요하다고 한다.

셋째, 행정의 비능률을 해소하기 위해 통합이 필요하다고 한다. 행정기관과 산하단체의 중복설치로 인해 불필요한 행정기구 및 공무원 수의 증가를 초래해 행정낭비의 원인이 되고 있으며, 도청이전 등의 문제가 지역갈등의 원인이 되고 있다고 한다.

넷째, 지역 경쟁력 강화이다. 국제경쟁력을 갖추려면 구역이 일정 규모 이상으로 커져야 하는데 한 지역이 도와 광역시로 구분되어 이를 갖추기 어렵다는 것이다.

2) 광역시 - 도 통합론에 대한 비판론

광역시 - 도 통합론에 대한 비판적인 주장을 요약하면 다음과 같다. 첫째, 광역시의 설치에 정치적 목적이 없는 것은 아니지만 그보다 더 중요한 것은 기능적 필요에 의해 만들어졌다는 것이다. 대도시는 중소도시와 달리 거대한 인프라와 고도의 도시관리 능력을 필요로 하는데 이것을 갖추기 위해서는 도와 대등한 지위가 필요하다는 것이다. 통합 주장은 이런 대도시의 현실을 무시하고 있다는 것이다. 이들은 도에는 지하철 등 도시교통, 도시계획, 상하수도 인프라 등과 같은 대도시 행정에 대한 전문가가 없어 대도시를 감독할 능력을 갖추지 못하다고 한다.

둘째, 도의 구역은 통상 몇 개의 생활권, 즉 정주권으로 나누어지기 때문에 광역시-도 통합이 구역과 생활권을 일치시키는 것이 아니라고 한다. 또, 생활권·경제권에는 여러 가지 유형이 있어 구역을 어떤 유형의 생활권과 일치시켜야 하는지 불분명하다는 것이다.

셋째, 시·도 통합은 시·군 통합과 달리 광역시와 도가 하나의 단위가 되는 것이 아니라 통합 후에도 양 기관이 별도로 존재하여야 하기 때문에 통합을 통한 규모의 경제(economies of scale)가 매우 제한적이라는 것이다.[79] 또, 통합론자들은 광역시를 일본식의 '지정시'제로 바꾸는 것을 제시하고 있지만 지정시를 도입하는 것은 계층을 하나 더 늘려 비효율을 초래할 뿐이라고 한다.

넷째, 광역적으로 해결해야 할 문제는 기존의 행정협의회나 지방자치단체조합 등을 이용하거나 광역위원회와 같은 기구의 신설로 해결할 수 있다는 것이다.[80]

3) 평가

광역시-도의 통합은 전라남도가 1995년 민선단체장 선거 후부터 1998년까지 추진하였고, 2000년을 전후하여 대구·경북에서 이슈가

---

79) 통합의 경우에는 단체장과 산하국이나 기구들이 하나로 합쳐져야 하는데 시·도 통합의 경우에는 이것이 불가능하기 때문이다.

80) 통합론자는 행정협의회나 자치단체조합 등 광역행정기구에 대해 지금까지 제대로 기능하지 못하였을 뿐만 아니라 우리 문화에 부적합하다고 한다. 그러나 이런 주장은 종래 관치주의의 입장을 그대로 반영하는 것으로 최근의 거버넌스의 개념과는 맞지 않을 뿐만 아니라 행정 서비스별로 다른 적정 규모의 구역이 있음을 무시한 것이라 한다.

되었으나 학계의 높은 지지에 불구하고 이루어지지 못하였고, 현재 지방행정체제개편에서도 통합은 이슈가 아니다.

통합 주장의 가장 큰 문제점은 광역시가 도에 못지않게 규모가 큰 실체라는 것을 무시하고 있다는 것이다. 그 예를 보면, 대전, 광주, 대구가 광역시 승격 이후 20~30년간 크게 발전하여 여러 가지 지표에서 도와 비교될 정도로 규모가 커졌다. <표 9-1>에서 보는 바와 같이 인구의 경우 대전은 충남의 73%, 광주는 전남의 75%, 대구는 경북의 93%이다. 예산의 경우 대전은 충남의 68%, 광주는 전남의 55%, 대구는 경북의 101%이다. 공무원 수의 경우 충남에 비해 대전은 98%, 전남에 비해 광주는 89%, 경북에 비해 대구는 112%이다. 이러한 사실은 지역에 따라 차이가 있으나 도가 인근 광역시를 산하에 둘 수 있는 지위에 있다고 보기 어렵게 한다.

<표 9-1> 도와 광역시 비교

지역		인구	예산(백만 원)	공무원 수
충청권	대전시(A)	1,484,849	2,685,327	1,082
	충남(B)	2,039,247	3,923,540	1,099
	(A/B)	0.73	0.68	0.98
호남권	광주시(A)	1,435,300	2,852,955	1,055
	전남(B)	1,911,991	5,204,635	1,182
	(A/B)	0.75	0.55	0.89
영남권	대구시(A)	2,491,683	5,210,140	1,342
	경북(B)	2,668,403	5,140,500	1,199
	(A/B)	0.93	1.01	1.12

주: 인구와 예산은 2010년, 공무원 수는 2008년 말 기준임. 예산은 일반회계, 기타특별회계, 공기업특별회계를 합한 것이고 공무원 수는 광역시 본청과 도 본청의 숫자임.

광역시를 일본식의 '지정시'로 만들어 도 산하에 두면 위계관계가 확립될 것이라는 주장도 탁상공론에 그칠 가능성이 크다. 일본의 오사카 부는 계층으로 보면 오사카 시의 상위 단위이지만, 오사카 시가 오사카 부에서 차지하는 비중이 크기 때문에 상하관계가 제대로 형성되지 않는다는 것이 2011년 말 하시모토 도루(橋下徹) 오사카 부(府) 지사는 지사직을 버리고 산하의 오사카 시장에 출마하여 당선된 것에서 나타나고 있다.[81] 우리의 경우도 광역시가 일반시로 격하되더라도 이미 규모면에서 도와 대등하게 되었을 뿐만 아니라 도시행정에서 기술적으로 앞선 광역시가 도의 권위를 받아들이기 쉽지 않을 것이다.

이러한 실정을 무시하고 광역시와 도를 통합하여 광역시를 도 산하에 두자는 주장은 국가적 통치의 차원에서 나온 발상이라 하지 않을 수 없다. 영토의 측면에서 전국을 1차로 도 구역으로 크게 나누고, 그 다음 2차로 다른 모든 단위는 도의 산하 구역으로 나누자는 발상이다. 이들은 지역 단위의 자치문제보다 전국적인 지방행청체제의 계층적인 형태에 온 마음이 기울어져 있는 것 같다.

다음 장에서 보는 바와 같이 도는 넓은 지역을 관할하는 단위로서 지방자치 단위로 출발하지 않았을 뿐만 아니라 또 진정한 자치단위가 되기 어렵다. 반면 광역시는 정주권을 기반으로 하기 때문에 자치단위로서의 요건을 갖추고 있다. 지방자치의 입장에서 보면 광역시의 지위를 격하시켜 도 산하에 두자는 주장은 타당하지 않다. 전형적인 자치단위인 대도시를 진정한 자치단위로 되기 어려운 도의 산하에

---

81) 그는 오사카부 지사이면서도 그 산하의 핵심도시인 오사카 시(市)에 자기의 말이 제대로 먹혀들지 않는 모순구조를 타파하기 위하여 지사직을 버리고 시장에 출마하였다고 한다. 시장 당선 후 그의 개편 구상은 인구 267만 명인 오사카시와 84만 명의 사카이시를 합친 뒤 인구 30만~50만 명의 구 10~12개로 나누는 '오사카도(都)-자치구'로 행정체계 재편이다.

둔다는 것은 합당하지 않다. 이것은 옥상옥(屋上屋)일 뿐만 아니라 지방자치를 심각하게 저해할 것이다.

Ⅲ. 광역구역 조정의 이론적 근거 모색

도는 전통적인 구역의 형태인 반면 광역시는 도시화 시대의 구역의 형태이다. 아래에서는 쇠퇴하는 도와 기능이 확대되는 광역시 간의 구역 조정 문제의 근거와 정주권에 맞춘 광역시와 도의 관할 구역의 조정 문제를 살펴본다.

1. 도와 광역시 간의 구역 조정의 근거

1) 도의 성격과 자치단위로서의 한계

도는 국가가 국토 내의 여러 지역을 효율적으로 지배하기 위해 구분한 지역단위이다. 통치구역은 국가사무를 지역에서 수행하기 위해 설정된 것이기 때문에 국가의 편의에 따라 좌우된 것은 당연하다. 미국 주(洲)의 카운티(county)나 프랑스의 데파르트망(department)이 통치구역의 전형적인 예이다. 앞에서 본 바와 같이 미국의 카운티는 주의 구역을 행정 편의상 나눈 것으로 지리적인 관점에서 획일적으로 나누어졌고, 1789년 창설된 데파르트망은 비슷한 면적으로 구역되었다.

우리나라 도의 경우도 다르지 않다. 도는 당초 통치단위로 통일신라 시대의 9주제, 고려의 5도(道) 양계(兩界)제, 조선의 8도(道)제, 1986년 이후의 13도(道)제, 현재 남한 지역의 9도가 시대의 필요에 따라 다르게 나타났지만, 1949년 지방자치법 제정으로 도가 자치단위의 지위를 획득하기 이전까지 천 년이란 기간 동안 통치단위로서의 역할을 해온 것이다.

이러한 도가 지방자치제가 시행됨으로써 자치단위로 전환되었다. 도는 서울특별시와 함께 지방자치법 제정 당시부터 자치단위로 인정받았다(1949년 제정 지방자치법 2조). 전국을 자치지역으로 나누는 유럽이나 일본의 예에 따라 종래 통치단위인 도에 대해 그대로 자치단위의 지위를 인정한 것이다.[82]

우리나라의 모든 자치단체가 국가기관으로서의 역할을 어느 정도 하지만 도의 경우 광역시보다 국가기관으로서의 성격이 더 강하다. 자치사무 배분에서 도-시·군 간에는 시·군에 더 많은 사무가 배분된 반면, 특별시·광역시-자치구 간에는 특별시·광역시에 더 많은 사무가 배분되어 있어 도의 경우 국가사무의 비중이 클 수밖에 없다. 이를 반영하여 지방세목의 배분에서도 도가 6개의 세목을 보유하는 반면 특별시·광역시는 9개의 세목을 가지고 있다.[83] 재정적으로 국가에 의존하는 정도도 평균적으로 도는 67% 정도인데 비하여 특별시·광역시는 33% 정도이다.

도는 주민자치보다 단체자치의 관점에서 자치단위로 인정된 것이다. 국가가 공공단체를 만들어 여기에 자치권을 부여하여 자치를 하도록 한 것이다. 그 결과 주민들이 직접 참여하여 지역의 문제를 해결하는 주민자치와는 거리가 멀다.[84]

사실 도는 자치단위로서는 그 구역이 너무 넓다. 따라서 도내의 특

---

82) 예외적으로 경기도의 경우 서울을 분리시켜 독립시로서 서울의 지위를 인정하였다.

83) 도세는 취득세, 등록면허세 레저세, 지방소비세, 지역자원시설세, 지방교육세의 6개이고, 특별시·광역시세는 이에 더하여 담배소비세, 주민세, 자동차세의 9개이다.

84) 우리나라의 자치단체는 국가기관으로서 역할을 상당 부분 수행하고 있다. 이것은 자치단체가 기관위임사무(앞으로는 법정수탁사무)를 처리할 때 단체장이 국가기관으로서의 역할을 수행하는 것이다. 또 광역자치단체에 행정부지사나 기획관리실장 등을 국가직으로 두고 있는 것도 국가사무를 처리하기 때문이다. 지방자치법 제정 당시 도지사와 서울특별시장을 대통령이 임명하도록 한 것(1949년 제정 지방자치법 98조)은 국가기관으로서의 성격이 강했기 때문이라 해석할 수 있다.

정지역에 소재하는 도청에서 도내의 모든 지역에 직접 공공서비스를
제공할 수 있는 것은 매우 제한되어 있다. 그 결과 주민 생활과 직접
관련된 서비스는 도청이 아니라 시·군청이 제공하고 있다. 도의 기
능은 주민생활과 밀접한 것이 아니라 중앙정부와의 연락, 산하 기관
간의 조정, 광역적 지역발전 등에 한정되고 있다.[85) 따라서 도는 자치
단위로서의 성격이 매우 약하다.

분권화가 심화되고 지방자치가 발전함에 따라 통치구역으로 설정
된 구역은 그 존재가치를 잃어가는 곳이 많다. 그 예로 미국에서 뉴
욕 시나 샌프란시스코 시 등의 시―카운티 통합 지역은 카운티의 기
능이 상실된 지 오래이다. 또, 코네티컷 주 등 동북부 주의 카운티는
명목상의 구역에 불과한 곳도 많다고 한다. 도시화된 지역의 경우 카
운티의 기능이 약해지고 있는 이유는 자치시(municipality)가 그 지역
에 필요한 서비스를 대부분 제공하기 때문이다.

도는 본래 주민의 생활과 밀접한 관련성을 가진 지역사회를 토대
로 형성된 것이 아니라 교통·통신이 발달하지 않았던 시대에 전국
을 직접 통치할 목적으로 만들어졌다. 이것이 지방자치제의 도입에
따라 광역자치단위가 되었지만 도시화의 심화에 따라 그 기능은 쇠
퇴하고 있다.[86) 우리나라의 경우, 도 구역의 상당 부분이 광역시에 편

---

85) 현행 지방자치법 제10조에서 광역자치단체의 기능은 ① 행정처리 결과가 2개 이상의 시·군 및 자치구
에 미치는 광역적 사무, ② 시·도 단위로 동일한 기준에 따라 처리되어야 할 성질의 사무, ③ 지역적 특
성을 살리면서 시·도 단위로 통일성을 유지할 필요가 있는 사무, ④ 국가와 시·군 및 자치구 사이의 연
락·조정 등의 사무, ⑤ 시·군 및 자치구가 독자적으로 처리하기에 부적당한 사무, ⑥ 2개 이상의 시·군
및 자치구가 공동으로 설치하는 것이 적당하다고 인정되는 규모의 시설을 설치하고 관리하는 사무이다.
이 규정은 특별시나 광역시 보다 도에 더 적합한 규정이다.

86) 이런 측면은 근래 광역구역개편과 관련하여 등장하는 도 폐지론이나 국가기관화에 공감할 수 있는 부분
이다. 하지만 도 폐지가 현실적으로 어려운 상황에서 우리나라의 도의 기능은, 미국의 카운티 같이, 능력
이 미흡한 기초자치단체의 기능을 보완하는 역할에 그 존재가치를 찾아야 할 것이다.

입됨으로써 이런 현상은 더욱 심화되어 왔다. 앞으로도 대도시권의 생활권에 맞춘 구역의 재조정이 요구될 것이다.

2) 자치지역의 요건과 독립시로서의 광역시

지방자치란 일정한 지역을 기초로 하는 단체가 자기의 사무를 주민의 의사에 따라 자기 기관과 재원으로 처리하는 것을 의미한다. 지방자치의 공간적 범위인 '일정한 지역'은 공간적으로 공동의 이해관계를 가진 사무가 존재하는 지역이다. 다음으로 사무의 양이 독립된 정부를 형성할 만큼 충분한 것이 되기 위해서는 일정한 수준의 인구와 면적의 요건이 갖추어져야 한다.

지방자치가 '자기 재원'으로 사무를 처리한다는 관점에서 보면 재정적으로 자립할 수 있는 지역이라 할 것이다. 어떤 지역이 재정적으로 자립하기 위해서는 그 지역의 경제력이 뒷받침되어야 한다. 한 나라 안에서도 지역 간의 경제력은 상당한 격차가 있기 마련이어서 지역에 따라 재정적 자립이 어려운 곳이 다수 존재하기 마련이다.

이와 같은 지방자치의 요건을 갖춘 전형적인 지역은 도시지역이다. 도시는 인구밀도가 높은 곳으로 도시생활을 위해 상하수도, 쓰레기처리, 도시 교통, 공원, 초중등 교육 등 공동으로 처리해야 할 사무가많은 곳이다. 또 도시의 경우 경제 활동이 활발하여 부가 축적된 곳으로 재정적 자립의 가능성도 크다. 역사적으로 지방자치가 서구의 도시자치에서 유래된 사실은 이를 반영한 것이라 하겠다.

대도시의 기능을 중시하여 만들어진 것이 독립시(independent city)이다. 독립시는 통치를 위해 구분된 단위인 도(province or county)의 산하에서 벗어나 도와 대등한 지위를 가지는 단위이다. 세계의 많은 나라가 수도를 독립시로 하고 있다. 영국의 런던 광역정부나 일본의 동경도가 그 예이다. 하지만 독립시는 수도에만 있는 것은 아니다. 독일에는 112개의 독립시가 있으며, 미국의 버지니아 주에는 39개의 독립시가 있다(en.wikipedia.org/wiki/Independent_city).

독립시는 이론에 근거한 것이라기보다 역사적으로 대도시 행정의 필요에 의해 만들어진 것으로 다음과 같은 이점이 있다. 첫째, 대도시를 도(province or county)의 산하에 두는 것이 아니라 대등한 지위로 격상시킴으로써 대도시 행정에 필요한 권한을 충분히 부여할 수 있다. 대도시 행정 수요의 양과 전문성을 충분히 고려한 선택이라 할 수 있다. 둘째, 대도시를 도와 같은 광역자치 단위로 함으로써 산하에 기초지방자치정부를 둘 수 있다. 이것은 대도시를 기초정부로 하는 경우 그 산하에 행정단위밖에 둘 수 없는 것에 비해 훨씬 합리적인 선택이다.[87] 또한 대도시의 자치 구조를 자치 단층제로 하는 것보다 자치 2층제로 함으로써 주민자치의 가능성을 높인다. 셋째, 독립시는 런던의 자치 2층제 정부에서 보는 바와 같이 종래 파편화(fragmented)된 지방정부를 조직화는 방식으로 이용될 수 있다. 런던은 종래 기초 정부인 28개 바러(borough)만 있던 것이 1963년 런던광역정부(Greater London Council: GLC)가 만들어지면서 2층제 구조가 되었다. 1986년 GLC가 폐지되었지만, 2000년 런던광역정부(Great London Authority: GLA)로 부활하여 다시 2층제 구조가 되었다.

우리나라의 경우는 독립시가 가장 많은 나라에 속한다. 현재 우리나라에는 서울특별시 등 7개의 독립시가 있다. 여기에 더하여 2012년

---

87) 뉴욕이나 파리 등의 지방정부는 기초단위의 지위이기 때문에 그 산하에는 행정단위로서의 '행정구'를 두고 있다.

7월 1일부터는 세종특별자치시가 출범하게 되어 독립시가 하나 더 늘어나게 된다. 우리나라 특별시와 광역시의 면적은 전국토의 5.4%에 불과하지만 인구의 46%가 살고 있는 지역이다. 앞으로 서비스 중심의 경제 구조로 변화함에 따라 대도시와 인근 지역의 집적현상은 더욱 심화될 것이다. 이에 맞추어 지방행정체제도 변할 필요가 있다. 또한 주민들의 요구에 따라 광역시의 구역을 확장할 필요가 있다.

2. 광역시와 도의 관할 구역의 조정 범위

광역시의 구역 확장이 필요하다면 그 범위는 정주권 이론에서 찾을 수 있다. 공간상에는 중심성의 정도에 따라 대도시-중도시-소도시-마을 등으로 이어지는 체계가 제4장의 <그림 4-1>과 같이 형성된다. 이 체계 내에서 각각의 중심도시는 그 권역의 배후지에 여러 가지 서비스를 제공한다. 정주권은 주민들이 일상생활을 영위함에 있어 정치, 경제, 사회, 문화적인 기본수요가 충족되는 생활권으로서 공간적으로는 일상생활의 중심이 되는 중심도시와 그것을 포괄하는 배후 지역을 포함하는 생활권이다. 이러한 생활권을 정치적으로나 행정적으로 독자성을 가지는 공간으로 구체화하기 위해서는 이를 토대로 구역을 설정하는 것이 바람직하다.[88]

우리나라에서는 제2차 국토종합개발계획에서 지역중심도시와 배후농촌지역을 연계시킨 일정 권역을 지역단위로 구획하여 도시와 배

---

88) 종래 구역 통합론자들은 Christaller 등에 의하여 발전된 중심지이론(central place theory)을 구역개편에 응용하여 지역이 발전하는 과정에서 형성되는 도시 간의 체계에서 그 근거를 찾으려고 하고 있다. 즉 정주체계와 생활권 형성에 따라 지방행정단위가 계층화되고 구역이 설정되어야 한다고 하였다.

후지역이 유기적인 통합과 발전이 가능하도록 서울 부산 등 5개의 대도시생활권, 강릉 원주 춘천 목포 등 17개의 지방도시생활권, 영월 서산 등 6개의 농촌－도시생활권으로 구분하였다.

광역단위의 구역설정에서도 가장 바람직한 것은 생활권, 경제권, 환경권 등 기능적 공간과 행정구역을 일치시키는 것이다. 대도시 자체가 기능적 편리함을 추구하는 사람들이 밀집해 삶에 따라 형성되기 때문이다.

<그림 9-2>에서는 기능적 공간과 구역 간의 3가지 다른 관계를 나타내고 있다. 기능적 공간보다 구역이 작은 과소 구역의 경우 공공서비스 제공의 규모의 경제를 활용하기 어렵다. 반면 과대 구역의 경우 지역적 특성을 무시한 채 공공서비스가 공급되기 쉽다.

경제적인 측면에서 Olson(1969)은 공공재 수혜－부담과 관련하여 구역이 너무 큰 경우(over-sized)에는 전체의 부담으로 특정지역의 이익을 꾀하려는 야합(log-rolling)이 일어난다고 하고, 구역이 너무 작을

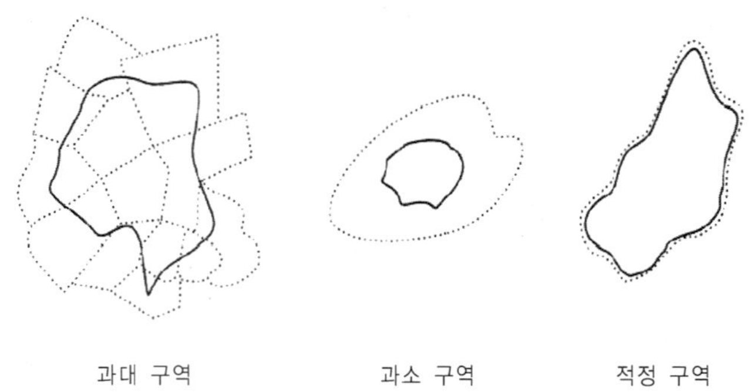

주: 기능적 공간(생활권 등)은 점선(--)으로, 구역은 실선(–)으로 표시.
자료: Bennet(1997), 326쪽.

〈그림 9-2〉 기능적 공간과 구역설정

경우에는(under-sized)에는 특정 지방정부가 제공하는 서비스가 이웃 지방에 영향을 미치는 누출효과(spill-overs)가 일어나 공공서비스가 과소공급(under-provision)이 된다고 한다. 따라서 기능적 공간과 구역이 합치되는 것이 바람직하다.

우리나라 광역시는 기능적 공간과 자치구역의 관계에서 볼 때 <그림 9-2>에서 과소한 자치구역에 해당한다. 교외화(suburbanization)로 기능적 공간은 계속 확대 되는데 비해 구역 확장은 이에 따라가지 못하기 때문이다. 반면 도의 구역은 여러 개의 기능적 공간이 합쳐져 있는 것으로 과대한 자치구역이다. 종래 도를 생활권에 맞게 전국을 60~70개 지역으로 나누어 자치를 하자는 주장은 도와 같은 과대한 구역을 줄이자는 측면에서 합리화된다.

Ⅳ. 광역시와 도의 관할 구역의 조정 가능성 검토

1. 근거

광역시와 도 간의 관할 구역 조정의 가장 확실한 근거는 생활권, 경제권, 환경권 등 기능적 공간과 행정구역을 일치시키는 것이다. 그 필요성은 다음과 같이 정리할 수 있다.

첫째, 주민들의 요구이다. 광역시 인근 시·군의 경우 생활권의 중심인 광역시에 통합됨으로써 여러 가지 서비스 향상을 기대할 수 있기 때문이다. 1994~1995년 광역시 구역 확장 때 대상지역의 주민의 찬성률은 <표 9-2>에서 보는 바와 같이 상당히 높고 편입되는 군지역 의회도 모두 찬성하였다. 반대한 곳은 구역의 일부를 상실하게 된 경상북도 의회뿐이다.

<표 9-2> 광역시 구역 확장에 대한 의견

대상지역		주민 찬성률	시군구의회		시도의회	
			편입 되는 지역	편입 받는 지역	편입 되는 지역	편입 받는 지역
인천	경기 강화군	68.7%	찬성	불필요	찬성	찬성
	경기 옹진군 (대부면 제외)	88.4%	찬성	불필요	찬성	찬성
	경기 김포군 금단면	ʼ56.1%	불표명	찬성	찬성	찬성
대구	경북 달성군	79.1%	찬성	불필요	반대	찬성
부산	경남 양산군 2읍 3면	79.8%	찬성	불필요	찬성	찬성
	진해시 웅동2동 일부	미거주 지역	찬성	찬성	찬성	찬성

자료: 내무부(1995), 『행정구역개편백서 1994-1995』, 154쪽.

　광역시 인근 지역의 광역시로의 편입 요구는 교외화 현상으로 중심도시의 주민들이 주변 지역으로 이주함에 따라 증대될 것이다. 현재 김해시, 양산시, 진해시의 일부 지역이 부산광역시로, 경산시가 대구광역시로의 편입을 공개적으로 요구하고 있다. 광역시 구역 확장이 어젠다가 되면 적극적으로 찬성할 곳이 늘어날 것이다.

　둘째, 광역시 권역의 확대에 따라 식수원 확보, 교통기반 시설 확충, 산업단지 및 관련인프라 입지 등에서 광역적인 행정이 필요하다. 그러나 도 산하에 있는 인근 지역과의 협의가 원활하지 못한 경우가 많다. 대전 대도시권의 기초지방자치단체 간의 협력기구 G9이 그 예이다. G9은 2007년 10월 대전광역시와 인근 8개 자치단체(공주시, 계룡시, 논산시, 옥천군, 영동군, 금산군, 연기군, 보은군)가 공동발전협약

(MOU)을 체결하여 활동하였지만 제도화되지 못하고 대전광역시 시장이 교체되면서 이 프로젝트는 흐지부지 되었다(대전광역시 2009).

셋째, 대도시권은 투자 유치의 잠재력이 상당하지만 가용 토지의 부족 등으로 투자지역을 찾는 데 어려움이 많다. 구역의 확대는 새로운 투자를 유치하는 데 도움이 된다. 1995년에 부산에 양산군과 진해시의 일부 지역, 대구에 달성군, 울산에 울주군, 인천에 강화군과 옹진군을 편입시킨 것은 대도시의 활력을 주변 지역에 주입하기 위한 것이었다.

넷째, 대도시권의 현실을 직시하는 글로벌 스탠다드에 맞추기 위함이다. 유럽의 경우 1990년대 이후 광역권(region) 정책에서 도시권(city region) 정책으로 전환하고 있다. 세계화로 지역 간 경쟁이 심화되면서 종래 광역권 정책만으로는 한계가 있었기 때문이다. 프랑스는 1996년 법률에 의해 창설된 도시연합(communautés urbaines) 중 주요 도시연합에 새로운 자극과 충분한 권한을 부여하기 위해 2014년까지 11개의 광역시(Métropole)를 신설하고,[89] 광역시는 특수 행정구역으로서 시(코뮌)의 권한 외에 도(département)에 부여된 권한의 행사를 가능하게 하고 있다. 영국은 광역경제권 발전기구인 RDA(regional development agency) 중심 체제에서 도시권(city region)을 중심으로 한 지방정부 연합체(LEP: local enterprise partnership) 체제로 전환하였다. 이것은 중앙정부 지역정책의 공간적 도구인 RDA보다 도시지역 차원의 광역화가 영국에서 나타나는 실질적인 광역화의 추세라 할 수 있다(김재홍 2011: 188-189).

따라서 광역시는, 경제권, 생활권, 지리적 여건, 역사적 동질성 등을

---

89) 메트로폴은 리옹, 마르세유, 보르도, 툴루즈, 낭트, 니스, 스트라스부르그, 루앙, 툴롱, 렌느이다.

충분히 고려하여 구역을 확대할 필요가 있다. 사실 우리나라의 광역시는 주민 생활권과 경제권의 확대에 따라 인근 지역을 편입시키는 방법으로 구역을 확장해 왔다. 대구시를 사례로 살펴보면 다음과 같다.

2. 대구시의 구역 확장 사례

대구시의 역사는 구역 확장의 역사라 해도 과언이 아니다. 1949년 대구시로 된 이래 구역의 변화를 보면 1958년 1월 달성군의 공산면, 동촌면, 가창면, 성서면, 월배면이 대구시에 편입되었다.[90] 그 후 1981년 7월 직할시로 승격됨에 따라 달성군의 월배읍과 성서읍, 경산군의 안심읍과 고산면, 칠곡군의 칠곡읍이 편입되었고, 1995년 3월에는 광역시로 개칭되면서 달성군 전역이 편입되었다. 1981년에 인근 지역의 편입으로 대구시의 면적이 종전의 두 배 이상이 되었고, 1995년에 달성군 전체의 편입으로 다시 종전 면적의 2배 가까이 넓어졌다.

대구권의 광역 행정 문제에 대처하기 위하여 구역개편에 대한 여러 가지 안이 제시되었다. 1995년 단체장 민선을 앞둔 시점에 내무부는 전국적인 구역개편을 추진하면서 그 한 부분으로 진행되었다. 대구직할시 확장안은 <표 9-3>에서 보는 바와 같이 제1안은 10개 시·군 편입, 제2안은 4개 시·군, 2개 읍면 편입, 제3안은 10개 읍면 편입, 제4안은 1개 군 2개 읍면 편입이었다(내무부 1994). 이 안들 중 도와의 관계를 고려하여 가장 좁은 지역인 제4안이 채택되었다.[91]

---

90) 그러나 1963년 1월 동촌을 제외한 지역이 달성군에 환원되었다.

91) 이때 부산은 기장군, 인천은 강화군과 옹진군이 편입되었다.

〈표 9-3〉 대구직할시 확장안

안	편입지역
1안	10개 시·군(경산시. 경산군, 영천시, 영천군, 달성군, 칠곡군, 고령군, 청도권, 군위군, 성주군)
2안	4개 시·군, 2개 읍·면(경산시, 경산군, 청도군, 고령군, 칠곡군의 지천·동명면)
3안	10개 읍·면(달성군의 화원읍·다사면·하빈면·가창면·옥포면, 칠곡군의 동명면·지천면, 경산군의 하양읍·와촌면)
4안	1개 군 2개 읍·면(달성군, 경산군 하양읍·와촌면)

자료: 내무부(1994), 「2단계 행정구역개편 계획안」에서 정리.

    이러한 정책적 검토는 주민들의 요구와 무관하지 않다. 90년대 중반 대구 인근의 칠곡군 동명면, 지천면 주민들과 경산군 하양읍, 와촌면, 고령군 다산면 주민들이 대구로의 편입을 요구하는 진정서를 제출하였고, 2002년에는 가칭 「경산시대구편입추진위원회」가 활동한 적이 있으며, 2004년에는 경산시의 대구 편입 주장이 해당 지역구 국회의원에 의해 제기되었으며, 현재에도 같은 주장이 계속되고 있다.

    직접적인 편입 주장은 아니지만 생활권 통합의 주장도 있다. 구미경제실천연합은 2014년 말로 예정된 경산~대구~구미 대구광역권 전철이 개통될 경우 대구시와 구미시는 300만 광역시생활권으로 격상된다고 전제하면서, 구미는 대기업의 우수 연구 인력의 유출방지를 위해 대구의 문화교육자원이 필요하고, 대구도 구미공단이 위기에 빠지면 경제에 큰 타격을 받을 수밖에 없다고 진단하고, 이를 극복하는 방법으로 양 도시 간의 생활권 통합을 주장하고 있다(구미경실련 성명서 2012. 5. 16).

3. 대구광역시와 경상북도 간의 구역 조정안

  우리나라에서는 현재 6개의 광역도시권이 지정되어 있다.[92] 대구
대도시권은 대구광역시, 경산시, 영천시, 군위군, 청도군, 고령군, 성
주군, 칠곡군으로 대구시와 인접 2개 시, 5개 군이다. 2020년을 목표
연도로 하여 수립된 대구권 광역도시계획도 대구시와 인접한 경상북
도의 대구시와 일부 지역을 하나의 계획단위인 광역도시권으로 설정
하여 무질서한 시가지의 확산 방지 및 도시 간 기능의 상호연계, 적
정 성장관리를 통한 광역도시권의 발전방향을 제시하고 있다.

  이들 시·군은 <그림 9-3>에서 보는 바와 같이 상호 기능적 보완
관계에 있다. 이를 경제적인 측면에서 살펴보면 대구는 지식경제 중심

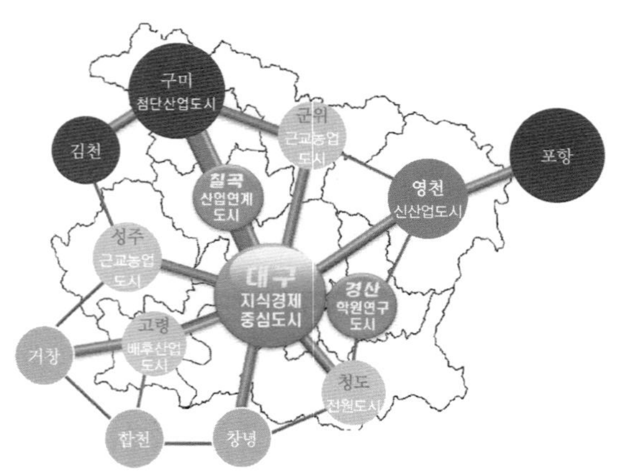

자료: 대구경북연구원(2010), 뉴 디자인 대구경북.

〈그림 9-3〉 대구 대도시권의 기능적 연계

---

92) 이들은 ① 수도권(서울·인천·경기), ② 부산권(부산·양산·김해), ③ 대구권(대구·경산·영천·칠곡·고
령·성주·군위·청도), ④ 광주권(광주·나주·장성·담양·화순·함평), ⑤ 대전권(대전·공주·계룡·
논산·연기·금산·옥천·청원·청주), ⑥ 마창진권(마산·창원·진해·함안)이다.

도시이고, 구미는 첨단산업도시, 영천은 신산업도시, 경산은 학원연구도시, 칠곡은 산업연계도시, 고령은 배후산업도시, 군위와 성주는 근교농업도시, 청도는 전원도시의 특성을 지니고 있다. 이들이 대구시 구역 확장의 대상지역으로 면적은 4,978㎢이고 인구는 311만 명이다.

이들 주변 지역은 대구시가 발전해오면서 그 혜택을 가장 많이 받은 지역이다. 종래 대구시에 입지해 있던 생산시설들이 경산이나 구미, 칠곡 등 외곽 지역으로 이전됨에 따라 이들 지역이 발전하였기 때문이다. 생산시설의 주변지역으로 이전 결과 대구광역시의 1인당 GRP가 전국의 광역자치단체 중 최하위로 나타나는 문제가 있다.[93]

대구도시권의 기능적 연계가 위와 같이 설정되어 있음에도 불구하고 지방정부 간 연계는 매우 미흡하다. 지방자치법상의 행정협의회도 대구광역시와 경상북도 간에만 구성되어 있고 대구시와 인근 시·군 간에는 구성되어 있지 않다. 그 결과 광역적 문제의 해결은 개별적 협력에 의존하고 있는 실정이다.[94]

광역시와 도 구역 조정은 종래 광역시-도 통합 주장과 합치하는 면이 많다. 통합론자들은 광역시 인근 지역의 시·도 계획이 분리되어 수립됨으로써 개발과 투자의 연계성이 결여될 뿐만 아니라 도로, 환경, 상하수도, 쓰레기처리 등과 같은 광역행정수요에 효과적으로 대처하지 못하기 때문에 통합이 필요하다고 한다. 광역시 구역확대는 광역시 인근 지역의 이러한 문제를 가장 효율적으로 해결할 수 있는 방법이다.

---

93) 이것을 두고 대구가 전국에서 가장 못사는 지역으로 평가되기도 하는데 이것은 사실과 거리가 멀다.
94) 그 예로 대구시 상수도의 칠곡과 창녕지역 공급과 대구시와 경산시 간의 버스 무료 환승제가 있다.

4. 개편안의 한계

  종래의 도 중심의 구역개편이 아니라 광역시 중심의 구역개편의 방향에 대해 논리적인 측면에서 다음 몇 가지 비판이 있을 수 있다. 첫째, 광역시와 도 간의 구역 조정보다 관련 대도시권 정부 간 협력이 더 바람직하고 현실적인 방법이라는 비판이다. 사실 서구의 대부분의 대도시권은 편입이나 통합보다 수평적 협력을 통해 광역적 문제를 해결하고 있고, 우리나라의 경우도 이러한 방향으로 가는 것이 매우 바람직하다. 여기서는 소속이 다른 광역시와 도 간의 기초자치단체 간의 협력보다 대도시권 내의 기초자치단체 간의 협력이 더 용이하다는 점에서 구역 조정을 제안하는 것이다.

  둘째, 대도시권 모두를 정주권에 맞추어 구역을 조정하는 것이 용이하지 않다는 비판이다. 이것은 서울특별시와 같은 거대도시(mega-city)의 경우 주변 지역을 편입하는 것이 쉽지 않은 것이 사실이다. 이런 점에서 정주권을 기준으로 한 대도시의 구역 조정에는 한계가 있다. 하지만 본 연구의 대상인 광역시는 거대 도시와 달리 쇠퇴하리라는 전망이 많으며, 편입의 여지가 상당하고, 편입으로 규모의 불경제가 발생할 우려가 적다는 점에서 정주권을 기준으로 한 구역 조정이 타당할 수 있다.

  셋째, 지방행정체제라는 관점에서 계층적 체계를 무시하고 있다는 비판이다. 이러한 비판은 구역이 넓은 도가 구역이 좁은 광역시의 상위 단위가 되어야 한다는 입장이다. 하지만 이러한 입장은 독립시의 가능성을 무시하고, 지방자치에서도 일사불란한 형식적 체제를 중시하는 것으로 지방자치의 실질과 다양성을 중시하는 입장과 대립할 수밖에 없다.

광역시와 도의 관할 구역의 조정의 실현 가능성과 관련하여도 다음과 같은 비판이 제기될 것이다. 첫째, 대도시권을 중시하는 입장은 지역균형발전의 논리와 대립하여 종래 금기시 되어 왔고 지금도 크게 다르지 않다. 대도시 확장 주장은 대도시 이기주의로 치부될 가능성이 크다.

둘째, 주민의 지역감정 문제이다. 광역시 주변의 시·군은 대도시 편입을 환영하는 곳이 많고 이것이 공론화되면 편입을 원하는 지역이 더욱 늘어날 것이다. 그러나 중심도시로 편입되기를 원하지 않는 주민들도 상당수 있을 수 있다.

셋째, 개편에 따르는 정치적 이해관계이다. 구역개편에는 경제적 합리성 못지않게 정치적 이해관계가 작용한다. 도지역의 일부가 광역시에 편입되는 것을 찬성할 도지사나 도의원은 소수일 것이고, 이로 인해 도의 위상이 낮아지는 것을 좋아할 도민들도 없기 때문이다.

V. 맺음말

광역자치단체의 개편과 관련하여 서로 상반된 주장이 있다. 시·군을 통합한 후 도를 폐지하는 주장과 광역시와 도를 통합하여 도의 지위를 강화하자는 주장이 대립되고 있다. 전자는 도가 없어지면 자치 능력이 미약한 시·군을 보완해 줄 자치 단위가 없어진다는 점에서 문제가 있다. 반면, 후자는 대도시의 지위를 격하시켜 도 산하에 두자는 것으로 대도시 기능의 중요성을 무시하는 발상이다.

도는 통치단위로 출발한 것으로 관할구역이 넓어 주민자치에 적합한 단위가 아니다. 도시화와 산업화가 되면서 도의 기능은 점차 위축되어 왔고 또, 보충성의 원칙에 따라 앞으로 도의 사무가 기초 단위로 이양되면 더욱 위축될 것이다. 반면 독립시 형태의 광역시는 도시화와 산업화 시대의 대도시권 문제를 해결하기 위하여 나타난 주민자치 단위로 앞으로 그 기능은 더욱 커질 수밖에 없을 것이다.

도의 기능이 약화되고 있지만 낙후 지역 시·군의 보호를 위해 당장 도를 폐지할 수 있는 것도 아니다. 그렇다고 도의 지위를 강화하기 위해 도시행정 기능이나 능력 면에서 도를 능가하는 광역시를 도 산하에 두는 것은 더욱 곤란하다.

도시화와 교외화, 서비스 경제화와 지식경제화가 심화되면서 대도시권은 더욱 확대될 것이다. 사실 세계화 시대에서 국가는 위축(hollowing-out)되는 반면 국가를 대체할 새로운 경쟁주체로서 대도시권이 부상되고 있다. 이에 맞추어 대도시권은 주변 배후지역을 통합하여 지역경쟁력을 갖출 필요가 있다.[95] 우리 광역시도 이에 맞춘 구역 조정이 필요하다. 광역시가 확대되고 더 많은 권한이 대도시권에 주어지는 반면 도의 기능은 더욱 위축되면 이에 적합한 개편이 모색되어야 할 것이다.[96]

광역시의 출범이나 구역 확장은 실무적으로 검토되고 추진된 것으로 아직 이론적인 틀을 제대로 갖추었다고 할 수 없다. 하지만 광역시 인근 시·군 주민의 광역시 편입의 요구가 계속되고 있고, 도의 기능이 점차 쇠퇴하고 있으며, 지방자치가 정주권을 중심으로 이루어져야 한다는 견지에서 볼 때 광역권의 문제를 해결하는 방법은 광역

---

95) 이 같은 현상은 '지구적 차원에서의 도시 중심형 자본주의 체제(new global city-centric capitalism)'로 표현된다(Brenner 1998, 2003).

96) 기능이 약화된 도를 그대로 두는 것보다는 도와 도를 통합함으로써 낭비를 줄일 수 있다. 기능이 쇠퇴해지는 도를 통합함으로써 도의 존재가치를 그나마 인정받게 해야 한다.

시와 도의 관할 구역의 조정이다.

　광역시의 구역확장은 관련 주민들의 환영을 받을 것이다. 광역시와 도의 관할 구역 조정의 논리는 광역시－도 통합과 같이 생활권별 자치와 주민들의 요구에 어긋나는 주장을 재고하게 할 것이다. 기존의 개편안에 더하여 광역시와 도의 관할 구역 조정도 공론화될 필요가 있다.

〈주요 참고문헌〉

내무부(1994). 2단계 행정구역개편계획(안). 내무부 내부 자료.
내무부(1995). 『행정구역개편 백서, 1994-1995』 내무부.
대구경북연구원(2010). 『대구경북 그랜드 디자인』 대구경북연구원.
이승종(2008). 지방역량강화를 위한 광역자치구역의 개편방안. 『행정논총』 46(3): 361-390.
Bennet, Robert J.(1997). Administrative System and Economic Space. *Regional Studies* 31(3): 323-326.
Olson, Mancur(1969). The principle of Fiscal Equivalence: The Division of Responsibilities among Different Levels of Government. *American Economic Review* 479-487.
Rusk, David(1993). *Cities without Suburbs*. Washington DC.: Woodrow Wilson Center Press.

제10장 읍·면·동과 근린 자치

우리나라의 기초자치단체의 규모는 세계에서 가장 크다. 따라서 근린 자치의 문제는 어느 나라보다 중요하다. 이 장에서는 읍·면의 지위 변화와 읍·면·동의 현행 주민자치센터와 설치가 추진되고 있는 주민 자치회의 문제점을 짚어 본다.

Ⅰ. 머리말

근린조직은 자연 발생적으로 생성된 주민들의 생활공동체를 통할하는 단위로서 주민들 누구나 쉽게 접근할 수 있고 친근감이 있는 조직이다. 근린조직은 주민자치에 적합한 단위일 뿐만 아니라 보충성의 원칙에 따라 사회문제를 해결하는 단위로서 의미가 크다.

농경시대에 형성된 근린조직이 오늘날 자치단위로 인정되는지 여부는 나라에 따라 크게 다르다. 프랑스의 코뮌에서 보는 바와 같이 근린조직은 자치단위로서 기능을 하고 있다. 그러나 영국의 전통적인 근린조직인 패리쉬는 자치단위로서의 기능을 거의 상실해 버렸다.

〈참고 10-1〉 영국의 패리쉬(Parish)

패리쉬는 영국에서 최하위 지방 단위로 초기 기독교 교회의 구획 명칭에서 유래하였다. 패리쉬는 종래 기초 자치단위로서의 역할을 하였으나 지금은 자치단위를 보조하는 정도의 지위에 있다.

패리쉬의 전형적인 사무는 농지관리, 공원, 놀이터, 공공 벤치, 공중 화장실, 가로등, 레저와 여가시설, 공동묘지 등이다. 재원은 패리쉬 구역 내에 거주하는 주민들이 납부하는 지역세에 프리셉트(precept)를 추가로 부과함으로써 확보한다. 패리쉬는 4년 임기의 패리쉬 의원들로 구성된다. 이들은 무보수명예직이다.

전통적인 근린조직 단위를 자치단위로 그대로 유지할 것인지 아니면 새로운 시대의 요구에 따라 더 큰 단위를 자치단위로 채택할 것인지는 선택의 문제이고 각각 장단점이 있다. 자치단위로서의 근린조직은 진정한 풀뿌리 민주주의를 실현한다는 점에서 장점이 있지만 그것으로서 담당할 수 있는 기능이 많지 않아 명목상의 자치단위에 그칠 가능성이 크다. 반면 근린조직을 자치단위로 하지 않을 경우 공공서비스 공급의 효율성은 증대시킬 수 있지만 진정한 주민자치를 외면한다는 비판을 면하기 어렵다. 따라서 기초자치단위의 규모가 큰 나라에서는 이를 보완하기 위하여 근린조직의 활성화를 추진하고 있다.

우리나라의 기초자치단체의 규모는 세계에서 가장 크다. 따라서 근린조직의 문제는 어느 나라보다 중요하다. 우리나라의 기초자치단체의 규모가 큰 이유는 1961년 군사정부가 군(郡)을 자치단위로 하는 대신 1·2공화국 때 자치단위였던 읍·면을 군의 하부 행정기관으로 전락시켰기 때문이다.

1980년대 후반 지방자치를 부활시킬 당시에 읍·면을 자치단위로 부활시키자는 주장이 없었던 것이 아니지만 군이 그대로 자치단위로 남았다.[97] 그러나 평균 10여 개의 읍·면을 포괄하는 넓은 구역의 군이 기초자치단위로서 적합하지 않다는 것은 분명하다. 그렇다고 기초자치단위를 군에서 읍·면으로 회귀시키는 것도 현실적으로 가능한 선택이 아니다.

기초자치단체인 군의 규모가 지나치게 큰 현실에서 주민자치를 강화시키는 방법은 자치단체를 보조하는 단위로서 근린조직을 활성화하는 것이다. 최근의 시·군 통합 정책은 이런 근린 자치의 필요성을 제고하고 있다. 아래에서는 우리나라 기초자치단위의 변천과정과 근래의 근린자치에 대한 정부의 정책을 살펴보고 그 대안을 검토한다.

Ⅱ. 읍·면 자치의 역사

1. 자치단위로서의 읍·면

1949년에 제정된 지방자치법상의 지방자치계층 구조를 보면, 서울특별시는 자치 단층제로, 도시지역에서는 도와 시, 농촌지역에서는 도와 읍·면의 자치 2층제였다. 그리고 도와 읍·면 사이에 국가의 보통지방관청으로서의 지위와 도의 하급행정기관으로서의 지위를 갖는 군을, 인구 50만 명 이상의 시에는 구를 두도록 하였다. 지방행정체제는 자치 및 행정 계층을 합하여 서울특별시는 2계층제, 그 외의 지역에서는 3층제로 이루어졌다.

---

97) 근래에도 지병문(2009)은 읍·면을 자치단위로 하여야 한다는 주장을 하고 있다.

지방자치단체의 기관구성에 있어서는 모든 자치단체가 기관분립주의를 채택하였다. 지방의회는 주민 직선에 의해 구성되었으나 읍·면장 선임방법은 수차례 변경되었다. 읍·면장의 선임방법은 1952년 지방의회의 간접선거로 하던 것이 1956년 주민직선제로, 1958년 임명제로 변경되었다가 1960년 다시 주민직선제로 변경되었다. 그러나 1950년대에는 지방자치의 형식만 갖추었을 뿐 실질적으로 자치를 하였다고 보기 어렵다.[98]

2. 하부행정기관으로서의 읍·면

1961년 5·16 군사쿠데타로 집권한 군사정부는 지방의회를 해산하고, 동년 9월 「지방자치에 관한 임시조치법」을 제정하여 기초자치단체를 읍·면에서 군으로 전환하였다. 그리고 기초자치단체의 장인 군수를 국가공무원으로 임명하였으며, 군의 하부행정기관인 읍·면의 읍·면장은 군수가 임용하도록 하였다.

1987년 민주화의 결과로 제정된 제6공화국의 헌법에서 지방의회에 관한 부칙조항[99]이 삭제됨으로써 지방자치 재개를 위한 법적 기반이

---

98) 김병찬 외(1995: 29-37)는 그 한계를 다음과 같이 정리하고 있다. 첫째, 사무 구조상 50년대의 지방자치단체는 지방사무보다는 국가사무를 위임받아 수행하였다. 지방자치단체는 자치사무보다는 위임사무에 치중하게 되는 구조를 가짐으로써 자치기관으로서의 성격보다는 중앙정부의 일선기관에 가까운 구조적 한계를 지니게 되었다. 둘째, 재정상의 한계이다. 1950년대에는 무엇보다도 국가와 지방정부가 함께 당면했던 열악한 재정상태 때문에 지방정부의 자체수입이 불충분함은 물론, 국고보조나 지방재정조정과 같은 제도로서는 지방정부의 물적 조건을 충족시키지 못하여 인건비 충당에 급급할 정도였다. 셋째, 참여자의 의식·행태상의 한계이다. 본래 지방자치는 지역주민의 민주적 소양을 전제로 한 산물이지만 중앙정부에서조차 민주주의가 성숙되어 있지 못한 상태에서 전격적으로 실시됨으로써 많은 혼란이 있었다. 넷째, 자치단체의 조직구조·운영상의 한계이다. 1950년대는 빈번한 조직개편에도 불구하고 기본적으로는 일제시대의 관치적 지방행정기구를 거의 그대로 답습하고 있었다.

99) 지방의회를 구성하지 않은 것과 관련한 시대별 헌법 부칙조항의 내용은 다음과 같다.
(제3공화국) 지방의회 구성시기를 법률로 정한다.
(제4공화국) 지방의회는 남북통일이 될 때까지 구성하지 않는다.

마련되었다. 1988년 4월 6차로 개정된 지방자치법에서는 지방자치 부활에 대비하여 전문이 개정되었고, 지방의원 및 단체장 모두를 주민이 직접 선출하도록 규정하였다. 그리고 서울특별시 광역시 및 도를 광역자치단체로, 각 관할구역 내의 시·군·구를 기초자치단체로 규정하였으나, 읍·면의 지위는 종전과 같이 기초자치단체의 하부행정기관으로 남겨 두었다.

3. 읍·면 기능전환과 주민자치센터

1990년대 말의 외환위기 극복 과정에서 행정 효율화를 명분으로 지방행정 계층의 축소가 추진되었다. 시·도-시·군·구-(행정구)-읍·면·동으로 구성되어 있는 지방행정 계층 중 읍·면·동을 폐지함으로써 그 목적을 달성하고자 하였다. 그리하여 중앙정부는 '지방자치'라는 명분을 내세워 읍·면·동 사무소를 주민자치센터로의 전환을 추진하였다. 2000년까지 동사무소와 군청소재지의 읍사무소를 폐지하고 2002년까지 읍·면사무소를 단계적으로 폐지할 계획이었다.

그러나 이러한 계획은 여론 및 읍·면·동 폐지로 나타나는 여러 가지 부작용 때문에 제대로 추진되지 못하였다. 읍·면·동에 민원행정, 사회복지업무 등 주민생활에 밀접한 최소한의 기능은 존치시킬 수밖에 없었다. 이들 사무 이외에 지방세, 건설, 환경 등의 사무는 상급 단위로 이관하였다. 읍·면의 정원은 현 정원 대비 70%를 존치시켰으며, 이관 인력 중 본청재배치와 감축규모를 각각 50%로 책정하

(제5공화국) 지방의회는 지방자치단체의 재정자립도를 감안하여 순차적으로 구성하되, 그 시기는 법률로 정한다.

여 4,395명이 본청에 재배치되고 같은 규모의 인력이 감축되었다. 또한 읍·면의 경우 농촌지역특성 및 주민편의를 고려하여 농정관련 사무 등 존치사무를 확대하였으며 구체적인 사무조정은 읍·면 지역 특성별로 유형화하여 차별화·다양화를 추구하였다(행정자치부 1998). 사무 이관으로 생긴 사무실의 여유 공간에 주민자치센터를 두었다.

4. 준자치 단위로서의 읍·면·동

2005년에 이어 2009년의 중앙정치권 주도의 지방행정체제개편안에서도 근린 자치의 문제가 다루어졌다. 2011년 제정된 지방행정체제 개편특별법은 읍·면·동에 주민자치회를 둘 수 있도록 하고 있다. 주민자치회는 구역 내의 주민화합 및 발전을 위한 사항, 지방자치단체가 위임 또는 위탁하는 사무의 처리에 관한 사항, 그 밖에 관계 법령, 조례 또는 규칙으로 위임 또는 위탁한 사항을 처리할 수 있도록 하고 있다. 읍·면의 지위의 변화 과정을 정리하면 <표 10-1>과 같다.

〈표 10-1〉 읍·면의 지위 변화 과정

유형 및 시기	지방자치 단위	읍·면 사무소	주민자치센터	주민자치회
	1·2공화국	3·4·5공화국	김대중정부~	현재 논의 중
법적지위	기초지자체	하부 행정 기관	하부 행정 기관	준자치단체
대의기구	의회	무	무	주민자치회
기관 구성방법	간선 →임명 →직선	임명	임명	위촉
업무수행자	지방공무원	지방공무원	지방공무원	지방공무원

자료: 필자가 정리.

Ⅲ. 근린조직으로서 주민자치센터

1. 설치 배경과 법적 근거

현재 읍·면·동에는 주민자치센터와 주민자치위원회가 설치·운영되고 있다. 주민자치센터는 1998년 김대중 정부 하에서 작고 효율적인 정부의 실현을 위하여 추진한 100대 국정개혁과제 중 하나인 읍·면·동 기능전환의 일환으로 추진되었다. 주민자치센터는 제1단계로 1999년 일부 동에 시범적으로 설치되었고, 2000년 전국의 모든 동에 설치되었다. 또한 읍·면은 2000년부터 선택적으로 주민자치센터를 설치할 수 있도록 하였다. <표 10-2>에서 보는 바와 같이 2012년 1월 현재 주민자치센터가 설치된 읍·면·동의 비율은 각각 64%, 49%, 95%이다.

<표 10-2> 주민자치센터 설치 현황(2012년 1월 현재)

구 분	개수	평균인구(천 명)	주민자치센터수
읍	216	138	64%
면	1,198	587	49%
동	2,068	1,974	95%
합계	3,452	2.699	77%

자료: 행정안전부(2012) 웹 사이트 자료에서 정리.

주민자치센터의 설립과 운영은 지방자치법 및 동법 시행령에 근거를 두고 있으며 위 법령에 의거하여 자치법규인 조례를 제정하여 '주민자치센터'를 설립·운영하도록 하고 있다.

주민자치센터 운영과 관련해 종래의 읍면동의 사무 중 주민의 근린 생활과 관련이 적은 선거, 지방세 부과징수, 병무, 예비군업무, 지역경제, 통계조사 등의 사무를 상급 단위로 이관시켰고 주생활과 밀접한 관련을 가진 민원사무, 사회복지, 민방위재난관리, 농어민사실증명, 추곡수매 등 농정업무, 소규모 건축 신고 및 허가사무, 상하수도, 청소업무, 도로·하천 관리 등의 사무는 존치시켰다.

2. 구성과 주민자치활동 실태

'주민자치센터의 설치 및 운영조례'에 의하면 명목상 운영책임자는 읍·면·동장이고, 실질적인 운영책임자는 주민자치위원회이며, 담당 공무원이 지원하고 있다.

주민자치위원회 위원은 위원장, 부위원장 각 1인을 포함하여 30인 이내의 위원과 3인 이내의 당연직 고문으로 구성된다. 주민자치위원은 읍·면·동 관할구역 내 거주하거나 소재하는 단체의 대표자 중에서 읍·면·동장이 위촉한다. 주민자치위원은 무보수 명예직으로서 주민자치센터의 운영에 있어 자원봉사자로서의 역할을 수행한다. 위원장과 부위원장은 위원 중에서 호선하되, 위원장은 공무원(지방의원 포함)이 아닌 자 중에서 선출하며 임기는 2년으로 연임이 가능하다.

조례상 주민자치센터는 주민자치, 문화여가, 지역복지, 주민편익, 시민교육, 지역사회진흥 기능 등을 수행한다고 규정되어 있다. 그러나 대부분 취미·교양 프로그램 위주의 문화여가 기능에 치우쳐 있다.

취미·교양 프로그램도 인기 프로그램 몇 개를 제외하고는 주민참여가 저조한 실정이다. 프로그램의 대부분이 근무시간에 이루어지고 있어 참여자가 일부 주부 층에 편중되어 있다. 대부분의 프로그램이 정부재원에 의존하고 있어 좋은 강사를 모시기에 한계가 있을 뿐만 아니라 프로그램 운영을 위한 네트워크가 제대로 구축되지 않아 관리운영상 어려움을 겪고 있다.

3. 문제점

읍·면·동 기능전환은 종래 하부 행정단위로서의 지위를 불식하고 주민자치의 단위로 만들기 위한 의도로 추진되었다. 읍·면 자치가 군 자치로 전환됨에 따라 발생한 주민들과 거리가 먼 자치제도의 문제점을 어느 정도라도 보완하기 위한 방안이다.

그 결과 설치된 주민자치센터는 주민편의와 복리증진을 도모하고 주민의 자치기능을 강화하여 지역공동체 형성에 기여하고자 하였다. 그러나 당초의 목적을 달성하는 데는 여러 가지 제약이 따랐다.

첫째, 주민자치센터는 주민의 공동체 의식을 바탕으로 지역문제를 해결하는 것에 초점이 맞추어져야 하나 실제는 여가·문화 프로그램을 운영하는 것 위주로 되었다. 그 결과 주민자치센터가 마치 문화센터처럼 인식되게 되었다.

둘째, 주민자치위원회의 위원은 조례로 지역 내 주민을 읍·면·동장이 위촉하고 있다. 동장이 위촉하는 자치위원은 주민이 직접 선출한 대표도 아니고, 직능별 대표도 아닌 지역 유지 집단이다. 위원은 지역의 대표성보다 읍·면·동장과의 개인적 연고 관계에 의해 위촉되는 경우가 많았다.

셋째, 주민자치위원회는 설치 및 활동 근거를 각 시·군·구의 주민자치센터 설치 및 운영에 관한 조례에 두고 있어 법적 구속력을 갖지 못한 반관반민의 조직이어서 자치활동에 많은 제약을 받고 있다.

넷째, 읍·면과 동은 여러 면에서 차이가 남에도 불구하고 같은 최하위 행정단위로 취급하여 같이 다루고 있다. 즉 읍·면은 여러 자연부락으로 흩어져 있는 형태인데 비해 동은 단일 부락의 형태로서 그 특성이 다르나 이러한 특성이 무시되고 있다.

Ⅳ. 주민자치회에 대한 논의와 전망

지방행정체제개편에 관한 특별법 제20조 내지 제22조는 '풀뿌리자치의 활성화와 민주적 참여의식 고양을 위하여 읍·면·동에 해당 행정구역의 주민으로 구성되는 주민자치회를 둘 수 있다'고 하고, '주민자치회가 설치되는 경우 읍·면·동의 행정기능을 지방자치단체가 직접 수행하되, 관계 법령, 조례 또는 규칙으로 정하는 바에 따라 지방자치단체 사무의 일부를 주민자치회에 위임 또는 위탁할 수 있다'고 하고 있으며, '주민자치회의 위원은 조례로 정하는 바에 따라 지방자치단체의 장이 위촉한다'고 하고, '주민자치회의 설치 시기, 구성, 재정 등 주민자치회의 설치 및 운영에 관하여 필요한 사항은 따로 법률로 정한다'라고 규정하고 있다.

지방행정체제개편추진위원회는 주민자치회와 읍·면·동 사무소 간의 관계에 대한 모형으로 협력형, 통합형 및 주민조직형을 제시하고 있다.

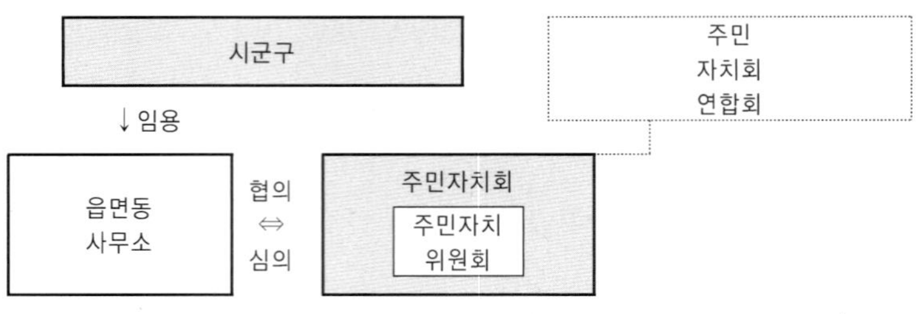

자료: 지방행정체제개편위원회 회의자료(2012.5.29).

〈그림 10-1〉 협력형

협력형은 읍·면·동 사무소와 주민자치회가 병렬적 관계를 가지는 모형이다. 주민자치회는 읍·면·동 사무소 전반에 대한 협의·심의 권한을 가지면서 읍·면·동 행정을 견제한다. 이 모형은 현행법 체계 내에서 무리 없이 도입할 수 있다. 그러나 읍·면·동은 시·군·구의 하위 행정단위에 불과하므로 주민자치회는, 주민자치센터의 주민자치위원회와 같이, 권한이 없는 형식적인 기구로 전락할 가능성이 크다.

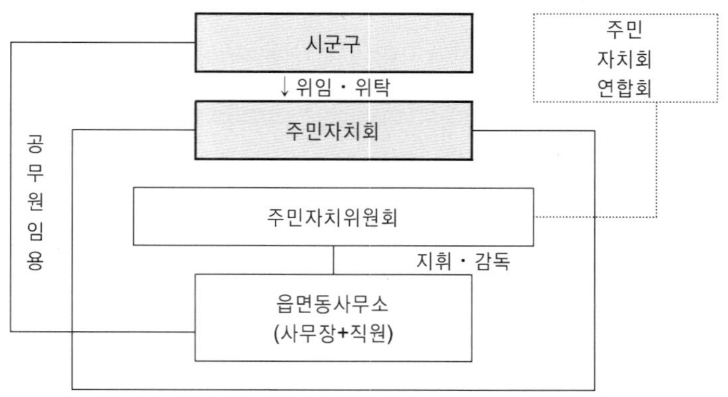

자료: 지방행정체제개편위원회 회의자료(2012.5.29).

〈그림 10-2〉 통합형

통합형은 주민자치회의 산하에 집행기구로서 읍·면·동 사무소를 두는 형태이다. 주민자치위원회가 사무소에 대한 지휘·감독권을 갖는다는 점에서 협력형과 달리 강한 권한을 가진다. 그러나 현행법체계 내에서 도입하기 어려운 형태이다. 왜냐하면 시·군·구에서 위촉하는 위원은 민간인 신분이므로 이들이 동사무소 직원을 지휘·감독한다는 것은 공무 수행에 따른 책임소재의 문제가 발생할 수 있다.

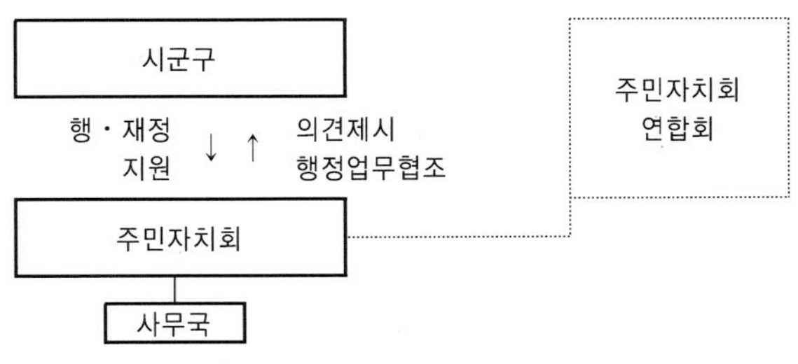

자료: 지방행정체제개편위원회 회의자료(2012.5.29).

〈그림 10-3〉 주민조직형

주민조직형은 주민자치회 소속에 사무국을 두는 형태로 주민자치에 가장 충실한 구조이다. 그러나 현행법상 자치단위가 아닌 읍·면·동에 이러한 구조를 도입하는 것은 사실상 불가능하다.

지방행정체제개편위원회는 위의 3개의 모형 중 통합형의 도입을 제안하고 있다. 협력형에 비해 주민자치의 실현이라는 측면에서 보면 바람직한 모형으로 볼 수 있다. 그러나 현행 지방자치법 등을 고쳐 통합형이 도입된다고 하더라도 주민자치회가 제대로 기능을 수행할 수 있을지 예측하기 어렵다.

　　주민자치회의 가장 큰 문제점은 대표성의 문제이다. 주민들이 주민자치회의 위원들을 직접 선출한다고 하더라도 다시 시·군·구에서 위촉하는 20~30여 명의 위원으로 구성되기 때문이다. 이러한 위원회 구성형태로는 주민자치회가 진정한 자치기구로서 역할을 하기 어렵다. 이러한 문제는 근본적으로 읍·면·동이 자치단체가 아닌데서 발생하는 것이다.

V. 맺음말

　　우리나라의 근린 조직은 크게 변해 왔고 지금도 변화를 모색하고 있다. 1949년 지방자치법은 읍·면에 대해 기초자치단체의 지위를 부여하였기 때문에 근린 주민자치가 이루어질 수 있는 상태였었다. 그러나 1961년 이후 기초자치단체가 읍·면에서 군으로 전환됨에 따라 근린 주민자치는 행해지기는 어렵게 되었다. 1990년대 말부터 읍·면·동 기능 전환정책을 추진하여 주민자치센터를 설립·운영하였으나 문화·취미 프로그램 위주의 운영으로 지역주민에 의해 지역문제를 해결하는 진정한 근린 자치와는 거리가 멀다.

　　우리나라는 기초자치단체인 시·군·구의 규모가 지나치게 커서 지방자치에 있어 주민의 접근성 문제가 제기되어 왔다. 이를 위해 읍·면·동에 주민자치회를 두어 근린 주민자치를 보완하고자 한다. 그러나 주민자치의 단위로서 주민자치회는 본질상 한계가 있다. 주민자치회 위원들이 시·군·구에서 위촉되는 위원들로 구성되어 있어 이들이 주민 대표성을 갖기 어렵고, 읍·면·동 행정을 지휘·감독할 수 있는 위치에 있지도 않기 때문이다. 이러한 구조적인 제약조건에도 불구하고 근린 주민자치를 활성화하기 위해서는 다음 몇 가지가 고려되어야 한다.

첫째, 주민자치회 위원들이 참여해서 처리할 업무가 있어야 한다. 주민자치회가 지역사회의 소규모개발계획, 예산감시, 정책제안권 등에 대한 권한을 가지면 주민자치회가 보다 실질적인 기능을 수행할 수 있을 것이다.

둘째, 읍·면·동이 사무, 인력, 예산 등 충분한 자원을 구비하여 주민자치회에서 결정된 사항을 충실히 수행할 수 있도록 해야 한다. 행정력이 뒷받침되지 않는 주민자치회는 그 기능을 수행할 수 없기 때문이다.

셋째, 주민들의 자발성을 최대한 존중하여야 한다. 주민자치회가 자발적 조직이 아니라 관제조직인 경우 근린 주민자치는 유명무실해질 가능성이 커진다.

근린 자치조직의 문제는 기본적으로 지역공동체의 문제 해결의 방법과 관련된 것이다. 지역공동체의 작은 문제들을 주민과 거리가 먼 정부조직을 통해 해결하는 것이 바람직한지 아니면 지역공동체 스스로 해결하는 것이 바람직한지 이다. 지역공동체가 스스로 문제를 해결할 수 있도록 권한을 부여하는 것이 보충성의 원칙에 충실한 것이다.

〈주요 참고문헌〉

김병찬·정정길(1995). 『1950년대의 지방자치』 서울: 서울대학교 출판부.
지방행정체제개편위원회(2012). 『읍면동 주민자치회 모델(안)』(5. 29).
지병문(2009). 지방행정체제 개편, 쟁점과 제안. 『지방자치정보』 168: 21-31.

PART 03

구역개편의 대안

근래 우리나라의 구역개편은 통합에만 관심이 집중되어 왔다. 하지만 구역 문제의 해결 방법에는 통합만이 있는 것이 아니다. 제3편에서는 구역문제의 다양한 해결 방법을 개관한 후 기능별 구역과 지방정부 간의 협력 문제를 살펴본다.

제11장 구역문제의 해결 단계[100]

구역개편의 기준이 상충되고 적정규모가 서비스별로 다른 현실에서 기존 구역의 문제를 모두 해결할 수 있는 하나의 방법은 존재하지 않는다. 대도시권의 파편화된 지방정부 구조로 인해 심각한 문제를 야기하고 있는 미국을 중심으로 이곳 학자들의 단계적인 구역 문제의 해결 방법들을 소개한 후 우리나라의 제도를 살펴본다.

Ⅰ. Walker의 구역문제 해결 단계

Walker(1987)는 미국의 지방정부의 과제를 공공서비스의 공동제공의 불가피성, 규모의 경제 달성, 파급효과의 내부화, 공공서비스의 효율적 공급 등으로 진단하고 그 대처 방안으로 17가지 처방을 제시하고 있다. 이들 방법은 정치적으로 채택이 용이하고, 논쟁의 가능성이 적으며, 별로 효과적이지 못한 방법에서부터 정치적으로 채택이 어렵

---

100) 이 장의 내용은 김석태(2010)의 일부를 수정·보완한 것이다.

고, 지방공무원들에게 위협적이며, 가장 효과적인 방법의 순서로
<표 11-1>과 같이 정리하고 있다.

〈표 11-1〉 Walker의 구역문제 해결의 단계

단계	세부내역
1. 용이한 방법	① 비공식적 협력 ② 지방정부 간 서비스 공급계약 ③ 공동 권한 행사 협약 ④ 권역 외 권한 행사 ⑤ 광역협의체 설치 ⑥ 연방 지원에 의한 기능별 구역 ⑦ 주의 계획 혹은 개발구역 설정 ⑧ 민간위탁
2. 중간 정도로 어려운 방법	⑨ 지방정부의 기능별 구역 ⑩ 기능 이전 ⑪ 편입(annexation) ⑫ 광역 특별구역 지정 ⑬ 대도시 다기능 구역 설정 ⑭ 변형된 도시지역 카운티 운영
3. 가장 어려운 방법	⑮ 단층 통합(consolidation) ⑯ 2층 재구조화(two-tier restructuring) ⑰ 3층 개혁(three-tier reforms)

자료: Walker(1987)에서 정리.

가장 쉬운 8가지를 보면 다음과 같다. ① 비공식적인 협력은 상호 협동적인 행위로서 실용성이 높아 지역문제 해결에 가장 보편적으로 사용되는 방법이다. ② 지방정부 간 서비스 공급계약은 두 개 이상의 지방정부가 맺는 공식적인 계약으로서 대도시권에서 매우 흔히 볼 수 있다. ③ 공동 권한행사 협약은 2개 이상의 지방정부가 계획, 재정 또는 공공서비스에 대해 공동의 권한을 갖도록 협약을 체결한 것이다.

④ 권역 외 권한 행사는 법인체인 지방정부가 자치지역이 아닌 주변 지역의 지역계획 등에 대한 권한을 행사할 수 있도록 하는 것으로

35개 주에서 이용하고 있다. ⑤ 광역협의체는 자발적으로 구성되는 것으로 지역 의제를 정하거나 갈등 해결의 역할을 수행함과 더불어 협의체 안의 지방정부에 기술적 서비스를 제공한다. ⑥ 연방 지원에 의한 기능별 구역은 연방의 재정적 지원을 실행에 옮기기 위해 설정된 구역이다. ⑦ 주의 계획 또는 개발구역은 주에서 설정한 특별구역이다. ⑧ 민간위탁은 민간이 공공서비스를 제공하는 것으로 매우 인기 있는 방법이지만 법적 제약이나 노조의 반대가 심하다.

지역문제 해결에서 중간 정도의 어려움을 가진 6가지 방법은 다음과 같다. ⑨ 지방정부의 기능별 구역은 기존 지방정부의 구역을 넘어서 공공 서비스를 제공하는 구역으로서 흔히 이용되는 방법이다. ⑩ 기능 이전은 광역의 문제를 해결하기 위하여 특정 기능을 주로 상급 단위의 정부로 이전하는 것이다. ⑪ 편입은 행정구역과 서비스 구역을 일치시키기 위하여 주변지역을 중심도시의 구역에 합치는 것이다. ⑫ 광역 특별구역은 특정 기능을 수행하기 위한 광역구역을 지정하는 것이다. ⑬ 대도시 다기능 구역은 대도시권 안에 여러 가지 기능을 수행하는 구역을 만드는 것이다. ⑭ 변형된 도시지역 카운티는 대도시권 내의 여러 지방정부에 관련된 공공서비스를 카운티에서 제공하는 것이다.

가장 어려운 3가지 방법은 새로운 정부를 만들고, 권한과 기능을 재배분하며, 정치적 역학관계를 변화하게 하는 것이다. ⑮ 단층 통합은 시와 카운티 간의 통합으로, 지난 25년 간 통합이 추진된 5개 지역에서 1개 정도만이 성공하였다. ⑯ 2층 재구조화(two-tier restructuring)는 지방정부 위에 광역정부를 새로 만드는 것이다. ⑰ 3층 개혁(three-tier reforms)은 여러 카운티에 걸쳐있는 문제를 해결하기 위한 광역협의체이다.

Ⅱ. Hughes and Lee의 통합에 이르는 단계

Hughes and Lee(1987)는 대도시권 내의 지방정부들이 재정적 궁핍 상황에서 적절한 공공서비스를 제공하기 위한 방안을 모색하는 단계를 제시하고 있다. 이들은 미국 대도시권에서 시티와 카운티가 통합까지 이르는 단계를 진화적인 측면에서 5단계로 구분하여 설명하고 있다.

첫 단계는 비공식적 논의의 단계로 공동의 정책협의가 시작되는 단계이다. 이런 협의는 단기간 단일의제에서 장기간 복수의제로 발전한다. 두 번째 단계는 공식적 협조의 단계로 양자 간의 협의사항들이 공식화되는 단계이다. 공동정책협의 기구를 통해 하나 혹은 복수의 사소한 이슈에서 시작하여 주요한 이슈로 의제를 확대시켜 나가고, 일시적 서비스나 장비에 대한 공식적 약정이 이루어진다. 세 번째 단계는 계약적 통합의 단계로서 정책이나 관리방식을 공유하는데, 여기에는 장비나 시설의 공유와 정책이나 관리의 위탁이 이루어진다. 네 번째의 단계는 시험적 통합의 단계인데 여기서는 주요 정책과 관리에 대한 공식적인 공동기구 구성 등 권한의 공유에 대한 기본적 합의가 이루어진다. 마지막 단계는 통합인데 연합체화 또는 집권화를 통하여 부분적 또는 완전한 통합이 이루어진다(Hughes and Lee 1987: 272-274) 이러한 과정을 정리하면 <표 11-2>와 같다.

<표 11-2> 메트로폴리탄에서의 진화적 통합모형

단계	세부내역
1. 비공식적 논의	비공식적 공동 정책협의: 단기간 단일 의제에서 장기간 복수의제로
2. 공식적 협조	공동정책협의 기구: 하나 혹은 복수의 사소한 이슈에서 주요한 이슈로 공식적 약정: 일시적 서비스나 장비 공식적 정책조정: 구획이나 다른 권한 등
3. 계약적 통합	정책이나 관리방식의 공유: 장비나 시설의 공유, 정책이나 관리의 위탁
4. 시험적 통합	권한의 공유에 대한 기본적 합의: 주요 정책과 관리에 대한 공식적인 공동기구
5. 통합	부분적 또는 완전한 통합: 연합체화, 집권화

자료: Hughes and Lee(1999), 274쪽에서 정리.

Ⅲ. Jones의 통합의 정도에 따른 접근법

Jones(1983)는 광역적 문제의 해결 방법의 단계로 공식적 조정 메커니즘이 없는 시장에서부터 단층제 통합정부까지 통합의 정도에 따른 연속선상에서 여러 가지 문제의 해결 방법들을 <표 11-3>과 같이 제시하고 있다.

<표 11-3> 통합의 정도에 따른 광역행정 유형

통합성 낮음 <---> 통합성 높음

시장	협정	특별구	협의회	연합체	합병	통합

시장적 접근 <--------------------> 점진적 접근 <--------------------> 전면적 접근

자료: 이달곤(2004), 214쪽에서 인용.

구역문제 해결에 있어 시장적 접근은 광역적 행정서비스가 상당부분 시장을 통해 충족되는 것을 중시하는 것이고, 점진적 접근(incremental approach)은 협정, 특별구, 협의회, 연합체의 방법으로 필요

에 따라 공식적인 문제해결의 방법을 모색하는 것이고, 전면적 접근 (comprehensive approach)은 합병과 통합으로 포괄적인 문제해결의 방법을 지향하는 것이다.

Ⅳ. Savitch and Vogel의 신광역주의 루트

Savitch and Vogel(2000)은 미국에서 대도시권의 광역적 문제를 해결하기 위한 방법으로 공공선택, 복합 네트워크, 기능연계, 다층구조, 그리고 통합의 5가지 대안을 제시하고 있다.

공공선택은 시장에서의 선택과 유사하게 지역의 자유로운 선택으로 문제를 해결하는 것으로 Los Angeles(1960s)와 Burnswick에서, 복합 네트워크는 지역 상호 간 이익 증대를 위한 합의를 모색하는 체제로 Pittsburgh와 Macon에서 각각 그 예를 볼 수 있다. 또한, 기능연계는 지역 간 갈등 해결과 협조를 위해 정부기능을 연계시키는 것으로 Charlotte와 Louisville에서 그 예를 볼 수 있다. 다층구조는 계층 간의 역할분담을 통한 집권과 분권의 조화를 이루는 방법으로 Minneapolis와 Portland에서, 통합은 광역적 통일성과 통제의 방법으로 Jacksonville, Nashville, Indianapolis, Athens, Augusta 등에서 각각 그 예를 볼 수 있다.

이들 중 기존 조직의 수평적 협력과 비공식적 접근을 중시하는 기능연계와 복합 네트워크는 협치(協治)에 가깝고, 공식적인 룰과 (계)층을 요소로 하는 통합과 다층구조는 통치(統治)모델에 가까운 것이다. 이를 표로 나타내면 <표 11-4>와 같은데, 이 안의 지역들은 각 루트에 크게 의존하고 있는 도시들의 대표적인 예이다.

〈표 11-4〉 신광역주의의 루트

광역협치	공공선택	복합 네트워크	기능연계	다층구조	통합	광역통치
	LA(1960s) Burnswick	Pittsburgh Macon	Charlotte Louisville	Minneapolis Portland	Jacksonville Nashville	

자료: Savitch and Vogel(2000), 165쪽에서 재정리.

대도시권 협치는 메트로폴리탄의 문제를 해결하기 위한 여러 다른 목적과 이해관계를 가진 주체들 간의 협조와 갈등해결의 자율적인 기제이다. 오늘날 협치가 가능하게 된 것은 첫째, 공익을 목표로 하는 민간단체(의) 수가 크게 늘어났고, 둘째, 도시의 새로운 지도자들의 리더십이 상호 협력을 중시하는 형태로 변하였으며, 셋째, 정책결정 메커니즘이 비전의 공유와 협의에 의한 갈등해결과 합의 도출을 중시하는 형태로 바뀐 결과라고 할 수 있다.

V. 우리나라의 방식

우리나라에서도 일찍이 보통지방자치단체 하나만으로 복잡한 구역의 문제를 해결할 수 없다는 것을 인식하여 보통지방자치단체를 넘어서는 구역 문제의 해결 방식을 지방자치법에 규정하고 있다.

이것에는 구역의 폐치분합, 행정협의회와 지방자치단체조합이 있는데, 이를 쉬운 방법에서 어려운 방법의 순서로 정리하면 <표 11-5>와 같다.[101]

---

101) 이들 외에 개별법상의 광역도시계획권, 국가일선기관의 의한 광역행정수행의 방법도 있다. 광역적인 계획수립을 규정하고 있는 것은 도시계획법, 지역균형개발법, 수도권정비법, 국토건설종합계획법 등이 있다. 국가의 특별지방행정기관은 환경, 노동, 경찰, 국세, 체신, 병무, 식품의약, 공정거래 등의 분야에서

〈표 11-5〉 우리나라 구역 문제 해결의 단계

행정협의회	지방자치단체조합	구역의 폐치분합

자료: 필자가 정리

　　행정협의회는 지방자치단체 간의 행정사무의 일부를 공동으로 협의 처리하는 기구로서 광역행정의 효율적인 추진을 도모하기 위한 것이고, 지방자치단체조합은 지역의 공동사무를 처리하기 위하여 지방자치단체가 조합원이 되어 구성되는 별도의 법인이다. 또한, 지방자치단체의 폐치분합은 지방자치단체를 폐지하거나 나누거나 통합하는 것을 의미한다.

〈주요 참고문헌〉

이달곤(2004). 『지방정부론』 서울: 법문사.

Hughes Herbert H. and Charles Lee(1999). The Evolutionary Consolidation Model. In Roger L. Kemp ed. *Forms of Local Government: A Handbook on City, County and Regional Options*. McFarland & Company, Inc.: 272-279.

Savitch, H. V. and Ronald K. Vogel(2000). Paths to New Regionalism. *State and Local Government Review* 32(3): 158-68.

Walker, David(1999). From Metropolitan Cooperation to Governance. in Roger L. Kemp ed. *Forms of Local Government: A Handbook on City, County and Regional Options*. McFarland & Company, Inc.: 151-158.

그 예를 찾을 수 있다. (도시계획법 등에서 규정하고 있는 광역도시계획권, 국가일선기관에 의한 광역행정수행의 방법도 이러한 구역문제의 해결방법이라 할 수 있다.

제12장 기능별 구역

보통지방자치단체의 구역개편은 종합적인 수술 같이 어려운 문제이다. 기능별 구역 설정은 부분적인 수술로 구역의 문제를 해결하는 방법이 된다. 이 장에서는 기능별 구역의 논리적 근거와 실례, 그리고 우리나라에서 도입의 문제를 살펴본다.

I. 기능별 구역의 의의

정부의 기능이 다기능 기관을 중심으로 수행되는지 단일기능 기관을 중심으로 수행되는지는 역사적 전통에 따라 다르다. 다기능 기관의 대표적인 형태인 보통지방자치단체가 대부분의 행정서비스를 제공하는 유형은 유럽에서 흔히 찾아볼 수 있고, 단일기능 기관이 특정한 서비스를 전문적으로 제공하는 형태는 미국의 특별구(special district)에서 그 예를 찾아 볼 수 있다.

여러 가지의 정부기능을 수행하는 일반목적구역은 어느 지방에서나 전통적으로 존재해 왔다. 그러나 정부의 기능이 확대됨에 따라 일반 행정기관에서 담당하기에 적절하지 않은 새로운 기능이 생겨났다. 이러한 새로운 기능을 수행하기 위해 특별목적구역이 설치되게 되었다.

기능별 구역은 기능의 특수성 때문에 특정 분야의 몇몇 전문가에 의해 운영된다. 기능별 구역은 담당 기능의 수행에 적합하도록 설정되기 때문에 일반 지방행정기관 구역의 경계와는 다른 경우가 많다.

기능별 구역과 관련해 Hooghe and Mark(2001)의 구역 및 계층과 관련한 거버넌스의 두 가지 유형의 구분이 도움이 된다. 제1유형은 복합적 과업의 관할 구역이고 제2유형은 특정 과업의 관할 구역이다. 전자는 관할구역이 계층 간에 배타적인데 비해 후자는 계층적으로 중첩되어 있다. 구역의 수나 계층의 수가 전자의 경우 제한적인데 비해 후자는 무제한적이다. 전자는 관할 구역이 경직적인데 비해 후자는 유연하다. Hooghe and Mark(2001)가 명시적으로 밝히고 있지는 않지만 전자는 일반목적구역에 해당하고, 후자는 기능별 구역에 해당한다.

〈표 12-1〉 거버넌스 유형

제1유형(Type Ⅰ Governance)	제2유형(Type 2 Governance)
복합적 과업의 관할 구역	특정 과업의 관할 구역
계층적 배타적 관할구역	계층적 중첩형 관할구역
제한적 관할 구역수	무제한적 관할 구역 수
제한적 관할구역 계층수	무제한적 관할구역 계층수
경직적(영속적) 관할 구역	유연한 관할 구역

자료: Hooghe and Mark(2001)에서 정리.

위의 구분에서 보듯이 기능별 구역은 여러 가지 이점이 있다. 우선 수행하는 기능 별로 전문화를 기할 수 있고, 신축적인 구역 조정이 용이하며 정치적 가시성(可視性)이 적어 전문적 기능을 정치적 영향을 받지 않고 수행할 수 있다. 따라서 상하수도, 교통, 환경시설, 공원 등의 기술적 분야에서 많이 활용되고 있다.

우리나라의 경우 국가 수준에서는 많은 기능별 구역이 있지만 지방에서 이를 찾아보기 쉽지 않다.[102] 보통지방자치단체의 구역이 상당히 넓어 여기서 대부분의 광역적 기능을 수행할 수 있기 때문이라 할 수 있다. 하지만 근래 교통, 환경, 경제개발 등에서 기능별 구역이 생겨나고 있는 실정이다.

Ⅱ. 기능별 구역의 적정 규모[103]

기능별 구역의 적정 규모는 서비스의 공간성에 맞추어 구역을 정하는 방법, 규모의 경제나 불경제에 따른 평균생산비용이 최소가 되는 규모로 구역을 정하는 방법, 마지막으로 서비스별로 편익과 비용의 차이가 가장 큰 규모로 구역을 정하는 방법으로 나누어진다.

1. 기능의 공간성에 맞춘 구역

공공서비스가 미치는 공간적 범위에 맞게 구역을 정함으로써 최적 구역을 만들 수 있다. 모든 사람에게 편익을 줄 수 있는 서비스는 중앙정부에서 공급되어야 하고, 제한된 구역의 사람에게만 편익을 제공

---

102) 국가 수준에서 기능별 구역은 특별지방행정기관이라 한다.
103) 이 절의 내용 중 일부는 김석태(1997)를 수정·보완한 것이다.

할 수 있는 재화는 지방정부에서 공급되어야 한다. 따라서 서비스의 성격에 따라 각기 다른 구역이 정해져야 한다. 이것이 Oates가 제안하는 대응원리(correspondence principle)에 따른 구역설정의 방식이다(Oates 1978). 이렇게 구역이 설정될 때 공공서비스의 외부성은 없어진다. 그러나 공공서비스의 영향권역을 정확히 찾아낸다는 것은 용이한 일이 아니기 때문에 위의 방법은 실용성이 적을 가능성이 크다.

2. 규모의 경제에 따른 구역 설정

공공서비스의 단위당 평균비용이 일정하다면 규모 그 자체는 문제가 되지는 않는다. 또 생산의 규모가 커짐에 따라 평균비용이 계속 작아진다면 구역이 크면 클수록 좋아 적정구역에 대한 논의는 의미가 적어진다.

하지만 공공서비스의 경우도 규모의 경제가 작용하는 영역과 불경제가 작용하는 영역이 있어 평균 생산비용 곡선이 U자 모양인 경우가 많다. 이 경우 U자 곡선에서 가장 적은 비용이 드는 생산량이 제공될 수 있는 지역범위가 적정규모가 될 것이다. 기능별로 그 서비스의 생산비용이 가장 적은 구역의 규모를 찾아내는 것은 앞의 서비스 영향권역을 찾는 것보다는 용이하여 실용성이 큰 방법이다.

생산에 있어서 규모에 따른 비용의 크기는 지방정부가 제공하는 서비스에 따라 차이가 있기 마련이다. 아래 <표 12-2>는 지방정부가 제공하는 서비스 별로 규모에 따른 평균비용의 변화에 대한 연구를 정리한 것이다.[104]

〈표 12-2〉 규모에 경제에 따른 평균비용 곡선

연구대상 서비스		연구자	결과
교육	고등학교	Riew(1966)	AC(평균비용)선이 U자 모양, 학생 1,700명에서 최소
	초중등 교육	Kiesling(1966)	AC선이 수평에 가까움
	초중등 교육	Hirsch(1959)	AC선이 수평에 가까움
	학교행정	Hirsch(1959)	AC선이 U자 모양 44,000명에서 최소
경찰		Schamadt-Stevens(1960)	AC가 수평에 가까움
		Hirsh(1960)	AC가 수평에 가까움
소방		Will(1965)	AC선이 U자 모양, 300,000명에서 최소
		Hirsh	AC선이 U자 모양, 110,000명에서 최소
쓰레기 수거		Hirsh(1965)	AC가 수평에 가까움

출처 : W. Hirsh(1968). 183쪽에서 정리.

<표 12-2>를 보면 교육의 경우는 적정 규모를 일률적으로 말하기 어렵다. 그러나 경찰이나 쓰레기 수거의 경우 평균비용선이 수평으로 나타나 단위당 서비스 비용이 규모와 관련이 없음을 보이고 있는데 비하여 소방의 경우 평균비용선이 U자 모양이어서 특정 규모를 전후하여 규모의 경제와 불경제가 분명히 나타난다.

3. 편익 – 비용에 따른 구역 설정

적정 구역의 크기를 정함에 있어 비용과 편익을 동시에 고려하는 방법이 최대 순편익 접근법(maximum net benefit approach)이다. Fisher 는 구역의 크기에 따라 ① 지방 주민들 간의 공공수요의 차이로 인한

---

104) 한국에서의 이런 연구의 예로 손재식(1991)등을 들 수 있는 데, 이들은 인구 일인당 비용을 계산하고 이
들 비용곡선의 모양이 U자라고 하고 있다.

후생손실 크기, ② 지역 간의 외부성의 내부화에 따른 이익, ③ 지방
공공재 생산의 규모의 경제, ④ 행정비용과 순응비용이라는 네 가지
요인들의 비용과 편익을 고려한 모형을 제시하고 있다(Fisher 1996:
124-129).[105]

　이 모형에서 제시하는 최적 규모는 구역이 넓어짐으로써 얻을 수
있는 편익, 즉 한계편익과 이로 인해 발생하는 추가적인 비용, 즉 한
계비용이 같은 크기의 규모이다. 이 점에서 최적규모가 결정되는데
서비스 마다 적정규모가 각각 다르다는 것이다. 그러나 공공서비스마
다 다른 구역을 정하여 생산하는 것이 비효율적인 경우가 많다. 이것
은 다음에서 다루는 범위의 경제 문제 때문이다.

4. 범위의 경제(economies of scope)와 구역

　특정한 구역을 관할하고 있는 정부가 한 가지 서비스를 제공하는
것이 효율적이냐 아니면 여러 가지 서비스를 같이 제공하는 것이 보
다 효율적이냐의 여부는 범위의 경제의 문제이다.
　범위의 경제는 한 생산자가 여러 개의 생산물을 만들어 내는 경우
에 이것이 개별적인 생산보다 유리한가에 대한 것이다. 한 생산자가
두 개 이상의 생산물을 동시에 공동생산(joint production)하는 경우가
생산자들이 각각 따로 생산물을 만드는 것보다 더 많은 산출량을 낼
수 있는 경우 범위의 경제가 있다고 한다.
　범위의 경제가 생기는 요인으로는 생산요소나 설비의 공동이용,

---

105) 이 모형의 구체적인 내용은 제3장에서 다루었다.

공동 관리를 통한 비용의 절감 등을 들 수 있다. 공동생산의 경우 관리자의 능력, 청사, 컴퓨터 시설, 경비 등의 분야에서 비용이 절약될 뿐만 아니라 조정의 비용을 줄일 수 있다.[106] 즉 기능을 수평적으로 통합함으로써 효율성을 기할 수 있다.

공공서비스 제공에서 범위의 경제의 존재는 정부의 기능이 단일기능이라기보다 다기능이 되는 경우 더 효율적일 가능성을 제시한다. 즉 정부기능마다 각기 특별목적기관을 설치하여 공공서비스를 제공하는 것보다 하나의 기관이 종합적인 서비스를 제공하는 방법이 더 효율적일 수 있다는 것이다.

Ⅲ. 기능별 구역의 예

1. 미국

실용성을 중시하는 미국에서도 1950년대까지는 특별구의 수가 많지 않았다고 한다. 하지만 1990년에는 일반목적정부인 카운티나 시티보다 특별구의 숫자가 더 많아졌고, 최근 더 많이 증가하고 있다고 한다(Burns 1994). 그 이유는 여러 가지가 있겠으나 기존 지방자치 단위의 구역 변경이 용이하지 않는 상황에서 광역적 기능을 수행하는 정부를 새로이 만드는 방법을 택한 것이라 할 수 있다.[107]

---

106) 범위의 경제의 계산은 아래 식으로 할 수 있다. 여기서 SC는 범위의 경제에서의 비용절약의 정도를 C(Q₁)과 C(Q₂)는 각각 생산시의 비용을 C(Q₁+Q₂)는 공동생산시의 비용을 나타낸다.

$$SC = \frac{C(Q_1)+C(Q_2) - C(Q_1+Q_2)}{C(Q_1+Q_2)}$$

위 식에서 SC의 값이 클수록 범위의 경제가 있다고 할 수 있다.

107) 미국의 지방정부에는 교육구와 다른 특별구를 포함하여 약 4만 7천 7백 개의 특별목적기관이 있다. 이

미국의 특별구는 교육, 소방, 상·하수도 관리 등 다양하다. 가장 대표적인 특별자치단체는 학교구(school district)이다. 학교구가 보통지방자치단체와는 별도로 만들어진 계기는 자치단체의 경우 규모가 너무 작아 학교의 운영이 어려우므로 규모의 경제를 기하기 위하여 여러 개의 소규모 자치단체구역을 포괄하는 학교구를 만들었다고 한다.

특별지방자치단체는 주민직선 또는 의회 간선을 통해 의회 및 관리자를 구성한다. 재원은 재산세, 사용료, 공채, 기금 등으로 조달하는데 학교구의 경우 재산세를 주된 재원으로 하는데 재산세를 학교세(school tax)라고도 한다.

미국에는 많은 특별목적기관이 있고, 그 수도 일반행정기관보다 더 많다. 미국에서 이들 특별목적기관의 경계는 서로 엇갈려 있어(criss-cross) 조직화된 혼란(organised chaos)이라고 기술된다(Norton 1994: 44).

2. 일본

일본의 특별지방자치단체로는 지방자치단체조합, 특별구, 재산구, 지방개발사업단이 있다. 지방자치단체조합은 조합원인 지방자치단체 사무의 일부를 공동으로 처리하기 위한 것으로 명칭은 지방자치단체조합이나 법적 성격은 특별지방자치단체의 한 종류이다. 특별구는 우리의 자치구와 유사한 것이고, 재산구는 지방자치단체 폐치·분합시

는 일반목적기관 약 3만 9천 개보다 훨씬 많은 것이다(Fisher 1996: 4). 주요도시의 일반목적기관과 교육구의 수를 보면 뉴욕이 각각 148개와 134개, LA가 각각 84개와 95개, 시카고가 각각 448개와 341개이다(Fisher 1996: 108). 이와 같이 특별구들이 많은 이유는 여러 가지가 있으나 그 중의 하나가 권한 집중으로 인한 부패를 막을 수 있다는 것이다. 이는 지방정치의 심각한 부패를 경험한 미국에서 더 잘 나타나고 있다고 할 수 있다.

재산처분을 담당하는 것이며 지방개발사업단은 개발사업을 전담하는 특별목적기관이다.

특별지방자치단체는 자치입법권 등 자치권을 보유하고 있다. 정부형태는 의회 및 집행부의 분립형 조직 형태를 취하고 있고, 규약이 정하는 바에 따라 임원을 대부분 간접 선출한다.

3. 독일

서유럽은 일반행정기관을 선호하는 경향이 있어 기능별 구역이 많지 않다. 독일의 특별지방자치단체에는 광역연합과 게마인데조합이 있다. 주민직선 또는 의회간선을 통한 의회 및 집행부를 구성하고 사용료, 수수료, 분담금 등으로 비용을 충당한다.

Ⅳ. 우리나라의 특별지방자치단체 도입

우리나라에는 특정목적을 수행하는 지방자치단체의 기능별 조직에 대한 제도가 완비되어 있지 않다. 지방자치법 제2조에 지방자치단체의 종류를 보통지방자치단체와 특별지방자치단체로 규정하고 있으나 특별지방자치단체에 대한 세부적인 규정이 없는 형편이다. 따라서 지방자치단체 간 협력은 행정협의회나 지방자치단체조합에 의존할 수밖에 없다. 이런 제도의 불비는 근래 경제자유구역청의 적정 조직형태를 두고 많은 논란을 야기했다.

2003년 출범한 경제자유구역청은 경제자유구역이 한 개 광역자치단체 구역 내에 있는 경우는 지방자치법 제114조에 규정된 보통지방자치단체의 소속행정기관인 도의 출장소의 형태를, 두 개 광역자치단체에 걸쳐있는 경우는 지방자치법 제149조에 규정된 지방자치단체조합의 형태를 채택하였다.[108]

하지만 경제자유구역청이 지방자치단체의 출장소나 지방자치단체조합의 조직형태로서는 자율성이나 전문성을 기할 수 없다는 비판이 계속 제기되었다. 그 결과 2004년 1월에는 국정현안정책조정회의에서는 경제자유구역청을 '특별지방자치단체로 전환하여 자율성과 전문성을 향상시키는 방안이 현실적으로 타당한 것으로' 결정한 바 있고, 2006년에는 행정자치부의 분권자치제도팀에서 지방자치법 내에 특별지방자치단체 관련 조항의 도입을 추진한 바 있다.[109] 그 외에도 수도권 교통조합이나 대구·경북의 경제통합추진기구가 특별지방자치단체의 후보로 거론되었다.

1. 특별지방자치단체의 모형

특별지방자치단체는 지방자치단체의 기능을 보완하기 위하여 자율적인 협의에 의해 규약을 제정하여 임의적으로 설치되는 행정기관으로 특정사무를 전담하여 처리한다. 이는 지방자치단체 간의 협력을 강화하는 제도라고 할 수 있다.

---

108) 현재 6개 지역에 설치된 경제자유구역청은 두 개의 서로 다른 법적 지위를 갖는 행정단위로 나누어져 있다. 인천과 새만금·군산의 경우 「지방자치법」제114조에 규정된 소속행정기관인 출장소로, 부산·진해, 광양만, 황해, 대구·경북의 경우에는 「지방자치법」제149조에 규정된 지방자치단체조합으로 출범하였다. 이는 기존의 지방자치법 틀 안에서 경제자유구역으로 지정된 지역이 하나의 광역자치단체 관할구역 내인 경우 출장소로, 두 개의 광역자치단체에 걸쳐있는 경우에는 지방자치단체조합의 형태로 하였기 때문이다.

109) 2006년에 경제자유구역청을 특별지방자치단체로 바꾸는 내용의 지방자치법 개정안이 국무회의를 통과 했지만, 국회 논의 과정에서 지방자치법 개정작업이 무산된 바 있다.

설치 주체는 법인격을 갖는 지방자치단체이고, 2개 이상의 지방자치단체가 그 사무의 일부를 공동으로 처리할 필요가 있을 때 지방자치단체가 협의에 따른 규약을 제정하여 당해 지방의회 의결을 거쳐 행정안전부장관의 승인을 얻어 설치한다.

기관 구성은 기관운영의 효율성과 주민대표성을 동시에 고려하여 대립형을 취하면서 직선에 따른 사회적·경제적 비용을 최소화하기 위해 간선제를 채택한다.

사무 처리는 규약으로 정하는 사무에 대하여 조례 및 규칙제정권 등 실질적 권한을 부여함으로써 그 권한과 책임 하에 이루어진다.

운영 및 사무처리에 필요한 경비는 기본적으로 구성원인 지방자치단체가 특별회계를 설치하여 분담토록 하고, 공공서비스 제공에 대한 사용료·수수료, 지방채발행, 기타 재산수입 등을 보조적인 재원으로 한다.

2. 도입효과

특별지방자치단체와 같은 기능별 조직은 특정 업무를 효율적으로 추진할 수 있는 조직형태일 뿐만 아니라 지방자치단체의 통합의 어려움을 피해갈 수 있는 방안이기도 하다. 통합에 비판적인 입장을 지닌 자들이 시·군통합의 대안 중 하나로 제시한 것이 특별지방자치단체이다. 이들 주장은 단순한 시·군통합보다 광역적인 기반이 필요한 행정기능만을 별도로 그 관할 내지 서비스 구역을 달리함으로써 행정목적을 효과적으로 달성하도록 하자는 것이다. 나아가 자치단위가 과도하게 비대해져 주민참여가 어렵게 되는 것을 막는 동시에 광역적 지역개발의 욕구를 어느 정도 충족시키는 방법이 된다는 것이다. 즉 지방자치단체의 기능별 구역은 행정의 효율성을 높이는 동시에 자치권을 강화시키는 방법이 된다는 것이다. 구체적 도입효과를 살펴보면 다음과 같다.

첫째, 광역적 행정수요의 효율적 처리가 가능하며, 환경·문화시설에 지방자치단체 간 중복투자를 방지하여 규모의 경제를 달성할 수 있으며, 둘째, 지방자치단체의 관할구역과 행정서비스 공급구역의 불일치 현상을 해소하여 주민에게 적절한 서비스를 제공할 수 있다. 셋째, 국가사무의 위임으로 인한 지방자치단체의 사무범위의 확대와 중앙정부의 직속기관인 특별지방행정기관의 설치 및 기구 확장을 방지하는 효과가 있으며, 넷째, 궁극적으로 지방분권에 대한 지방자치단체의 수용능력을 강화시키는 효과가 있을 것으로 기대된다.

3. 문제점

기능별 구역은 특정 과업을 중심으로 한 유연한 구역의 형태이다. 기능별 전문화를 통하여 서비스의 질을 높일 수 있고, 신축적인 구역 설정이 용이하므로 재정적 등가성이 있는 적정 크기의 구역을 정함으로써 서비스의 유출효과를 방지할 수 있다. 하지만 기능별 구역은 지방정부의 조직이 복잡해지고 비용이 증가할 수 있다는 우려가 있다. 또 보통지방자치단체의 기능 약화를 우려하는 목소리도 만만치 않다. 특별지방자치단체 도입의 문제점을 살펴보면 다음과 같다.

첫째, 보통지방자치단체와 별개로 기능별로 많은 소규모의 자치단위가 생기는 경우 행정의 파편화현상을 초래할 수밖에 없다. 이것은 현재 지역에 설치되어 있는 중앙정부의 일선기관인 특별지방행정기관의 예를 보면 알 수 있다. 이들 기관들은 규모가 작아 조직이나 인사상의 독자적인 운영이 어려운 경우가 많다. 또 이들 기관들이 다수 설치되어 운영되는 경우 주민들의 행정에의 접근이 용이하지 않을 수 있다. 둘째, 우리나라는 보통지방자치단체가 지방주민에 대해 거의 모든 지방의 행정서비스를 제공하고 있다. 특별지방자치단체를 설립하여 주민들에게 지방의 행정서비스를 제공하도록 하는 경우 보통지방자치단체가 반대할 가능성이 크다. 보통지방자치단체의 입장에서는 그들의 권한이나 재원을 특별지방자치단체가 가져간다고 보기 때문이다. 또 특별지방자치단체의 설립을 중앙정부의 통제를 강화하는 시도로 간주하기도 한다. 이런 예는 출장소 형태의 경제자유구역청을 특별지방자치단체로 전환하려는 시도에 대해 인천시가 강력히 반대한 것에서 찾아볼 수 있다.

V. 결어

공공서비스의 적정구역의 규모는 서비스마다 다르다. 국가, 광역, 지방에서 각기 다른 서비스를 제공한다. 하지만 지방수준에서 제공되어야 할 서비스도 하나의 구역에서 제공하는 것이 불합리한 것이 많다. 따라서 여러 가지 기능을 수행하는 일반목적정부 외에 특정한 기능을 수행하는 특별목적정부가 필요하다.

지방자치단체의 기능별 구역이나 특별지방자치단체의 설치문제는 효율의 측면에서는 전문화 원리와 범위의 경제 간의 선택 문제로 볼 수 있다. 지방에서 전문성을 추구할수록 보통지방자치단체보다 별도의 구역을 가지는 기관을 설치하여 그 기능을 맡기는 것이 바람직하다.

우리나라는 보통지방자치단체 중심의 지방행정체제이다. 보통지방자치단체의 구역의 문제를 해결하기 위하여 구역의 통합에만 매달리고 있다. 하지만 시·군통합의 효과에서 보는 바와 같이 지방자치단체의 광역화를 통하여 복잡한 정부기능을 모두 효율적으로 수행할 수 없다.

지방행정의 전문화를 기하고 자치권을 강화하기 위하여 지방자치단체의 기능별 구역이 확대될 필요가 있다. 지방자치단체의 교통, 상하수도, 교육, 건설 등의 분야가 그 대상이다. 동시에 중앙정부의 환경, 건설, 경찰 등의 일선기관 기능을 지방자치단체에 이양함으로써 지방 광역행정의 진정한 발전을 기할 수 있을 것이다.

〈주요 참고문헌〉

Bache, Ian and Matthew Flinders(2004). *Multi-level Governance*. Oxford University Press.

Burns, Nancy(1994). *The Formation of American Local Government: Private Values in Public Institutions*. NY: Oxford University Press.

Hirsh, Werner(1968). *The Economics of State and Local Government*. NY: MacGraw-Hill.

Norton, Alan(1994). *International Handbook of Local and Regional Government: A Comparative Analysis of Advanced Democracies*. Hants: Edward Elgar Limited.

제13장 지방정부 간 협력

지방의 일을 지방에서 처리하기 위하여 전국이 지방정부 구역으로 나누어져 있다. 이런 기능과 구역의 구분이 완벽하다면 지방은 각자에게 주어진 임무만 수행하면 된다. 하지만 기능과 구역의 구분은 불완전하기 마련이어서 지방정부 간에 공동으로 처리해야 할 일들이 많다. 이 장에서는 구역개편보다 유연한 형태인 지방정부 간 협력과 관련된 거버넌스 문제를 살펴본다.

Ⅰ. 머리말

산업화와 도시화의 심화에 따라 지방정부가 공동으로 처리해야 할 광역적인 사무가 더욱 증대되고 있다. 교통, 환경, 상하수도, 지역경제발전 등의 업무는 작은 지방정부가 독자적으로 감당하기 어려운 일들이다. 특히 인구가 밀집한 대도시권에서는 이런 일들을 처리하기 위해 지방정부 간 협력의 필요성이 더욱 크다.

지방정부가 수행하는 기능과 구역의 부정합(misfit) 문제를 해결하기 위해 많은 나라가 편입, 통합 또는 광역정부를 구성하는 방법에 의존하려고 하였다. 전통적 관료적 사고방식 하에서는 상하 계층적 구조가 아니고서는 문제해결이 어렵다고 보았기 때문이다.

그러나 효율성 중심의 편입 및 통합, 광역 정부의 구성은 주민 참여나 통제 등의 곤란으로 인한 민주성의 결핍(democratic deficit) 문제를 야기하고 있다. 이런 상황에서 지방의 자주성을 저해하지 않으면서 효율성을 기하는 방법으로서 지방정부 간 협력에 대한 관심이 증가되고 있다. 이런 경향은 1990년대 이후 행정의 패러다임이 계층적 관료적 통치(government)에서 네트워크에 기반을 둔 협치(governance)로 변하면서 더욱 그러하다.

유럽이나 미국에서는 효율성과 민주성을 동시에 추구하는 방법으로서 지방정부 간 협력이 매우 활발하게 이루어지고 있다. 하지만 우리나라의 경우 다양한 제도적 장치가 있음에도 불구하고 지방자치단체 간의 협력 수준은 높지 않다. 지방자치법상의 행정협의회나 지방자치단체조합 등의 제도는 유명무실하여 '장식 수준'에 지나지 않는다. 우리나라의 전통적인 계층적 행정문화, 대도시권 편입이나 통합 위주의 광역적 문제 해결, 대도시권 문제를 등한시하는 지역균형발전 정책, 시·도 간의 협력을 중심으로 한 '5+2 광역경제권' 정책 등으로 대도시권 내의 지방정부 간 협력이 무시되어 왔다. 하지만 우리도 종래의 하드웨어적인 개편이 아니라 소프트웨어적인 협력으로 광역적 문제를 해결하는데 관심을 두어야 할 때가 되었다.

Ⅱ. 프랑스와 영국에서의 지방정부 협력

협력은 지방정부의 주체성을 유지하면서 광역적 업무를 수행하는 방법으로 자치의식이 강한 나라에서 흔히 발견된다. 그 대표적인 나라가 프랑스이다.

프랑스의 경우 작은 규모의 지방정부들이 공공서비스를 제공함에 있어 발생되는 약점을 보완하기 위하여 자발적으로 상호 협력하고 있다. 19세기 말 이래 관련 법률에 다양한 협력방안들이 규정되어 있다. 이런 협력은 법으로 강제되는 경우도 있지만 대부분의 경우 지방정부의 자발적 노력에 맡겨두고 있다. 협력기구들은 지방정부로부터 임명된 자들로서 구성되어 지방정부의 대리인의 역할만 수행하므로 지방정부의 권한을 침해하는 일이 없다.

프랑스는 매우 작은 규모의 자치단위를 가진 나라이지만 구역 통합과는 거리가 먼 나라이다. 프랑스의 코뮌은 1789년 대혁명 후 4만 개 이상이 만들어졌다. 작은 정부로서는 공공서비스를 효율적으로 공급하기 어렵다는 판단에 따라 1959년과 1971년에 코뮌을 통합하는 개편을 시도하였지만 엄청난 반대에 부딪쳐 실패로 돌아갔다.[110] 이후 프랑스는 작은 지방정부 문제를 해결하기 위한 협력제도를 발전시키고 있다. 협력은 지방정부 사이뿐만 아니라 국가와 지방 간의 지역발전 협약(contract)을 통해 이루어진다.

협약 제도의 대표적인 것이 1999년 Chevneenement법에 의해 만들어진 국가－지방정부협의체 간의 협약이다.[111] 이 협약은 도시권의 경

제, 문화, 사회 개발, 지역계획, 공공주택 등의 분야에 적용된다. 이런 협약에는 국가의 재정지원과 여러 도시들이 공동으로 추진하는 지방의 경제적 경쟁력 제고나 사회통합에 대한 지역계획이 들어있다(Lefevre 2002).

반면 영국은 지방정부 간 협력이 경시되어 온 형태이다. Kelly(2007: 319)는 유럽 대부분의 나라의 지방정부들은 이웃 정부들과 협력하여 공동의 업무를 처리하는데 비해 영국의 경우는 이러한 협력이 흔하지 않다고 한다. 그녀는 영국의 지방정부가 사기업이나 민간단체들과 협력하는 예는 많음에도 불구하고 이웃 지방정부와는 협력하지 않는 전통이 있으며, 그 이유는 협력보다 경쟁을 중시하는 역사적 전통적 요인에 기인한다고 한다. 나아가 영국정부가 지방정부 간 파트너십을 장려하는 정책을 쓰고 있으나 실제 수평적 협력의 예는 많지 않다. 반면 상하 정부 간 주인－대리인 관계(principal-agent relationship)로 설명되는 수직적 협력이 지배적이라 한다.

Ⅲ. 우리나라의 지방정부 협력

지방정부 간 협력의 정도는 지역마다 다르다. 여기서는 전국에서 가장 다양한 협력 방안이 모색된 대구대도시권을 중심으로 살펴본다. 대구도시권에는 1966년 지방자치법 규정에 근거한 대구도시권행정협의회가 전국에서 가장 먼저 구성되었고, 2008년에는 지방자치단체조합으로 대구경북경제자유구역청이 설립되었다. 2006년에는 자발적 조직인 대구경북경제통합추진위원회가 출범하여 40여 개의 협력과제

(communautes d'agglomeration), 5만 명 미만의 코뮌 공동체(communautes d'commue) 단위가 있다.

를 추진하였으며, 2009년에는 대경권 광역발전위원회가 구성되어 협력 업무를 이관 받았다. 근래 지역 간 협력문제가 정체되면서 최근에는 협력이 다시 대구권에서 이슈로 되고 있다. 대구대도시권을 중심으로 한 대도시권 지자체의 협력 방식은 <표 13-1>과 같다.

<표 13-1> 대구대도시권의 광역적 협력 방식 사례

방식	사례
제도적 방식	행정협의회, 지방자치단체 조합
민관협력 방식	대구경북경제통합
중앙정부 주도 방식	대경광역경제권 발전위원회
개별적 협력 방식	수도시설 공동이용, 버스무료환승제, 지하철 2호선 연장 등

자료: 필자가 정리.

1. 지방자치법상의 방식

1) 행정협의회

행정협의회는 2개 이상의 자치단체에 관련된 사무의 일부를 공동으로 처리하기 위하여 규약을 정하여 자발적으로 운영되는 협력의 제도이다. 지방자치법과 시행령에 근거하여 관련 지자체들이 규약을 정하여 운영한다.

우리나라에서 행정협의회가 처음 설치·운영된 것은 1966년 8월 개최된 전국시장회의에서 내무부가 도시권행정협의회 설치요강을 만들어 도시권별로 행정협의회 구성과 운영을 권장한 것에서 시작되었다. 위 규정에 따라 대구도시권 행정협의회(1966.11)가 가장 먼저 구성되었고, 그 후 광주권, 수도권, 부산권 등 도시권 행정협의회가 구성되었다. 당초 대구도시권 행정협의회는 대구시와 달성군·영천군·경산군·청도군·칠곡군의 6개 시군으로 구성되었다.

1981년 9월 대구시의 직할시 승격으로 대구도시권행정협의회를 대구대도시권행정협의회로 명칭을 변경하고 구성 자치단체도 대구직할시, 경상북도, 달성군·영천군·경산군·칠곡군의 6개로 하였다. 1988년 8월 「행정협의회 설치기준 및 운영규칙」(내무부령 제473호)의 개정으로 대도시권 행정협의회 구성 자치단체를 '직할시'와 '도'로 하도록 함에 따라 대구직할시와 경상북도가 구성단체가 되었다. 이를 정리하면 다음 <표 13-2>와 같다.

<표 13-2> 대구대도시권 행정협의회 구성 변천

시기	명칭	구성 단체	비고
1966년 11월	대구도시권 행정협의회	대구시, 달성군·영천군·경산군·청도군·칠곡군	규정 제정
1981년 9월	대구대도시권행정협의회	대구직할시, 경상북도, 달성군·영천군·경산군·칠곡군	직할시 승격
1988년 8월	대구대도시권행정협의회	대구직할시, 경상북도	내무부령 개정

자료: 필자가 정리.

현행 대구대도시권 행정협의회 규약에 의하면 협의회의 위원은 대구광역시장과 경북도지사로 하고 회장은 대구광역시장이 되며, 회장이 사고가 있을 때에는 대구시 부시장이 그 직무를 대행하도록 되어 있다. 그리고 필요시 안건 관련 시장·군수·구청장이 배석하여 의견을 개진할 수 있도록 하고 있다. 협의회의 위원이 극히 제한적이고 대구광역시 중심으로 조직이 편성되어 경상북도가 적극적으로 협의회에 참여하도록 분위기를 조성하기 어려운 실정이다.

대구대도시권 행정협의회 협의안건 내용을 통해 대구와 인근 시군의 광역적 행정수요를 파악해 보면 다음과 같다. 대구대도시권 행정협의회에서 공식적으로 협의된 안건은 1991년에 2회 4건, 1992년에 1회 9건, 1994년에 1회 16건 등이고, 그 후 중단되었다가 2002년 7월에 6건이 협의되었다. 2002년 7월 이후 지금까지 협의회는 열리지 않고 있다고 한다. 2002년 7월 협의된 안건은 2003년 대구하계U대회 성공적 개최(대구), 지역 섬유산업 공동육성(대구), 낙동강 프로젝트 공동참여 추진(대구), 대구지하철 경북지역 노선연장(경북), 2003 경주 세계문화엑스포 지원(경북), 김천－포항 간 고속도로 건설(경북) 등 6건이다.

1994년 이후 행정협의회는 개최되지 않고 있다. 그 사유를 대구시 내부 자료에서 밝힌 바를 보면 다음과 같다.[112] 첫째, 양 시·도 지사가 직접 만나서 협의·해결해야 할 만한 뚜렷한 쟁점과제가 없으며, 둘째, 이해관계가 대립되지 않는 상호협의 사안에 대해서는 비공식적인 만남이나 전화, 실무부서 간의 협의를 통해 해결하고 있으며, 셋째, 지역민의 여론을 무시할 수 없는 민선단체장의 입장에서는 지역주민이 반대하는 현안을 협의로 해결하기 어렵기 때문이다.

2) 지방자치단체 조합

지방자치단체조합은 2개 이상의 지방자치단체가 하나 또는 둘 이상의 사무를 공동으로 처리할 필요가 있을 때에 규약을 정하여 설립되는 법인이다. 지방자치단체조합은 참여 자치단체 상호 간 합의가

---

112) 대구광역시 기획관리실(2004), 내부자료. 대구광역시.

법적인 구속력을 가지므로 이행력을 담보할 수 있는 제도이다. 지방자치법 제149조 내지 제154조에 지방자치단체조합에 대한 관련사항을 규정하고 있다.113)

그러나 법상의 조합은 대구·경북지역에서는 물론 전국적으로도 거의 활용되지 않았다. 단편적인 구성 예를 보면 1971년에 경기도내의 23개 시·군으로 구성되는 「통신사무조합」이 설립되었으나 1975년 해체되었고, 1991년에 서울시, 인천시, 경기도가 공동으로 설립한 수도권매립지운영관리조합이 설립되었으나 2000년 환경부 산하의 수도권매립지관리공단으로 전환되었다. 2003년에 설립된 16개 광역자치단체를 구성원으로 하는 자치정보화조합, 부산·거제간연결도로건설조합, 2004년에 부산·진해경제자유구역청, 광양만권경제자유구역청, 부산·김해경량전철조합이 설립되었다. 2005년에는 수도권광역교통체계를 효율적으로 운영하기 위해 서울·인천시 및 경기도를 구성원으로 하는 수도권교통조합이 설립되었다(행정자치부 2006: 241).

대구권의 경우 대구경북경제자유구역청이 시·도가 50%씩 예산을 부담하여 2008년 8월 설립되었다. 경제자유구역청 조직은 명목상 투자유치 1, 2실과 개발 1, 2부로 나뉘어 있지만 각각 시·도 파견 공무원들이 대구(투자유치1실, 개발1부), 경북(투자유치2실, 개발2부) 업무를 전담하고 있다. 서로 상대방 업무에 대해서는 관심을 갖지 않게 되고, 오히려 대구·경북 간의 경쟁을 심화시키는 기형적 조직구조이다. 또, 시와 도가 3년 임기의 청장 및 투자유치본부장의 임명권을 번갈아 행사하면서 사업 주도권을 둘러싼 갈등까지 빚어지고 있다.

---

113) 이 조항은 1999년에 만들어졌지만 아직 시행령조차 만들지 않아 사장되고 있는 실정이다.

2. 민관 협력 방식

1981년 대구시가 직할시에서 광역시로 승격된 이후 대구·경북의
통합문제가 지역사회의 이슈로 제기되어 왔다. 특히 지역경제의 어려
움이 대구·경북의 분리 때문이라는 주장이 득세하면서 대구·경북
간의 협력의 분위기가 조성되었다.

대구·경북은 2006년 1월에 대구경북경제통합연구단을 발족하였
고, 4월 경제통합포럼에 이어 그해 11월 경제통합추진위원회 사무국
까지 출범했다. 통합포럼은 상생과 협력이라는 새로운 패러다임으로
대구경북 공동 번영 시대를 열어나가자는 기치를 내걸었다. 2007년
12월 시·도의회에서 대구경북 경제통합 추진 조례를 제정했다.

분야별 논의사항을 보면, 경제산업분야에는 대구경북에 대기업 및
중소기업 공동투자유치, 첨단산업지원을 위한 과학기술 기반 정비,
경제통상 및 대구 EXCO 발전방안, 농촌체험 도농교류 지원사업, 대구
경북의 지역기업에 대한 국제통상지원 협력사업 등이고, 도시교통·문
화관광분야는 시내버스 교통카드 호환, 대구권 교육도시 조성, 대구
경북 국제행사 공동유치, 대구경북 관광컨소시엄 마케팅 등이며, 시
민복지·환경·인력개발 분야는 시도 통합복지체계 운영, 고령인구
를 위한 실버산업 육성, 대구경북 환경기초시설 공동활용, 대구경북 통
합 RHRD DB구축 사업 등이 있다.

2006년 행정자치부(현 행정안전부)가 지방자치법상의 특별지방자
치단체 관련 규정을 보완하려 할 때 대구경북경제통합추진위원회는
그 모델이 되기도 하였다. 그러나 2008년 이명박 정부의 '5+2 광역경
제권' 이후 통합 논의를 이어가지 못하고 있다. '5+2 광역경제권'의

법적 기구로 2009년 출범한 대구경북광역경제발전위원회로 통합 업무가 이관됐지만 예산 부족과 법적 권한 미비, 정부의 정책의지 약화 등 각종 난제가 많아 통합 주체의 역할을 수행하지 못하고 있다. 그 결과 2007년 대구경북경제통합추진위원회가 공동과제로 제시했던 40개 프로젝트 가운데 29개 사업이 아직도 표류하고 있는 실정이다.

3. 중앙정부 중심 협력체제

2008년 이명박 정부의 5+2 광역경제권 정책에 따라 법적 기구로 출범한 대경광역발전위원회는 대구광역시장과 경상북도 지사가 공동의장이 되고 대구시와 경북도에서 파견된 공무원들이 업무를 담당하고 있다. 대경광역발전위원회는 115억 원의 예산으로 6개 사업을 추진하였다.

대경광역발전위가 추진한 사업은 주로 경제 관련 사업으로 대도시권 문제해결을 위한 사업과는 거리가 있다. 이들의 조정 능력은 종래 양 기관의 기획관실에 비하여 월등히 떨어질 수밖에 없는 실정이다. 특히 광역경제발전위원회는 관련 경제권의 광역자치단체장이 공동의장인 한시적인 기구지만 사무직원 관련 규정(지방자치법시행령 제32조의2 제4항)에서 '관계 행정기관에서 파견된 공무원은 사무국의 전체 정원의 절반을 넘을 수 없다'고 하여 사무국의 독립성과 전문성을 높이고자 한 결과 시도와는 별개 조직으로 인식되어 협력 업무를 담당하기 어렵게 되었다.

4. 개별적 협력 사례

대구시는 인근 시군과 여러 가지 개별적인 협력 사업을 추진하고 있다. 중요한 것을 정리하면 다음과 같다.

1) 수도시설 공동이용

대구시는 인접한 창녕군, 칠곡군, 경산시와 수도시설 공동이용과 관련된 협력 사업을 추진해 왔다. 이러한 협력 사업을 통해 대구시의 경우 수도 유휴시설을 활용하고, 생산량 증대를 통한 원가를 절감하는 반면, 인근 시군의 경우 상수도 투자비용을 절감하고 있다.

2) 지하철 2호선 경산 연장

대구지하철 경북지역 연장은 대구시가 경상북도와 1991년 10월부터 협의회를 개최하는 등 대도시권 교통망을 확충하는 데 노력해 왔다. 특히 지하철 2호선 경산 연장은 경산지역 13개 대학과 12만 학생 및 1,600여 개 사업체 근로자의 통학 및 통근 불편을 해소하기 위해서는 꼭 필요한 사업이라 인식되었던 것이다. 하지만 경상북도에서 사업비 부담에 난색을 표시하면서 사업이 추진되지 못하였다.

이 사업은 2005년 9월 KDI 예비타당성 조사 결과 경제성이 있는 것으로 평가된 후 같은 해 10월 대구시, 경상북도, 경산시 간 건설협약이 체결되었다. 총 건설비 2,817억 원 중 국비 60%, 대구시 20%, 경상북도 10%, 경산시 10%로 부담률이 합의된 것이다. 2012년 개통되는 연장선은 대구대도시권 확장에 대응하고, 상습 정체구간인 국도 25호선의 대구-경산 구간의 교통난 해소로 경북 동부지역과의 교통

소통의 원활을 기할 수 있게 되었다.

3) 경산시와 환승 할인제

2009년 1월부터 대구시와 경산시 간에 대중교통 환승무료할인제를 전면시행하고 있다. 대구－경산 간 대중교통 비용 인하로 서민의 부담 경감 및 주민들의 편의를 증진시킬 뿐만 아니라, 대중교통을 이용하는 비율을 높이는 효과를 기대할 수 있다. 또한, 대구 광역권의 대중교통 확대로 혼잡비용을 절감할 수 있다. 실제 환승제는 여러 가지 긍정적 효과를 나타내고 있다. 경산시의 경우 환승제 시행 이후 승객수가 27.2% 증가하였을 뿐만 아니라 교통카드 이용률(85.1%) 증가로 버스사업의 투명성이 증가되고 있다고 한다.

4) 첨단의료복합단지 조성

대구시는 2007년 의료산업클러스터 마스터플랜을 수립하였고, 그 후 대구경북경제통합 과제로 경북이 참여하는 협력 사업으로 전환되었다. 대구시의 경우 경상북도가 참여함으로써 사업 선정의 기회를 확대할 수 있었으며 경상북도 향후 인력파견 등 운영에 참여할 기회를 얻게 되었다.

Ⅳ. 거버넌스[114)

앞에서 본 바와 같이 지방정부 간의 협력은 용이한 일이 아니다. 하지만 자원이 제약된 상황에서 지방정부 간의 협력은 필수적인 사

---

114) 이 절의 내용은 김석태(2006)의 일부를 수정·보완한 것이다.

항이 되고 있다. 아래에서는 로컬 거버넌스의 문제를 살펴본다.

1. 거버넌스

Kooiman(2000)은 거버넌스를 자기지배나 계층적 지배와 구분되는 상호협력, 상호조정, 상호소통의 수평적 지배로 규정한다. 그는 공공부문 거버넌스에는 상호 간 작용의 기제로서 네트워크의 형성, 상호 간 이익 증진을 위한 정부-민간 파트너십, 문제해결능력 증진을 위한 상호 학습과 상호 협력적 피드백이 이루어지고 있다고 한다.

거버넌스의 개념은 1990년대부터 정부의 구조 및 운영과 관련하여 가장 많이 사용되는 개념이 되었다. 거버넌스는 영국을 시작으로 집권적 정부체제에 대한 도전으로서 나타난 것으로 집권적 관료 체제의 문제점을 극복하기 위한 분권화, 새로운 관리방법으로서 신공공관리(new public management) 흐름과 겹치면서 새로운 통치 패러다임으로 등장한 것이다(Peters and Pierre 1998).

거버넌스는 기존의 통치(government)체제를 대체하는 개념으로 정부의 법적 공식적 권위에 의한 업무수행보다 정부와 기업, 민간단체 등이 다양한 네트워크를 구성하여 공동의 목적을 달성하는 것을 의미한다. Rhodes(1996)에 의하면 거버넌스는 자발적으로 형성된 네트워크에 의한 지배, 즉 이를 통한 자원배분과 조정을 의미한다. Peters and Pierre(1998)는 전통적 통치에 비해 거버넌스는 네트워크의 중시, 통제보다 영향력, 공사자원(公私資源)의 혼용, 그리고 다양한 수단의 선택을 특징적인 요소로 보고 있다. Rhodes(1996)는 행정학 문헌에서 거버넌스는 민간화, 공기업, 민간위탁, 준시장, 파트너십, 사용자위원회 등을 포함하는 공공부문 개혁을 지칭한다고 한다.

거버넌스의 특징은 중앙정부, 지방정부, 기업, NGO, 민간 조직 등 다양한 구성원들로 이루어진 네트워크를 통하여 정책이 결정되고 집행된다는 사실이다. 이러한 네트워크는 정치 엘리트와 주민들 간에 분야별 중간 엘리트층을 제도화함으로써 정치엘리트와 주민들 간의 권력의 균형을 잡아주는 역할을 할 수 있다. 또 하향적인 대의민주제와 상향적인 참여민주주의 간을 연결시키고 여러 사회 집단 간의 수평적 조정을 가능하게 한다(Jessop 1999).

이러한 거버넌스의 가능성은 중앙정부보다 지방정부의 경우가 더 높고 또, 보다 분명하게 적용될 수 있는 곳이 지방이다(Peters and Pierre 1998; Jessop 1999). 그 이유는 첫째, 같은 생활권 내지 경제권 내에 다수의 지방정부가 있기 마련이어서 지방정부 간의 조정과 협력이 불가피한 경우가 대부분이다. 특히 다수의 지방정부가 클러스터를 형성하고 있는 대도시권의 경우 그러하다. 둘째, 지방정부의 역할은 비권력적인 공공서비스 제공이 대부분을 차지하고 있는데 이 분야에서는 민간위탁 등 민관 파트너십 형성이 용이하다. 특히 규모가 작은 지방정부의 경우 규모의 경제를 위해 공공서비스의 민간위탁이 불가피한 경우가 많다. 셋째, 지역사회 주민들의 지방정부에 참여가 용이하고 공동사회 내의 다수 주체들 간의 네트워크 형성이 용이하다. 넷째, 지방정부가 추진하는 정책 특히 지역경제발전정책의 성공을 위해서는 지역의 민간기업들과 정책의 수립과 추진에서 유기적인 협력관계가 불가피하다. 마지막으로 지방정부는 주민들과 가까이 있어 통제가 용이하기 때문에 주민들이 더 신뢰하는 정부라는 것이다.[115]

오늘날 로컬 거버넌스가 가능하게 된 것은 공익을 목표로 하는 민간단체 수가 크게 늘어났다는 점, 도시의 새로운 지도자들의 리더십이 상호 협력을 중시하는 형태로 변하였다는 점과 정책결정 메커니즘이 비전의 공유와 협의에 의한 갈등해결과 합의 도출을 중시하는 형태로 바뀐 결과라고 할 수 있다. 이러한 논리에 근거하여 최근의 경향은 '정부 없는 거버넌스(governance without government)' 또는 '통치에서 거버넌스(from government to governance)'로 표현하기도 한다(Peters and Pierre 1998; Phares 2004).

2. 로컬 거버넌스적 접근

지방행정체제 재구조화의 거버넌스는 동일한 생활권·경제권의 문제를 해결하기 위한 여러 다른 목적과 이해관계를 가진 주체들 간의 협조와 갈등해결의 자율적인 기제이다. 즉 공공문제에 이해관계를 가진 여러 주체들이 공동의 문제를 해결하기 위해 공식적·비공식적 네트워크를 만들어 문제의 해결을 시도하는 것이다. 거버넌스는 전통적 정부 운영방식과 네트워크에 연결되어 조정되는 시스템과의 혼합체이다.

구역문제 해결의 거버넌스적 접근은 물리적·공간적 재구조화가 아니라 소프트웨어적인 재구조화이다. 구역통합 같은 하드웨어적인 개편을 통하지 않고 통합의 긍정적 같은 효과를 얻도록 하는 것이다. 이를 위해 가장 중요한 방법이 지방정부 간, 정부와 민간과의 기능적 연계를 강화하는 것이다.

거버넌스는 국가주도의 획일적 지방행정체제 개편보다 지방의 통

치체제를 지방주민이 스스로 선택하고 발전시키도록 하는 방법이다. 지역의 사회경제적 환경과 현실적 필요에 맞는 공식적·비공식적 통치체제를 홈룰(home-rule)의 정신에 따라 주민들의 합의에 의해 찾아내도록 하는 것이다. 거버넌스 네트워크는 현실적 필요에 의해 자발적으로 만들어지는 것이 중요하다. 하지만 정부가 이런 네트워크에서 주도적 역할을 하고 또 이를 관리하는 메타 거버넌스(meta-governance)의 역할을 무시하기는 어려울 것이다.

로컬 거버넌스적 접근을 보다 분명하게 하기 위해 지방 통치적 접근과 대비하면 <표 13-3>과 같다.

〈표 13-3〉 지방 통치적 접근과 로컬 거버넌스적 접근

	지방 통치적 접근	로컬 거버넌스적 접근
광역권 내 정부	단일 대규모 정부	다수 소규모 정부
거버닝의 주체	관할 구역 내 단일 정부	광역권 내 다수정부, 민간
지방정부 운영 방식	권위와 계층, 하향적	다수 주체 간 기능적 협력 파트너십, 상향적
공공서비스 제공 방법	생산자: 직접생산	주선자: 위탁 계약 생산
지방정부 재구조화 방법	통합이라는 하드웨어적 접근	협력기제 발전을 위한 소프트웨어적 접근
이론적 기반	정통행정이론, 관료제론	공공선택론, 신공공관리론

자료: 필자가 정리.

지방 통치적 접근이 광역권 내에 단일의 대규모 정부를 선호하는 데 비해 로컬 거버넌스적 접근은 다수의 소규모 정부를 선호한다. 전자의 경우 거버닝의 주체가 관할구역 내의 단일 정부에 한정되는데 비해 후자의 경우 광역권 내의 다수 정부와 민간이 모두 포함된다.

지방정부 운영방식에서 전자는 권위와 계층을 중시하는 하향적 방식인데 비해 후자는 다수 주체 간 기능적 협력과 파트너십을 중시하는 상향적 방식이다.

공공서비스 제공방법에 있어 전자는 정부에 의한 직접생산 위주인데 비해 후자는 정부는 민간에 의해 공공서비스가 공급될 수 있도록 하는 주선자의 역할을 중시한다. 지방정부 재구조화에 있어서 전자는 통합이라는 하드웨어적 접근을 선호하는데 비해 후자는 협력기제의 발전을 위한 소프트웨어적 접근을 중시한다. 이론적 기반의 경우 전자는 정통행정이론에서 찾을 수 있는 반면 후자는 공공선택론, 신공공관리론에서 찾을 수 있다.

3. 거버넌스에 대한 비판과 반론

거버넌스에 대한 비판은 많다. Jessop(2003)은 해결하고자 하는 문제에 대한 인식을 공유하는데 어려움, 기회주의적 행동, 해결 방법을 두고 조정이 용이하지 않음, 대표성과 정당성의 문제, 순응의 문제, 상호 연결된 문제의 경우 체제 간의 구분과 조정의 문제 등 때문에 거버넌스가 실패할 가능성이 많다고 한다. 거버넌스에 대한 비판을 작동가능성, 민주성, 효율성 및 기존체제의 옹호의 문제로 나누어 살펴본다. 아울러 이런 문제 제기에 대한 반론도 동시에 살펴본다.

1) 작동 가능성

계층적 지배(hierarchy)에 비해 거버넌스는 일의 추진이 복잡하고 또 결과가 불확실하다. 거버넌스는 독립된 조직들이 상호의존적인 복잡한 관계에서 상호 교류와 자원의 공유를 통해 공통의 과제를 풀고 갈등을 관리해 나가는 상호지배(heterarchy)의 형태로서 상호의존적인 주체 간의 수평적인 관계(Jessop 1999)이기 때문이다. 참여자 간에 해결하고자 하는 문제에 대한 인식을 공유하지 않거나 해결 방법에 이견이 있는 경우 조정이 용이하지 않다.

거버넌스란 말처럼 쉬운 것이 아니라는 주장이 많다. 거버넌스가 성공하려면 편견과 이기주의가 없어야 하며 대화와 타협, 설득 등이 필요하다. 다른 의견에 대한 관용과 결과에 대한 승복, 양보 등 사회 구성원이나 이해 집단 간 매우 성숙한 자세가 요구된다. 거버넌스에서는 자발적 참여와 협력의 의사가 불가피한 반면 참여자의 기회주의적 행동을 줄이고 순응의 정도를 높이는 것이 중요하다. 따라서 거버넌스가 작동하기 위해서는 법적·제도적 장치 못지않게 사회자본(social capital)의 축적이 필요하다(Jessop 2003).

우리나라의 경우 권위주의적인 행정문화 속에서 지방정부 간의 행정협의회나 지방자치단체 조합 등 협력체제가 경시되어 왔다는 점에서 앞으로 지방정부 간 협력이 우려되고, 정부와 민간의 관계도 상하 관계로 인식되어 왔기 때문에 대등한 입장에서의 협력을 기대하기 어려웠던 것이 사실이다.

Savitch and Vogel(2000)은 미국에서 몇 년 전까지만 해도 대도시권 단일정부가 없는 상황에서 대도시권 거버닝이 이루어진다는 믿음은 상당히 이상적인 것으로 취급되었다고 한다. 그러나 지금은 단일정부 없이 다수의 작은 지방정부 간의 협의에 의한 거버넌스가 이루어진다는 믿음을 광범하게 받아들이고 있다고 한다. 우리 광역권에서도 이런 믿음의 변화가 올 수 있도록 기반을 마련할 필요가 있다.

2) 민주성의 문제

지방의 문제에 이해관계를 가진 여러 주체들을 인정하고 존중하여 이들 간의 협의와 합의에 의해 공공문제를 해결한다는 점에서 거버넌스는 민주적이다. 다원적인 체제는 하나의 정부가 있는 경우에 비해 주민의 의견을 반영하기 쉽기 때문이다.

하지만 거버넌스는 기존의 대의제를 근간으로 하는 정치적·법적 체제를 무시한다는 것이다(Jessop 1999). 종래에는 정부가 모든 사회문제를 해결하는데 있어 최고의 권위를 가진 존재로 여겨져 왔지만 거버넌스에서 정부는 네트워크에서 하나의 중요한 구성원에 불과하기 때문이다. 거버넌스가 공공 문제의 해결에 대한 권한을 위임받은 것이 아니기 때문에 대표성과 정당성의 문제가 있을 뿐만 아니라, 권한과 책임의 소재가 불분명하다. 또 전통적·공식적 권위가 약화되고 정통성이 약화되는 결과를 초래할 가능성이 크다. 그러나 Habermas(1988)가 지적하듯이 대의제의 모든 과정이 민주적이지 않기 때문에 보완이 필요하다. 대의제하에서도 정책의 집행과정에서는 관료들에게 많은 재량권이 주어지기 때문에 이에 대한 적절한 통제가 필요하다. 집행과정에서의 거버넌스는 대의제의 약점을 보완하여 주민주권(popular sovereignty)을 확보하는 방법이 된다.

또 거버넌스 네트워크에 한정된 엘리트만 참가하게 되는 경우 이들에게 영향력이 집중될 가능성이 있다. 특히 네트워크의 투명성이 부족한 경우 거버넌스는 특정이익을 위해 봉사하는 체제가 될 수가 있다. 거버넌스가 민주적이란 것이 과대평가될 소지가 있는 것이다. 하지만 권위-계층-공식적 구조에서 명령과 복종으로 이루어지는 체제보다 민주적이라는 것을 부정할 수 없다.

3) 거버넌스의 효율성

거버넌스는 다양한 수단의 동원을 통하여 지방정부의 문제해결 능력을 증대시킨다는 점에서 효율적이다. 지방정부는 기능별로 지방정부 간 공동생산이나 민간위탁 등 보다 효율적인 공공서비스 제공방법을 모색하고, 지방정부의 서비스 공급을 두고 경쟁하는 기업은 새로운 기술을 개발한다. 공공서비스의 공동 생산자로서 주민은 서비스의 일방적인 수혜자가 아니라 서비스 전달에 대한 책임과 권위를 공무원과 공유한다.

그러나 공동생산이나 민간위탁이 효율적인 것만은 아니다. 경비부담과 수혜를 놓고 지방정부 간 갈등이 야기될 수 있으며, 민간위탁에서 계약과 공급을 둘러싼 비리와 갈등의 소지가 있다. 또 정부기관은 서비스의 질에 대한 비난을 약화시키거나 서비스전달 책임을 시민에게 전가시킬 목적으로 시민참여를 이용할 수 있다는 점에서 흡수(co-optation)의 가능성 또한 배제할 수 없다(Jessop 2003).

그러나 거버넌스에서는 분야별로 전문 지식과 경험을 가진 주민들의 참여가 확대되고 이들이 집합적 결정에 주요한 역할을 함으로써 거버닝의 능력을 증대시킨다. 또 성공적인 공공정책의 결정과 집행에 있어 민간과의 협력은 필수적이다.

4) 기존 체제의 옹호

거버넌스는 현존의 다수의 주체를 인정하고 존중하는 것이기 때문에 개혁의 입장에서 보면 기본적으로 점진적인 입장에 있을 수밖에 없다. 기존 주체 간의 협력을 통해 문제의 해결능력을 증대시키는 입장이기 때문에 이런 협력의 강조가 기존 체제를 옹호하는 주장으로

귀결될 수밖에 없다. 개혁론자들이 볼 때 이런 접근은 기득권을 옹호하는 보수주의적 논리로 비쳐질 수밖에 없다.

모든 체제에는 한계가 있기 마련이다. 가격기구로 조정되는 시장의 경우 외부성의 문제로 시장실패가 생기고, 계층 구조로 움직이는 정부의 경우 관료화로 정부실패의 문제가 발생한다. 거버넌스의 경우도 마찬가지로 실패의 문제가 있다. 거버넌스의 실패를 교정하는 것, 즉 메타 거버넌스(meta-governance)가 정부가 맡아야할 새로운 역할이다.

4. 거버넌스의 성공 요인

다수의 지방정부의 존재가 바로 거버넌스로 연결되는 것은 아니다. 거버넌스에서 가장 어려운 문제는 구성원 간의 협력이 내재적으로 존재하는가이다.

인간의 집합적 행동 분야를 학문적으로 개척한 Olson(1964)은 집합적 행동에서 얻는 이익이 그 비용보다 클 때 협력이 이루어진다고 한다.[116] 공동의 문제 해결을 통해 개인의 이익을 얻고자 하는 노력이 협력의 인센티브가 된다는 것이다. 이러한 인센티브는 공공문제의 해결을 위해 많은 자발적 조직이 형성되어 활동하고 있음을 볼 때 상당하다고 볼 수 있다.

Ostrom(1988)은 자기의 이익을 추구하는 합리적인 인간 모형을 가정하더라도 협력 그 자체가 비관적이지 않음을 보이고 있다. Ostrom은 죄수의 딜레마 게임에서 1회에 한정되는 경우 협력이 우선되는 선

---

[116] 그의 집합적 선택이론은 집단의 크기가 커짐에 따라 협력의 비용이 커지기 때문에 구성원 간의 협력이 어렵다고 한다.

택이 아닐지라도 반복되는 게임의 경우 협력이 합리적 선택으로 된다는 것이다.[117] 그리고 공동의 문제에 대해 인류는 협력의 다양한 방식을 발전시켜 왔다고 한다. 같은 생활권·경제권 내의 지방정부 간의 관계도 연속적인 관계라는 점에서 협력이 합리적인 선택이라 할 수 있다.

나아가 Ostrom(2005)은 종래 공공부문의 서비스를 공급함에 있어 중앙의 계획이나 명령에 의하지 않고는 공공재나 공유자원의 문제의 해결이 어려운 것으로 여겨져 왔으나 이것은 매우 잘못된 것이라고 지적한다. 공공부문의 서비스 공급이 중앙의 계획이나 명령 등에 의해서만 이루어지는 것이 아니라 주민들의 자발적 노력에 의해 이루어지는 부분이 크기 때문이다. Ostrom은 주민 스스로 공공서비스를 공급하거나 지방정부와 주민의 공동생산이 상당하다고 하고, 또 이를 확대하기 위해 공공부문의 경직되고 하향적인 계층구조를 고칠 필요가 있다고 주장한다.

실제 동일한 생활권·경제권내에서 지방정부 간의 협력은 상당히 이루어지고 있으며 이런 협력은 여러 가지 요인에 의해 좌우된다. 미국의 대도시권 내의 지방정부 간 협력에 대한 게임이론 모형을 적용한 연구에서 Steinacker는 협력에서 얻는 지방정부 상호 간 이득의 크기, 선호의 차이, 위상의 차이 및 관계의 지속가능성이 협력에 영향을 미친다고 한다(Steinacker 2004: 48). Post는 대도시권역내 관계 집합적 행동에 관한 연구에서 관계수, 관계크기, 지방정부 간 공동의 정책 목

---

117) 죄수의 딜레마에서는 서로 뜻을 합치지 않고 자기 살길을 찾는 게 최상의 선택이라는 결론이 나온다. 그러나 일상생활은 그렇게 단순하지 않고 오래 지속되는 관계가 대부분이다. 따라서 반복된 관계 속에서는 보복을 두려워하게 돼 서로 협조하게 된다는 것이다.

표, 지역의 리더십과 공공 창도성 정도, 강제규정이나 인센티브관계의 여부가 협력에 영향을 미친다고 한다(Post 2004: 82).

Miranda and Miller는 미국에서 파편화된 지방정부로 유명한 Pittsburgh 지역의 지방정부 간 협력에 대한 연구에서 수장의 리더십, 정부－민간 파트너십, 언론매체의 협력과 지원, 노조의 협력, 지방재정 문제의 어려움과 혁신의 노력, 지역의 경쟁력에 대한 위기감이 지방정부 간 협력을 증대시키기 위한 요인으로 결론짓고 있다(Miranda and Miller 2004: 191-192).

이런 요인들에 비추어 볼 때 우리의 지방정부 간의 협력에 대한 여건은 상당히 마련된 것 같다. 지역경제권 단위로 분출하는 지역주민의 지역발전에 대한 욕구, 민간주도의 광역적 협력 네트워크의 구축, 민선단체장의 지역발전에 대한 공약과 의욕, 지역 생활권·경제권별로 존재하는 언론매체의 지역성장 지향성, 지방정부－대학－기업의 지역혁신체제(RIS: regional innovation system) 구축 노력, 중앙정부의 지방정부 효율성에 대한 요구 및 인센티브의 제공 등이 지방정부 간의 협력을 증대시키고 하고 있다. 즉 전통적 지방정부 운영방식에 더하여 거버넌스가 점차 현실화되어 가고 있다.

V. 맺음말

"우리나라 지자체의 장(도지사, 시장, 군수)들은 자기 지역발전을 위해 밤낮없이 열심히 뛰고 있지만 옆(인근 지자체)은 쳐다보지도 않고, 위(중앙정부)만 보고 뛰고 있다는 것이 문제이다. 인근 지자체와 협력해 봐도 자기 지역발전에 별 도움이 되지 않는다고 보고, 힘 있고 돈 있는 중앙정부와 좋은 관계를 맺어야 한다고 생각하기 때문이다(홍철 2011: 130)"라고 한다.

사실 우리나라에도 광역적 문제를 해결하기 위하여 다양한 공식적 제도와 노력이 있었다. 하지만 우리의 경우 광역정부가 있고 시군의 경우 규모가 크기 때문에 서구의 소규모 정부에 비해 협력의 필요성은 크지 않다. 따라서 서구 수준의 협력을 기대하는 것은 적절하지 않다. 하지만 지방정부의 자원의 제약으로 협력의 필요성은 증대하고 있다.

협력은 공식적인 제도보다 지역 내의 협력의 필요성과 협력 당사자의 협력 마인드에 좌우된다는 것을 알 수 있다. 협력은 상생(win-win)의 가능성이 있는 경우에만 이루어질 수 있다. 한 쪽 당사자의 희생이나 손실이 있는 경우 협력이 이루어지기 어렵다. 모두가 상생하는 사업에 동참하게 하기 위해서는 상호 간의 신뢰가 기본이다.

상호 신뢰가 형성되기 위해서는 첫째, 상호 존중의 분위기가 형성되어야 하고, 둘째, 상호 간의 의사소통이 원활해야 하며, 셋째, 공동의 목적에 대한 진정한 합의가 있어야 하고 마지막으로 상호협력과정에서 개인적, 업무적 유대가 강화되어야 한다.

세계적 경쟁에서 살아남기 위하여 국경도 큰 의미가 없는 오늘날에는 도나 시의 경계는 행정공무원에게는 중요할지 모르겠지만, 지역주민의 생활이나 기업의 경제활동과는 아무런 관계가 없다(홍철 2005: 31). 따라서 주민들을 위해서는 하나의 생활공동체로서 대도시권에 행정구역을 넘어서는 협력이 절실하다.

협력은 우리나라의 행정협의회와 같은 형식적인 제도에 의존하는 것보다 지방정부 리더들의 협력마인드가 더 중요하게 여겨지므로 지방정부 관계자들의 협력적 리더십(collaborative leadership)을 배양하여 이를 활용한 협력이 더욱 바람직할 것이다.

〈주요 참고문헌〉

홍철(2011). 『지방보통시민이 행복한 나라』 대구경북연구원.

Hulst R. and A. van Montfort(eds.)(2007). *Inter-Municipal Cooperation in Europe*. Springer.

Kelly, Josephine(2007). The Curious Absence of inter-municipal cooperation in England. *Public Policy and Administration* 22(3): 319-334.

Kooiman, Jan(2000). Social Governance. In Pierre ed. *Debating Governance*. Oxford: Oxford University Press.

Ostrom, Elinor(2005). Unlocking Public Entrepreneurship and Public Economies. *Discussion Paper 2005/01*. EDGI and UNU-WIDER.

제14장 맺음말

지난 한 세기 반 동안 학자들이나 실무자를 괴롭혀 온 것이 작은 (mini) 지방자치단체의 존재라고 한다(Leemans 1970). 자치사무가 법과 질서의 유지 같은 것에 한정되어 있던 야경국가 시대와는 달리 그 기능이 크게 확대된 오늘날에는 작은 자치단위로는 그 기능을 더 이상 담당할 수 없음에도 불구하고 대규모 단위로의 개편이 많은 저항에 부딪치고 있기 때문이다.

사실 산업화에 이어 도시화된 시대에 구역개편의 가장 주요한 동기는 경제적 효율성 증대였다. 농경시대에 형성된 질서유지를 위한 지방정부는 너무 작아 효율적인 공공서비스 공급이 어렵기 때문이다. 하지만 지방정부 통합은 전통적인 지역사회의 붕괴와 민주성의 결핍이라는 우려 때문에 많은 논란을 불러오고 있다.

이러한 사실은 구역개편이 지방자치단체 간의 단순한 물리적 경계의 조정만이 아니기 때문이다. 구역개편은 그 속에 국가와 지방의 다양한 주체의 이해관계를 담고 있는 공간적 이해관계의 조정이다. 이러한 의미에서 구역개편은 지역 공간을 둘러싼 정치의 한 영역이기도 하다.

구역개편은 많은 이해관계가 얽혀 있는 복잡한 정치과정이다. 구역개편으로 인해 이익을 얻는 자도 있고 손해를 보는 자도 있다. 이 때문에 구역개편 과정에서는 어젠다의 형성부터 지방의회 의결과 주민투표, 국회의 입법 단계에 이르기까지 이념적 충돌에서부터 경제적 손익을 둘러싼 정치적 공방까지 일어난다. 민주화된 사회에서 그 과정은 매우 동태적일 수밖에 없다.

정치인들은 많은 경우 통합이 지방정부가 당면한 경제적 어려움을 해소해 줄 것이라는 기대를 가지고 개편을 추진한다(Cox 2008). 그러나 구역개편이 효율성과 민주성 증대에 미칠 영향은 매우 불분명하다. 구역개편이 많았던 영국, 캐나다, 호주에서의 학자들의 연구를 보면 효율성과 민주성 모두를 악화시키는 것으로 결론짓고 있다.[118] 기초자치단체의 규모가 세계에서 가장 큰 우리나라의 경우도 예외가 아닐 것이다.

이러한 상황에서 통합의 성과를 더욱 악화시킬 우려가 큰 것이 정치적 목적에 의한 구역개편이다. 중앙이나 지방에서 정치적 목적으로 추진하는 개편은 효율성이나 민주성을 제고하는 것과는 거리가 멀기 때문이다.

불행하게도 우리나라의 구역개편에 이런 정치성이 크게 작용하는 듯하다. 지방자치단체가 국가의 하위 단위 정도로만 취급되어 중앙의 정치적 필요나 관료적 편의를 위해 끊임없이 개편의 대상이 되어 왔다. 현재 추진되고 있는 지방행정체제개편도 이런 관행의 연장선 상에 있다고 하겠다.

---

118) 영국의 Reach(2009)와 Chisholm(2010), 캐나다의 Bish(2001)와 Sancton(2002), 호주의 Dollery et al.(2006) 등이 그 예이다.

효율성이나 민주성의 입장에서 볼 때 양자를 모두 충족시키는 이상적인 기초자치단체의 규모를 찾기 어렵다. 따라서 어떤 가치에 우선순위를 둘 것인가의 선택은 정치적인 것이 될 수밖에 없다. 이런 정치적 선택은 중앙 정치인이나 관료가 아니라 지역 주민들에 맡겨져야 할 것이다. 그리고 중앙정부는 정치적 영향력이나 인센티브로 지역 주민의 판단을 흐리게 해서는 안 될 것이다.

이러한 가운데 다행인 것은 2012년 6월 현재 청주시와 청원군은 중앙 주도의 구역 통합을 거부하고 지역의 자체적인 통합을 추진하고 있다. 이 지역은 3차에 걸친 중앙 주도의 통합 실패를 경험삼아 중앙정부의 인센티브와 관계없이 지역 스스로의 판단으로 통합을 추진한다는 점에서 지방자치의 성숙한 모습이라 할 수 있다.

중앙정치 주도의 구역개편 논의에서 아쉬운 것은 구역 문제에 대한 해결이 물리적인 통합이 아니면 해결 방법이 없는 것 같이 간주되고 있는 사실이다. 사실 통합은 비용이 많이 들고 갈등의 소지가 많은 가장 극단적인 해결방법이다.

지방정부 구역은 그 자체로 완결적인 단위가 될 수 없다. 아무리 잘 정비된 지방행정체제라도 지방정부 혼자서는 지역의 문제를 모두 해결하지 못한다. 공공의 문제를 해결하기 위한 중앙과 지방 간, 지방−지방 간, 그리고 정부−민간의 협력은 불가피하다. 그럼에도 불구하고 우리는 협력 체제를 발전시키려는 의지는 약하다. 이런 협력체제는 우리 행정문화와 맞지 않는다고 폄하하고 있다.

지방행정체제 개편을 통해 해결하려는 문제의 상당 부분은 거버넌스의 방법으로 해결할 수 있다. 이해관계를 가진 지방정부들이 네트워크를 형성하거나 상호간 협력을 통하여 광역적 문제에 대처할 수 있다.

오늘날 공공문제 해결의 지배적인 패러다임은 거버넌스이다. 종래 '통치에서 거버넌스(From Government to Governance)'로 가고 있고, '계층적 구조에서 네트워크 구조(From Hierarchy to Network)'로 가고 있다. 전통적 정부의 사고방식에 사로 잡혀 통합만이 구역문제 해결의 길이라고 주장하는 것은 시대에 뒤떨어진 것이다.

지방행정체제는 지방자치를 발전시키는 방향으로 개편되어야 한다. 지방정부를 단순히 공공서비스의 공급기관으로 취급하고 효율성 증대만을 추구하는 것은 옳지 못하다. 지역사회를 기반으로 주민들의 적극적인 참여가 이루어질 수 있는 방식으로 지방행정체제가 개편되어야 한다.

우리나라의 지방행정체제는 선진 외국에 비해 매우 잘 정비되어 있다. 관치시대의 군자치제 전환이나 시·군 통합으로 큰 자치단위를 가지고 있다. 또 특별시·광역시 제도를 채택해 대도시에서도 자치 2층제를 논리적으로 할 수 있는 구조이다. 이런 사실을 알지 못하고 외국에서 작은 자치단체를 통합한다고 해서 시·군 통합을 주장하고, 외국의 대도시가 단층제라 하여 자치구 폐지를 주장하는 것은 잘못이다.

우리 지방행정체제의 문제는 효율성의 결핍이라기보다 민주성의 결핍이다. 이러한 사실을 무시하고 효율성이란 명분을 앞세워 정치적 목적으로 구역개편을 추진하는 것은 우리의 지방자치의 근본을 흔드는 것이다. 지방자치 부활 후 성년을 맞는 시기에 지방자치를 크게 훼손할 구역개편은 없어야 할 것이다.

참고문헌

강병수·이찬원(2005). 광역지방자치단체의 행정구역개편 방향. 『충남대학교 사회과학연구소논문집』 16: 1-23.

김병찬·정정길(1995). 『1950년대의 지방자치』 서울: 서울대학교 출판부.

김보현·김용래(1981). 『지방행정의 이론과 실제』 서울: 법문사.

김석태(1996). 자치구역개편에서의 분리주의 대 통합주의. 『한국행정논집』 8(2): 405-422.

______(1997). 기능별 구역론 — 효율과 권한배분의 문제를 중심으로 — . 『한국행정논집』 9(2): 257-278.

______(2002). 광역시·도 통합론 비판과 그 대안. 『한국행정논집』 14(4): 1043-1062.

______(2005). 『대구광역권 발전을 위한 거버넌스 구조』 대구경북연구원.

______(2006a). 지방행정체제 재구조화의 협치적 논리 모색. 『국가정책연구』 20(1): 41-72.

______(2006b). 지방분권의 근거로서 보충성 원칙의 한국적 적용. 『지방정부연구』 9(4): 95-110.

______(2007). 지방정부체제에 대한 공공선택론적 견해에 대한 재조명: 신거버넌스와 관련하여. 『지방정부연구』 11(2): 7-23.

______(2008). 지방행정체제 개편과 지방의 대응전략. 『경남발전』 69: 26-35.

______(2009). 지방행정체제개편안에 대한 비판적 고찰: 적정구역과 구역문제 해결단계의 관점에서. 『한국행정논집』 21(2): 331-353.

______(2010a). '자율통합'의 성과와 '지방행정체제 개편' 전망. 『카고스 저널』 22(1): 11-21.

______(2010b). 지방행정체제개편에 관한 이론적 검토. 『지방행정연구』 24(4): 1-28.

______(2011). 지방정부 통합의 효율성, 민주성, 그리고 정치성. 『행정논총』 49(4): 171-192.

______(2012a). 관치시대로 회귀하는 자치구 개편안. 『자치구 폐지 타당한가?』 2012 한국지방자치학회 춘계정책토론회 발표논문집. 27-52.

______(2012b). 광역시 — 도 관할 구역의 재구조화 방향 — 대구대도시권을 중심으로. 미발표 논문.

김석태·이영조(2004). 광역시·도 통합론 비판과 그 대안으로서의 광역거버넌스의 가능성.『한국행정논집』 16(4): 691-711.

김성호(2010). 「지방정부 창설에 관한 연구」 전국시도지사협의회 2010년 정책
　　　연구과제. (www.pcd.go.kr).

김재홍(2011). 잉글랜드 광역경제권 정책의 전환: RDA의 폐지와 LEP 창설을
　　　중심으로.『지방정부연구』 15(1): 187-214.

내무부(1994). 「2단계 행정구역개편계획(안)」 내무부 내부 자료.

　　　(1995).『행정구역개편 백서, 1994-1995』 내무부.

대구경북연구원(2010).『대구경북 그랜드 디자인』 대구경북연구원.

대전광역시(2009). 「G9 프로젝트: 행정구역을 넘어 이웃과 함께」 대전광역시
　　　내부자료.

박기춘(2010).『한국 지방행정체제 개편의 방향과 전략』 서울: (주)새로운 사람들.

박승주 외(1999).『마지막 남은 개혁 2001』 서울: (주)교보문고.

손재식(1991).『한국지방자치의 진로』 서울: 박영사.

안성호(2011). 다중심 거버넌스와 지방자치체 개편 방향.『행정논총』 49(3): 59-89.

유재원(2002). 지방자치 계층구조 및 행정구역개편에 관한 소고 – 광역자치단
　　　체를 중심으로.『국가정책과학학회보』 6(2): 119-137.

　　　(2010). 시군통합의 추진동력과 정책대안.『한국행정학보』 44(1): 179-202.

유재원・손화정(2009). 시군통합 효과에 대한 경험적 분석: 단절적 시계열모형
　　　(ARIMA)의 적용.『한국행정학보』 43(4): 285-306.

이기우(2009). 지방행정체제개편의 논의의 방향과 과제.『제도와 경제』 3(1): 113-147.

이기우・조성호(2009).『지방행정체제개편론』 새사회전략정책연구원.

이달곤(2004).『지방정부론』 서울: 법문사.

이승종(2008). 지방역량강화를 위한 광역자치구역의 개편방안.『행정논총』 46(3):
　　　361-390.

이승종・서재호(2009).『지방행정체제개편론』 법문사.

이시원・민병익(2011). 지방정부협력체제의 전략적 관리방안.『지방정부연구』
　　　15(3): 208-233.

이호철(1996).『일본의 지방자치 : 어제와 오늘』 서울: 삼성경제연구소.

장재훈(1981).『공간구조』 서울: 을지문화사.

정세욱(2009). 지방자치단체의 구역 및 계층구조 개편논의와 방향. 한국지방자
　　　치학회 정책토론회 기조연설문(2009. 4.8).

지방행정체제개편특별위원회(2006).『지방행정체제개편특별위원회 활동보고서』.

지병문(2009). 지방행정체제 개편, 쟁점과 제안.『지방자치정보』 168: 21-31.

최양부・윤원근(1988).『행정구역의 합리적 조정방안: 정주체계에 따른 도・농

통합적 행정구역의 모색』 한국농촌경제연구원 연구보고서 167.

최창호(1981). 『지방행정구역론』 서울: 법문사.

______(1996). 『지방자치학』 서울: 삼영사.

행정안전부(2009). 『2009년도 행정구역 요람』 서울: 행정안전부.

홍준현(1997). 『지방행정 계층 조정과 행정구역개편방안』 한국행정연구원.

______(2005). 지방행정구역 및 계층 어떻게 할 것인가? 『정책&지식 포럼』 한국정책지식센터.

홍철(2002). 대구·경북의 수평적 경제통합을 위한 제언. 『21세기 대구·경북 통합과 지역발전 방향』 경북지역상공회의소: 5-10.

______(2005). 『영남권 경제공동체 구상』 대구경북연구원.

______(2011). 『지방보통시민이 행복한 나라』 대구경북연구원.

Bache, Ian and Matthew Flinders(2004). *Multi-level Governance.* Oxford University Press.

Baldersheim, Harald and Lawrence E. Rose(2010). *Territorial Choice: The Politics of Boundaries and Borders.* Basingstoke: Palgrave Macmillan.

Barlow, M.(1997). Administrative Systems and Metropolitan Regions. *Environment and planning C: Government and Policy* 15: 399-411.

Bish, Robert L.(2001). Local Government Amalgamations: Discredited Nineteenth-Century Ideals Alive in the Twenty-First. *C.D. Howe Institute Commentary* 150.

______.(2002). Accommodating Multiple Boundaries for Local Service: Britich Columbia's Local Governance System. *Presented at a colloquium at the Workshop in Political Theory and Policy Analysis.* Indiana University, Bloomington.

Brenner Neil(1998). *New State Space: Urban Governance and the Rescaling of Statehood.* London and New York: Oxford University Press.

______(2003). Metropolitan Institutional Reform and Rescaling of State Space in Contemporary Western Europe. *European Urban and Regional Studies* 10(4): 297-324.

Burns, Nancy(1994). *The Formation of American Local Government: Private Values in Public Institutions.* NY: Oxford University Press.

Carr, Jered B.(2004). Perspective on City-County Consolidation and Its Alternatives. In Jered B. Carr and Richard C. Feiock ed. *City-County Consolidation and Its Alternatives: Reshaping the Local Government Landscape.* NY: M.E. Sharpe.

Campbell, Richard W.(1999). City-County Consolidation: Learning From Failure. In Roger L. Kemp ed. *Forms of Local Government: A Handbook on City, County and*

Regional Options. McFarland & Company, Inc.: 267-271.

Chisholm, Michael(2004). Reorganizing Two-Tier Local Government for Regional Assemblies. *Public Money & Management* 24(2): 113-120.

Copus, Colin(2010). English Local Government: Neither Local Nor Government. In Swianiewicz, Pawel ed. *Territorial Consolidation Reforms in Europe*. Budapest: Open society Institute.

Dahl, Robert A.(1967). The City in the Future of Democracy. *The American Political Science Review* 61(4): 953-970.

Dahl, Robert A. and Edward R. Tufte(1973). *Size and Democracy*. CA: Stanford University Press.

Dollery, Brian, Lin Crase and Andrew Johnson(2006). *Australian Local Government Economics*. Sydney: UNSW Press.

Duvall, Julianne(1999). City-County Consolidation: A Matter of Efficiency. In Roger L. Kemp ed. *Forms of Local Government: A Handbook on City, County and Regional Options*. McFarland & Company, Inc.: 260-266.

Feiock Richard C. and Jered B. Carr(2001). Incentives, Entrepreneurs, and Boundary Change: A Collective Action Framework. *Urban Affairs Review* 36: 382-405.

Fisher, Ronald C.(1996). *State and Local Public Finance* 2nd ed. London: Scott, Foresman and Co.

Greene, Kenneth V. and Thomas J. Parliament(1980). Political Externalities, Efficiency, and Welfare Losses from Consolidation. *National Tax Journal* 33(2): 209-217.

Grosskoff, Shawna and Suthahip Yaisawarng(1990). Economies of Scope in the Provision of Local Public Services. *National Tax Journal* 43(1): 61-74.

Habermas, Jürgen(1988). Popular Sovereignty as Procedure. In Habermas, J.(1996). *Between facts and norms: contributions to a discourse theory of law and democracy*. Cambridge: Polity.

Hauswirth, I., Herrschel, T. and Newman, P.(2003). Incentives and disincentives to City-regional Cooperation in the Berlin-Brandenbrug Conurbation. *European Urban and Regional Studies* 10(2): 119-134.

Hirsh, Werner(1968). *The Economics of State and Local Government*. NY: MacGraw-Hill.

Hirst, Peter(2000). Democracy and Governance. In Pierre ed. *Debating Governance*. Oxford: Oxford University Press.

Hertzog, Robert(2010). Intermunicipal Cooperation: A Viable Alternative to Territorial Amalgamation?. In Swianiewicz, Pawel ed. *Territorial Consolidation Reforms in*

Europe. Budapest: Open society Institute.

Hughes Herbert H. and Charles Lee(1999). The Evolutionary Consolidation Model. in Roger L. Kemp ed. *Forms of Local Government: A Handbook on City, County and Regional Options*. McFarland & Company, Inc.: 272-279.

Hulst R. and A. van Montfort(eds.)(2007). *Inter-Municipal Cooperation in Europe*. Springer.

Jessop, Bob(1999). The Dynamics of Partnership and Governance Failure. In Gerry Stoker ed. *The New Politics of Local Governance in Britain*. Oxford: Oxford University Press.

__________(2003). Governance and Metagovernance. H. Bang, ed. *Governance, Governmentality, and Democracy*. Manchester: Manchester University Press.

Keating, Michael(1995). Size, Efficiency and Democracy: Consolidation, Fragmentation and Public Choice. In Judge, David et al. ed. *Theories of Urban Politics*. London: Sage.

Kelly, Josephine(2007). The Curious Absence of inter-municipal cooperation in England. *Public Policy and Administration*. 22(3): 319-334.

Kooiman, Jan(1990). *Modern Governance*. London: Sage.

__________(2000). Social Governance. In Pierre ed. *Debating Governance*. Oxford: Oxford University Press.

Kubler, Daniel and Hubert Heinelt(2002). An analytical framework for democratic metropolitan governance. *Working paper*. 30th ECPR Joint Sessions of Workshop, Turin, (March, 2002).

Leemans, A. F.(1970). *Changing Patterns of Local Government*. The Hague: International Union of Local Authorities. (이성덕 역(1978). 『지방정부개혁론』 서울: 법문사).

Lefevre, Christian(1998). Metropolitan Government and Governance. In Western Countries: a Critical Review. *International Journal of Urban and Regional Research* 22(1): 9-25.

__________(2004). Bureaucratic Governability of Metropolitan Areas: International Experiences and Lessons for Latin American Cities. *Working Paper:* French Institute of Urban Affairs.

Leland, Suzanne M. and Kurt Thurmainer(2004). *Case Studies of City-County Consolidation*. NY: M.E. Sharpe.

Leland, Suzanne M. and Kurt Thurmaier(ed.)(2010). *City-County Consolidation: Promise Made, Promise Kept?*. Washington DC: Georgetown University Press.

Lyons, W. E. and David Lowery(1989). Governmental Fragmentation Versus Consolidation: Five Public-Choice Myths about How to Create Informed, Involved, and Happy Citizens. *Public Administration Review:* 533-543.

Martin, Lawrence L. and Jeannie Hock Schiff(2011). City-County Consolidations: Promise Versus Performance. *State and Local Government Review* 43(2): 167-177.

Miller, David Y.(2002). *The Regional Governance of Metropolitan Area.* Westview Press.

Miller, William L., Malcolm Dickson, ans Gerry Stocker(2000). *Models of Local Governance: Public Opinion and Political Theory in Britain.* Plagrave.

Miranda, Rowan and David Y. Miller(2004). Cooperation with out Consolidation: Managing Metropolitan Fragmentation in the Pittsburgh Region: 175-194. In Phares, Donald ed. *Metropolitan Government without Metropolitan Government.* Aldershot: Ashgate.

Newton, N.(1982). Is Small Really Do Beautiful? Is Big Really So Ugly? Size, Effectiveness, and Democracy in Local Government. *Political Studies* 30(3): 190-206.

Norris, Donald F.(2001). Wither Metropolitan Governance. *Urban Affairs Review* 26(4): 532-550.

Norris, D.(2001). Prospects for Regional Governance under the New Regionalism: Economics Imperatives. *Journal of Urban Affairs* 23(5): 557-571.

Norton, Alan(1994). *International Handbook of Local and Regional Governement: A Comparative Analysis of Advanced Democracies.* Hants: Edward Elgar Limited.

Oakerson, Ronald J.(2002). The Governance Effect of Metropolitan Reform: A Theoretical Inquiry. *Paper presented at DeVoe Moore Center Critical Issues Symposium.*

Oates, Wallace E.(1977). *The Political Economy of Fiscal Federalism.* Lexington: Lexington Books.

Olson, Mancur(1969). The principle of Fiscal Equivalence: The Division of Responsibilities among Different Levels of Government. *American Economic Review* 479-487.

Ostrom, Elina(1972). Metropolitan reform: propositions derived from two traditions. *Social Science Quarterly 53:* 474-493.

___________(2005). Unlocking Public Entrepreneurship and Public Economies. *Discussion Paper 2005/01.* EDGI and UNU-WIDER.

Ostrom, Vincent, Charles Tiebout, and Robert Warren(1961). The Organization of Government in Metropolitan Areas: A Theoretical Inquiry. *American Political Science Review* 55: 831-842.

Otgaar, Alexander and et al.(2008). *Empowering Metropolitan Regions through New Forms of Cooperation*. Burlington: Ashgate.

Parks, Roger B. and Ronald J. Oakerson(2000). Regionalism, Localism, and Metropolitan Governance: Suggestions from the Research Program on Local Public Economies. *State and Local Government Review* 32(3): 169-179.

Paytas, Jerry(2001). Does Governance Matter? The Dynamics of Metropolitan Governance and Competitiveness. *Working paper*. Carnegie Mellon Center for Economic Development.

Perlman, Bruce(2011). Introduction: Risks and Rewards in State and Local Collaboration. *State and Local Government Review* 43: 46-48.

Peters B. Guy and John Pierre(1998). Governance Without Government? Rethinking Public Administration. *Journal of Public Administration Research and Theory* 2: 223-243.

Phares, Donald(2004). *Metropolitan Government without Metropolitan Government*. Aldershot: Ashgate.

Pierce, Neal(1993). *Citistate: How Urban America Can Prosper in a Competitive World*. Seven Locks Press..

Post, Stephanie E.(2004). Metropolitan Governance and Institutional Collective Action 67-92. In Feiock Richard C. ed. *Metropolitan Governance: Conflict, Competition, and Cooperation*. Washington, D.C.: Georgetown University Press.

Rhodes, R.A.W.(1996). The New Governance: Governing without Government. *Political Studies* 44(3): 652-677.

___________.(1997). *Understanding Governance. Policy Network, Governance, Reflexivity and Accountability*. Buckingham: The Open University Press.

Richard, Peter G.(1983). *The Local Government System*. London: George Allen and Urwin.

Richard, Sybert(1999). Models of Regional Governance. in Roger L. Kemp ed. *Forms of Local Government: A Handbook on City, County and Regional Options*. McFarland & Company, Inc.: 272-279.

Rusk, David(1993). *Cities without Suburbs*. Washington DC: Woodrow Wilson Center Press.

___________(2004). Consolidation Wheeling and Ohio County: A Review of City-County Consolidation Experience Regarding Central City Health and Regional Economic Growth. www.davidrusk.com(2005.8 검색).

Sancton, Andrew(2005). The Governance of Metropolitan Areas in Canada. *Public Administration and Development* 25: 317-327.

_______________(2000). *Merge Mania: The Assault on Local Government*. Canada: McGill-Queens University Press.

_______________(2005). *The Governance of Metropolitan Areas in Canada. Public Administration and Development* 25: 317-327.

Savitch, H. V. and Ronald K. Vogel(2000). Paths to New Regionalism. *State and Local Government Review* 32(3): 158-168.

Silvia, Chris(2011). Collaborative Governance Concepts for Successful Network Leadership. *State and Local Government Review* 2011(43): 66-71.

Steinacker, Annette(2004). Game-Theoretic Models of Metropolitan Cooperation. In Feiock Richard C. ed. *Metropolitan Governance: Conflict, Competition, and Cooperation*. Washington, D.C.: Georgetown University Press.

Stephens, G. Ross and Nelson Wikstrom(2000). *Metropolitan Government and Governance*. Oxford University Press.

Stoker, Gerry(2004). *Transforming Local Governance: From Thatcherism to New Labour*. NY: Palgrave.

Stone, Clarance(1989). *Regime Politics: Governing Atlanta 1946-1988*. Lawrence University Press.

Swianiewicz, Pawel(2002). *Consolidation or Fragmentation? The Size of Local Governments in Central and Eastern Europe*. Budapest: Open Society Institute.

Tiebout, Charles(1956). A Pure Theory of Local Expenditure. *Journal of Political Economy* 64: 416-435.

Walker, David(1999). From Metropolitan Cooperation to Governance. In Roger L. Kemp ed. *Forms of Local Government: A Handbook on City, County and Regional Options*. McFarland & Company, Inc.: 151-158.

Warm, David(2011). Local Government Collaboration for a New Decade: Risk, Trust, and Effectiveness. *State and Local Government Review* 2011(43): 60-65.

Wood, R.(1958). Metropolitan Government: An Extrapolation of New Trends. *American Political Science Review* 52: 108-122.

Zimmerman, Joshep(1970). Metropolitan Reform in the U.S.: An Over View. *Public Administration Review* 30: 531-533.

270~273
후생손실 47, 58, 59, 236

김석태

경북대학교 행정학과를 졸업하고 미국 Syracuse대학교에서 행정학석사(MPA)와 경제학박사
학위를 받았다. 행정고등고시로 공직에 입문하여 문교부(현 교육과학기술부)에 근무하다
교직으로 자리를 옮겼다. 경북대학교 행정학부에 근무해 오고 있으며 법과대학장 겸 행정
대학원장과 한국정부학회장을 역임하였다. 저서로는 『행정학원론』(공저)과 『지방재정론』
(공저) 등이 있으며 50여 편의 연구 논문이 있다.

지방자치
구역개편의
정치경제학

초 판 인 쇄 | 2012년 8월 24일
초 판 발 행 | 2012년 8월 24일

지 은 이 | 김석태
펴 낸 이 | 채종준
펴 낸 곳 | 한국학술정보㈜
주   소 | 경기도 파주시 문발동 파주출판문화정보산업단지 513-5
전   화 | 031) 908-3181(대표)
팩   스 | 031) 908-3189
홈 페 이 지 | http://ebook.kstudy.com
E-mail | 출판사업부 publish@kstudy.com
등   록 | 제일산-115호(2000. 6. 19)

ISBN   978-89-268-3707-8 93320 (Paper Book)
          978-89-268-3708-5 95320 (e-Book)